Susanne Viernickel | Anja Voss | Elvira Mauz
Arbeitsplatz Kita

Susanne Viernickel | Anja Voss | Elvira Mauz

Arbeitsplatz Kita

Belastungen erkennen, Gesundheit fördern

Die Autorinnen

Susanne Viernickel, Jg. 1960, Dr. phil., ist Professorin für Pädagogik der frühen Kindheit an der Alice Salomon Hochschule Berlin. Ihre wissenschaftlichen Schwerpunkte in Forschung und Lehre sind frühe Bildungsprozesse, Qualität, Qualitätsentwicklung und integrierte Bildungs- und Gesundheitsförderung in Institutionen der Kindheitspädagogik, Professionalisierung kindheitspädagogischer Fachkräfte sowie Hochschuldidaktik und Hochschulentwicklung.

Anja Voss, Jg. 1965, Dr. paed., ist Professorin für Bewegung und Gesundheit an der Alice Salomon Hochschule Berlin. Ihre Arbeits- und Forschungsschwerpunkte sind Bewegungs- und Gesundheitsförderung im Kindesalter, Bildungs- und Gesundheitsförderung in Institutionen der Kindheitspädagogik, Salutogenese sowie körper- und bewegungsbezogene Geschlechterkonstruktionen.

Elvira Mauz, Jg. 1968, Dipl.-Psych. & MPH, ist wissenschaftliche Mitarbeiterin in der Abteilung für Epidemiologie und Gesundheitsmonitoring am Robert Koch-Institut. Ihre inhaltlichen Schwerpunkte sind psychische Gesundheit, soziale Bedingungen von Gesundheit und Krankheit sowie Surveymethoden.

Online-Materialen stehen zum Download bereit unter www.beltz.de

Das Werk einschließlich aller seiner Teile ist urheberrechtlich geschützt. Jede Verwertung ist ohne Zustimmung des Verlags unzulässig. Das gilt insbesondere für Vervielfältigungen, Übersetzungen, Mikroverfilmungen und die Einspeicherung und Verarbeitung in elektronische Systeme.

Dieses Buch ist erhältlich als:
ISBN 978-3-7799-3313-7 Print
ISBN 978-3-7799-4239-9 E-Book (PDF)

1. Auflage 2017

© 2017 Beltz Juventa
in der Verlagsgruppe Beltz · Weinheim Basel
Werderstraße 10, 69469 Weinheim
Alle Rechte vorbehalten

Herstellung und Satz: Ulrike Poppel
Druck und Bindung: Beltz Bad Langensalza GmbH, Bad Langensalza
Printed in Germany

Weitere Informationen zu unseren Autoren und Titeln finden Sie unter: www.beltz.de

Inhalt

1	**Einleitung**	**9**
2	**Das Setting Kita**	**12**
	2.1 Arbeitsplatz Kita	12
	2.1.1 Vom Betreuungs- zum Bildungsort	12
	2.1.2 Kita-Besuch als Bestandteil der kindlichen Normalbiografie	14
	2.1.3 Das Perswonal in Kindertageseinrichtungen	16
	2.1.4 Strukturelle Rahmenbedingungen	18
	2.2 Gesundheit von pädagogischen Fachkräften	19
	2.2.1 Gesundheit und Krankheit	19
	2.2.2 Gesundheitsförderung und Prävention	21
	2.2.3 Betriebliches Gesundheitsmanagement	23
	2.2.4 Gesundheit am Arbeitsplatz Kita	24
3	**Das Forschungsprojekt STEGE**	**27**
	3.1 Forschungsleitendes Modell der Studie	27
	3.2 Studiendesign	29
	3.2.1 Quantitativer Forschungsstrang	30
	3.2.2 Qualitativer Forschungsstrang	36
4	**Die Arbeitsbedingungen in den Kindertageseinrichtungen**	**41**
	4.1 Kindertageseinrichtungen in NRW	42
	4.1.1 Öffnungszeiten	42
	4.1.2 Gruppenstrukturen	42
	4.1.3 Qualifikation des pädagogischen Personals	43
	4.1.4 Arbeitsschutzmaßnahmen	45
	4.2 Strukturelle Rahmenbedingungen	47
	4.2.1 Räumliche und finanzielle Gegebenheiten	47
	4.2.2 Personalkapazitäten	49
	4.2.4 Unterstützungsstrukturen	59
	4.2.5 Arbeitsplatzsicherheit und Überstundenausgleich	61
	4.2.6 Strukturelle Rahmenbedingungen – Der Index	64
	4.3 Leitungs- und Teamkultur	66
	4.3.1 Teamklima	67
	4.3.2 Handlungsspielraum	69
	4.3.3 Führungsverhalten	72

	4.4	Wahrgenommene Ressourcen und Belastungen	74
	4.4.1	Technisch-physikalische Bedingungen	75
	1.1.1	Organisatorische Faktoren	77
	4.4.3	Anforderungen aus der Arbeitsaufgabe	80
	4.4.4	Soziale Faktoren	84
	4.4.5	Gesellschaftliche Faktoren	88
	4.5	Zum Verhältnis von Anstrengung und Belohnung	90
	4.6	Zusammenfassung	95
5	**Gesundheit und Arbeitsfähigkeit im Kontext der Arbeitswelt Kita**		**99**
	5.1	Gesundheitsstatus und Erkrankungen	99
	5.1.1	Subjektive Gesundheit	100
	5.1.2	Chronisches Kranksein	102
	5.1.3	Prävalenz verschiedener Erkrankungen	104
	5.1.4	Gesundheitsbeschwerden und psychische Beeinträchtigung	108
	5.1.5	Dauerhafte gesundheitliche Einschränkungen	111
	5.1.6	Arbeitsunfälle	113
	5.1.7	Krankenstand und Fehltage	114
	5.1.8	Zusammenfassung	117
	5.2	Individuelle Merkmale der Erzieherinnen und Erzieher	117
	5.2.1	Gesundheitsverhalten und gesunde Lebensweise	118
	5.2.2	Arbeitsbezogene Verhaltens- und Erlebensmuster	123
	5.2.3	Private Belastungen und soziale Unterstützung	128
	5.2.4	Zusammenfassung	129
	5.3	Arbeitsfähigkeit im Spannungsfeld von Individuum und Arbeitsplatz Kita	130
	5.3.1	Indikator und statistische Methoden	130
	5.3.2	Arbeitsfähigkeit von Erzieherinnen und Erziehern	132
	5.3.3	Zusammenhänge zu individuellen und arbeitsplatzbezogenen Merkmalen	133
	5.3.4	Arbeitsfähigkeit im Spannungsfeld zwischen Individuum und Arbeitsplatz	138
	5.4	Besonders belastete Gruppen im Setting Kindertageseinrichtung	144

6	**Belastungen erkennen, Gesundheit fördern**	**150**
6.1	Betriebliches Gesundheitsmanagement in Kindertageseinrichtungen: Interventionsebenen und Akteure	150
6.1.1	Erste Ebene: Politik und Gesellschaft	151
6.1.2	Zweite Ebene: Träger der Einrichtungen	153
6.1.3	Dritte Ebene: Kitaleitung in ihrer Funktion als Einrichtungsleitung	155
6.1.4	Vierte Ebene: Pädagogische Fachkraft und Leitungskraft als Personen	157
6.2	Zwölf Eckpunkte eines betrieblichen Gesundheitsmanagements in Kindertageseinrichtungen	*159*
6.2.1	Personalschlüssel und Fachkraft-Kind-Relation	159
6.2.2	Gruppengröße und Gruppenorganisation	160
6.2.3	Qualifikation und Gratifikation	161
6.2.4	Räumliche und finanzielle Ausstattung	163
6.2.5	Zeit am Arbeitsplatz	165
6.2.6	Profilbildung und Entwicklung eines pädagogischen Wertekerns	167
6.2.7	Kommunikation, Teamklima, Handlungsspielraum am Arbeitsplatz	169
6.2.8	Lärm am Arbeitsplatz mindern	171
6.2.9	Bewegungsfreundlicher und –förderlicher Arbeitsplatz	172
6.2.10	Ergonomische Kindertageseinrichtung	174
6.2.11	Infektionsschutzmaßnahmen in Kindertageseinrichtungen	176
6.2.12	Alternsgerechtes Arbeiten am Arbeitsplatz	177
6.3	Systematische Umsetzung und Qualitätssicherung von BGM in der Kita-Praxis	179
6.4	Ressourcen und Belastungen am Arbeitsplatz (REBE) – ein Evaluationsinstrument für den Einsatz in Kindertageseinrichtungen	182
	Literatur	196

1 Einleitung

Dieses Buch nimmt Kindertageseinrichtungen als Lebenswelt und damit die Bedingungen in den Blick, unter denen pädagogische Fach- und Leitungskräfte arbeiten, erziehen, bilden, betreuen, lernen und leben. Denn diese Bedingungen haben einen wesentlichen Einfluss auf die Möglichkeit, ein gesundes Leben zu führen. Dabei hat sich die Lebenswelt Kita in den letzten Jahren zu einem „multifunktionalen System" entwickelt, das gleichzeitig von Arbeits-, Sozial- und Bildungspolitik sowie – vor dem Hintergrund des Inkrafttretens des Präventionsgesetzes – auch von gesundheitspolitischen Interessen bestimmt ist.

Damit einher geht eine Veränderung der Tätigkeitsbereiche von pädagogischen Fach- und Leitungskräften: Neben den regulären Erziehungs- und Betreuungsaufgaben sind sie mit vielfachen zusätzlichen Anforderungen konfrontiert, die zum einen aus der veränderten Marktsituation resultieren, wie z.B. einem erhöhten Wettbewerb, Zertifizierungen zur Qualitätssicherung oder der Notwendigkeit eines eigenständigen Managements. Zum anderen avancieren Kindertageseinrichtungen zunehmend zu Bildungsorten, woraus erhöhte pädagogische Ansprüche erwachsen und sich Fort- und Weiterbildungserfordernisse ableiten, wie z.B. zur Dokumentation der Entwicklung der betreuten Kinder, zur gezielten Sprachförderung oder zur naturwissenschaftlich-technischen Elementarbildung.

Die Arbeitsbedingungen in Kindertageseinrichtungen sind unter den gegebenen Bedingungen für pädagogische Fachkräfte im Gruppendienst und für Leitungskräfte in vielerlei Hinsicht belastend. So sind nach Daten verschiedener Krankenkassen deren Arbeitsunfähigkeitstage in den letzten Jahren kontinuierlich gestiegen und liegen deutlich über dem Bundesdurchschnitt (IKK-Bundesverband, 2006; Techniker Krankenkasse, 2012). Auch im Gesamtvergleich des Öffentlichen Dienstes fallen Erzieher*innen durch überdurchschnittlich hohe krankheitsbedingte Ausfallzeiten auf (Thinschmidt u.a., 2008). Daneben lassen sich auch Ressourcen in der Arbeit in Kindertageseinrichtungen identifizieren, wie z.B. Arbeitsplatzsicherheit, hoher Handlungsspielraum oder zahlreiche Bewegungsmöglichkeiten.

Dieses Buch widmet sich dem Wechselverhältnis von Arbeitsbedingungen, Arbeitsfähigkeit und Gesundheit von pädagogischen Fach- und Leitungskräften in Kindertagesstätten und basiert auf einer von der Unfallkasse Nordrhein-Westfalen und der Deutschen Gesetzlichen Unfallversicherung finanzierten Studie „Strukturqualität und ErzieherInnengesundheit in Kindertageseinrichtungen (STEGE)".[1]

Erstmalig wurden auf der Basis empirischer Daten Zusammenhänge zwischen den strukturellen Rahmenbedingungen, der Wahrnehmung von Belastungen und Ressourcen aus der Perspektive von pädagogischen Fachkräften und der Gesundheit und Arbeitsfähigkeit der Fachkräfte in den Blick genommen. Das Projekt fand auf der Folie der deutschen Arbeitsschutzstrategie statt und verfolgte letztlich das Ziel der Organisationsentwicklung: Dabei geht es darum, dass Kindertageseinrichtungen ihrem Auftrag von Erziehung, Bildung und Betreuung von Kindern gerecht werden, die vorhandenen Ressourcen optimal nutzen, eine partizipative und humane Arbeitsgestaltung anstreben und die Personalpflege und -entwicklung forcieren.

Die ersten Kapitel des Buches führen in das Setting Kindertageseinrichtung ein, erläutern die Spezifika des Arbeitsfeldes und stellen die definitorischen Grundlagen von Gesundheit und Krankheit über Gesundheitsförderung und Prävention bis hin zum betrieblichen Gesundheitsmanagement dar.

Die folgenden Kapitel widmen sich dem Arbeitsplatz Kita und geben die zentralen Ergebnisse der STEGE-Studie wieder: Zunächst werden die Arbeitsbedingungen von pädagogischen Fach- und Leitungskräften in Nordrhein-Westfalen erläutert, anschließend die Gesundheit und Arbeitsfähigkeit der Mitarbeiterinnen und Mitarbeiter in Kitas. Auf der Grundlage dieser Befunde können Entscheidungen über die Gesundheit erhaltende und fördernde Maßnahmen im Setting Kindertageseinrichtung empirisch begründet getroffen werden.

„Belastungen erkennen, Gesundheit fördern", lautet das abschließende Kapitel, in dem die aus den Untersuchungsergebnissen entwickelten Ansätze für ein betriebliches Gesundheitsmanagement in Kindertageseinrichtungen vorgestellt werden. Hier werden konkrete Eckpunkte für ein betriebliches Gesundheitsmanagement in Kindertageseinrichtungen formuliert, die sich am Setting-Ansatz orientieren und Kindertageseinrichtungen als relevante Lebensbereiche der darin arbeitenden Menschen begreifen. Die Anregungen zielen darauf ab, durch Einflussnahme auf wesentliche Rahmenbedingungen die Möglichkeiten für gesundheitsförderliche Handlungen zu erhöhen und setzen an verschiedenen Interventionsebenen an: *Politik und Gesellschaft, Träger von Kitas, Kita-Leitung* und *pädagogische Fachkraft*.

---

1 Diese Forschungsarbeit wurde mit Mitteln der Deutschen Gesetzlichen Unfallversicherung unterstützt (FP 318, Strukturqualität und Erzieherinnengesundheit). Die Verantwortung für den Inhalt dieser Veröffentlichung liegt bei den Autorinnen.

Basierend auf den Studienergebnissen wurde außerdem ein Evaluationsinstrument für den Einsatz im Kontext von Maßnahmen des betrieblichen Gesundheitsmanagements konzipiert, mit dem Ressourcen und Belastungen im Arbeitsalltag bewertet und in ein Ressourcen-Belastungs-Profil der Einrichtung überführt werden können.

Es ist unser Wunsch und Ziel, dass das Buch Anlass zur Auseinandersetzung mit den Faktoren bietet, die Erzieher*innen belasten und die sie stärken. Lehrende und Forschende an Universitäten, Hochschulen und Fachschulen sollen gleichermaßen angesprochen werden wie Fachberatungen und Multiplikator*innen, aber auch politische Entscheidungsträger, Kita-Träger und interessierte pädagogische Fach- und Leitungskräfte.

Wir möchten zur gemeinsamen Suche nach Lösungen anregen, zur Befähigung der (Mit)Gestaltung der Lebens- und Arbeitswelt Kita und so zur Erhaltung und Stärkung der Beschäftigungsfähigkeit und zur Unterstützung allgemeiner Gesundheitsziele beitragen.

Bedanken möchten wir uns bei den Kooperationspartnern der STEGE-Studie, der Deutschen Gesetzlichen Unfallversicherung (DGUV) und der Unfallkasse Nordrhein-Westfalen, für die Finanzierung, Initiative und Unterstützung bei der Durchführung. Der begleitende Fachbeirat gab uns wertvolle Hinweise und Impulse; auch hierfür bedanken wir uns sehr.

Unser besonderer Dank gilt den beiden wissenschaftlichen Mitarbeiterinnen Frauke Gerstenberg und Maria Schumann, die sich in jeweils unterschiedlichen Studienphasen sehr aktiv eingebracht haben. Frauke Gerstenberg brachte vor ihrer Elternzeit die qualitative Erhebung konzeptionell und praktisch mit auf den Weg. Vor allem die außerordentlich engagierte Mitarbeit von Maria Schumann in der Abschlussphase der Studie und beim Abschlussbericht hat wesentlich zum Gelingen des STEGE-Projektes beigetragen.

2 Das Setting Kita

2.1 Arbeitsplatz Kita

In diesem Kapitel wird ein Überblick über das Arbeitsfeld „Kindertageseinrichtung" gegeben. Ausgehend von den Entwicklungen, die zu der veränderten gesellschaftlichen Bedeutung von familienergänzender Bildung, Erziehung und Betreuung geführt haben, werden die veränderten und gestiegenen Anforderungen an Kindertageseinrichtungen und an die dort tätigen pädagogischen Fachkräfte skizziert. Die zahlenmäßige Entwicklung der Inanspruchnahme von Betreuungsplätzen, die im Anschluss nachgezeichnet wird, verweist darauf, dass die Kita für fast jedes Kind neben seiner Familie eine weitere, selbstverständliche Lebenswelt darstellt. Informationen über das in Kindertageseinrichtungen tätige Personal und zentrale strukturelle Merkmale des Arbeitsplatzes Kita beschließen das Kapitel.

2.1.1 Vom Betreuungs- zum Bildungsort

Gesellschaftliche und soziale Prozesse haben in den vergangenen Jahrzehnten die Lebenswirklichkeiten von Familien und Kindern verändert. Familien müssen heute Erwerbsarbeit, Haus- und Familienarbeit balancieren und das Familienleben unter den aktuellen Bedingungen zunehmender Erwerbstätigkeit von Müttern, individualisierter und flexibilisierter Lebensentwürfe und sich verändernder Berufswelten und Erwerbsbiographien gestalten. Dabei verfügen sie in sehr unterschiedlichem Ausmaß über notwendige psychische, soziale und materielle Ressourcen. Um die mit den gesellschaftlichen Wandlungsprozessen und benachteiligten Lebensverhältnissen einhergehenden Belastungen auszugleichen und die Lebensbedingungen aller Familien zu verbessern, bedarf es auch einer funktionierenden und den individuellen Bedarfen angepassten familienergänzenden Infrastruktur. Kindertageseinrichtungen sind unverzichtbar geworden für Eltern, die Beruf und Familie vereinbaren müssen und wollen.

Auch wenn die Familie für ein Kind nach wie vor die erste und bedeutsamste Sozialisationsinstanz bleibt und Eltern die wichtigste Ressource für die kindliche Entwicklung darstellen, bewegen sich Kinder neben der Familie heute zunehmend in verschiedenen, miteinander in Wechselwirkungsbeziehungen stehenden Settings. Kindertageseinrichtungen stellen dabei nicht nur die zahlenmäßig bedeutendste familienergänzende Infrastruktur vor Schuleintritt dar; ihr Besuch wirkt sich auch in vielfältiger Weise auf die kindliche Entwicklung aus. Dort, wo Kinder einen Großteil ihrer wachen Zeit verbringen, entstehen bedeutungsvolle Beziehungen, und es eröffnen sich vielfältige emotionale, sozialisatorische und bildungswirksame Erfahrungen, deren Qualität, Verfügbarkeit oder Ausbleiben mitentscheidend für die gesunde Entwicklung und weitere Bildungsbiografie eines Kindes sind.

Kinder, die eine gute Kindertageseinrichtung oder Tagespflegestelle besuchen, genießen nicht nur in dieser Zeit eine angenehmere Atmosphäre und eine interessante und anregende Umgebung. Sie profitieren auch noch Jahre später in ihrer Entwicklung und ihren schulischen Leistungen. Die European Child Care and Education Study, die in den Ländern Spanien, Österreich und Deutschland mit insgesamt knapp 600 Kindern im Alter von 4 bis 8 Jahren durchgeführt wurde, zeigte z. B. auf, dass die Qualität der institutionellen Betreuung eine wichtige Einflussgröße für die kognitiven Fähigkeiten der Kinder und ihren schulischen Erfolg ist. Vergleichbare Ergebnisse liegen aus Großbritannien (Effective Pre-School Education, EPPE, Sylva u. a., 2004) und mit der NUBBEK-Studie (Tietze u. a., 2013) nun auch aus Deutschland vor. Kindertageseinrichtungen und die dort tätigen pädagogischen Fachkräfte tragen also eine hohe Verantwortung.

Im § 22 Abs. 3 SGB VIII ist ein dreifacher Auftrag von Kindertageseinrichtungen festgehalten: die Erziehung, Bildung und Betreuung des Kindes, wobei sich das Leistungsangebot pädagogisch und organisatorisch an den Bedürfnissen der Kinder und ihrer Familien orientieren soll. Kindertageseinrichtungen sollen also zum einen eine Infrastruktur zur Verfügung stellen, die Familien die Balance zwischen beruflichen und familiären Leistungen erleichtert. Sie tragen zweitens durch die Gestaltung der pädagogischen Umwelt und der pädagogischen Interaktionen unmittelbar zur Bildungsförderung von Kindern bei, wobei sie sowohl kompensatorisch als auch primärpräventiv wirksam werden sollen. Und schließlich sollen sie Eltern angesichts zunehmender Verunsicherung und des verbreiteten Fehlens familiärer Netzwerke bei ihren Erziehungsaufgaben durch Beratung, Austausch und Übermittlung an Experten und Fachdienste konkrete Unterstützung anbieten. Die vielerorts angestoßene Weiterentwicklung von Kindertageseinrichtungen zu Familienzentren verdeutlicht diesen Funktionswandel.

Dieses „sozialpädagogische Bildungskonzept" deutscher Kindertageseinrichtungen wurde in dem OECD-Länderbericht zur Politik der frühkindlichen Erziehung, Bildung und Betreuung in der Bundesrepublik Deutschland (Organisation for Economic Cooperation and Development, OECD, 2004, S. 23f.) positiv herausgestellt; allerdings rückte in den vergangenen Jahren besonders der Bildungsauftrag in den Fokus. In dem von der Jugendministerkonferenz (JMK) und der Kultusministerkonferenz (KMK) 2004 verabschiedeten ‚Gemeinsamen Rahmen der Länder für die frühe Bildung in Kindertageseinrichtungen' verständigten sich die Länder über die Grundsätze der Bildungsarbeit in Kindertageseinrichtungen. Darauf basierend entstanden in allen Bundesländern curriculare Vorgaben für den frühpädagogischen Bereich. In Bildungsplänen, -vereinbarungen, -empfehlungen oder -programmen sind in unterschiedlicher Detailliertheit und mit unterschiedlich hohem Verbindlichkeitsgrad Bildungsziele und Anforderungen an eine bildungsförderliche institutionelle Umwelt formuliert worden. Zielsetzung dieser Programme ist es, der pädagogischen Arbeit und den Bildungsprozessen in Kindertageseinrichtungen Transparenz zu verleihen und frühpädagogischen Fachkräften, Eltern sowie Grundschullehrkräften Orientierung zu bieten. Die formulierten Ziele, pädagogischen Inhalte und Arbeitsweisen konkretisieren somit vor allem die aktuellen Erwartungen, die an die Institution Kindertageseinrichtung und an die dort tätigen pädagogischen Fachkräfte gestellt werden – damit werden diese gleichzeitig als die Hauptverantwortlichen für pädagogische Qualität und gelingende kindliche Bildungsverläufe gekennzeichnet.

Die Erwartungen beziehen sich teilweise auf neue und voraussetzungsreiche Aufgaben, so u.a. die naturwissenschaftliche, mathematische und technische frühkindliche Bildung, die frühe sprachliche Bildung und ganzheitlich konzipierte Literacy-Erziehung, das systematische Beobachten und Dokumentieren oder die Gestaltung von Erziehungs- und Bildungspartnerschaften mit den Eltern. Darüber hinaus setzen im Grunde alle Bildungsprogramme eine professionelle Haltung voraus: Um nicht nur die formulierten Anforderungen zu erfüllen, sondern auch dem dahinter liegenden Selbstverständnis pädagogischer Professionalität entsprechen zu können, wird von frühpädagogischen Fachkräften erwartet, offen und wertschätzend mit Verschiedenheit und den besonderen Bedürfnissen und Bedarfen aller Kinder und Familien umzugehen, fachlich und ethisch begründet eigenverantwortlich zu handeln, fall- und situationsbezogen flexibel und sensibel zu agieren und das eigene Handeln regelmäßig reflexiv zu befragen (Nentwig-Gesemann u.a., 2011; Viernickel u.a., 2011).

2.1.2 Kita-Besuch als Bestandteil der kindlichen Normalbiografie

Immer mehr Kinder verbringen – vom ersten Lebensjahr an – insgesamt gesehen immer mehr Zeit in Kindertageseinrichtungen als früher. Der Besuch einer Kindertageseinrichtung oder die Betreuung durch eine Tagespflegeperson ist heute zum Bestandteil der kindlichen Normalbiographie geworden. Mit der Einsetzung des Rechtsanspruchs auf einen Kindergartenplatz (§ 24 Abs. 3 SGB VIII) im Jahre 1996 entwickelte sich die Betreuungsquote von Kindern in Kindertageseinrichtungen kontinuierlich nach oben. Im März 2015 nahmen die Eltern von rund 2,3 Millionen nicht schulpflichtigen Kindern ab drei Jahren ein Angebot der Kindertagesbetreuung in Anspruch; dies entspricht einer Betreuungsquote, also dem Anteil aller Kinder in Kindertagesbetreuung bezogen auf die jeweilige Bevölkerungsgruppe, von 94,9 % (Statistisches Bundesamt, 2016).[2]

Im Jahr 2007 einigten sich zudem Bund, Länder und Kommunen, ein bedarfsgerechtes Angebot der Kindertagesbetreuung für unter dreijährige Kinder bis 2013 bereit zu stellen. In der Folge wurden erhebliche Ausbauanstrengungen unternommen, die vom Bund finanziell unterstützt wurden. Seit dem 1. August 2013 ist der Rechtsanspruch auf Förderung in einer Kindertageseinrichtung oder in der Kindertagespflege für Kinder ab dem vollendeten ersten Lebensjahr in Kraft getreten (§ 24 Abs. 1 SGB VIII). Die Betreuungsquote der Kinder unter drei Jahren erhöhte sich in Folge dieser Entwicklungen von 15,5 % im März 2007 auf 32,9 % im März 2015 – Tendenz weiter steigend (Statistisches Bundesamt 2016).

In den alten Bundesländern ist diese Entwicklung besonders rasant verlaufen und führte zu einer radikalen Veränderung der Zielgruppen von Kindertageseinrichtungen. Dies wird am Beispiel Nordrhein-Westfalens deutlich: Während im Jahr 2006 lediglich 6,5 % der unter Dreijährigen ein Angebot in einer Kindertageseinrichtung oder in der Kindertagespflege nutzten, nahmen dies im Jahr 2015 21 % der Einjährigen und 49 % der Zweijährigen in Anspruch (Bertelsmann Stiftung, 2015). Mehr als jedes zweite unter dreijährige Kind wird dabei 45 Wochenstunden und mehr in der Kindertageseinrichtung betreut, ein weiterer hoher Anteil von ihnen (35 %) zwischen 26 und 35 Wochenstunden (Bock-Famulla u.a., 2015). Der deutliche Zuwachs an Kindern, die mit ein oder zwei Jahren in die Kindertagesbetreuung eintreten, bedeutet für viele Einrichtungen und Fachkräfte eine völlig neue Ausrichtung und Herausforderung, denn diese Altersgruppe spielte davor sowohl beim Bau und Raumkonzept einer Kindertageseinrichtung als auch in der Ausbildung und Berufspraxis eine marginale Rolle (Fröhlich-Gildhoff & Viernickel, 2010). Säuglingen und Kleinkindern muss mit einem auf ihre Entwicklungsbesonderheiten, Bindungs- und Bildungsbedürfnisse abgestimmten pädagogischen Angebot begegnet werden. Trotz vielfältiger Unterstützungsmaßnahmen und Weiterbildungsangebote von Ländern, Kommunen und Trägern ist aber davon auszugehen, dass die

---

2 https://www-genesis.destatis.de/genesis/online/logon?language=de&sequenz=tabelle
Ergebnis&selectionname=22541-0001&startjahr=2006

hierfür notwendigen Fachkenntnisse und Kompetenzen bei einer Reihe von Fachkräften nicht oder noch nicht vorliegen.

Durch die zeitliche Ausdehnung der täglichen Betreuungsdauern veränderten sich auch Stellenwert und Charakter von Kindertageseinrichtungen maßgeblich. Neben dem familiären Umfeld wird die Kindertageseinrichtung zu einem zweiten Lebensort, an dem Kinder ihren Tagesrhythmus finden und Erfahrungen mit dem Zusammenleben in einer sozialen Gemeinschaft und mit der Zugewandtheit und Verlässlichkeit ihnen wichtiger Beziehungspersonen machen. Dies hat Konsequenzen in mehrfacher Hinsicht. So sind, bedingt durch die Ausdehnung des täglichen zeitlichen Umfangs, den Kinder in Kindertageseinrichtungen verbringen, Ruhe- und Aktivitätsphasen so in den Tagesablauf zu integrieren, dass sowohl die kindlichen Bedürfnisse nach Erholung und Schlaf als auch diejenigen nach geistiger Anregung, körperlicher Aktivität, sozialen Kontakten, Spiel und Exploration hinreichend erfüllt werden. Pädagogische Fachkräfte sind weitaus stärker als früher als enge Bezugspersonen gefragt, die die kindlichen Bindungssignale deuten und feinfühlig beantworten müssen. Gleichzeitig sind sie als „Kulturvermittlerinnen" und soziale Vorbilder wirksam. Wie Begrüßung, Verabschiedung oder Mahlzeiten gestaltet werden, wie Kinder an Hygiene und Körperpflege herangeführt werden, welche Regeln aufgestellt und wie Verstöße sanktioniert werden – das alles führt Kinder ein in die alltagskulturellen Praktiken, Normen und Werte unserer Gesellschaft. Pädagogische Fachkräfte müssen diese Rolle unter komplexer gewordenen Bedingungen wahrnehmen, denn Kinder und Familien aus anderen Ländern bzw. Kulturkreisen bringen andere Selbstverständlichkeiten und Erwartungen mit.

2.1.3 Das Personal in Kindertageseinrichtungen

Im Arbeitsfeld Kindertageseinrichtungen ist die Anzahl der Beschäftigten – parallel zum quantitativen Platzausbau – stark angestiegen. Das Fachkräftebarometer Frühe Bildung (2014) konstatiert einen Personalaufwuchs von 55 % in den Jahren 2006 bis 2014 auf über 640.000 in Kindertageseinrichtungen tätige Personen. Ein Großteil davon sind pädagogische Fachkräfte und Leitungen. Sie bilden die Kernbelegschaft in Kindertageseinrichtungen.

Die überwiegende Mehrheit der pädagogisch Tätigen in Kindertageseinrichtungen hat nach wie vor einen Abschluss als staatlich anerkannte Erzieherin/staatlich anerkannter Erzieher, ca. jede achte hat eine Berufsfachschulausbildung im Bereich der Kinderpflege absolviert (vgl. Autorengruppe Fachkräftebarometer, 2014). Jedoch differenzieren sich die Qualifikationsprofile aus: Viele Erzieherinnen und Erzieher absolvieren anspruchsvolle

Weiterbildungen z. B. zur Sprachbildung, inklusiven Arbeit oder naturwissenschaftlichen Förderung; ein einschlägiges Bachelorstudium, das in allen Bundesländern möglich ist, führt zum Abschluss der Kindheitspädagogin / des Kindheitspädagogen, und in mehreren Ländern werden Hürden für so genannte „Quereinsteiger*innen" in die pädagogische Arbeit in Kindertageseinrichtungen abgebaut. Die Gruppe der akademisch ausgebildeten Fachkräfte ist mit einem Anteil von 5% immer noch vergleichsweise klein.

Der fundamentale Transformationsprozess, in dem sich das System der Bildung, Betreuung und Erziehung befindet, führt zu neuen und komplexen Anforderungen an die Qualifikationen und professionellen Kompetenzen frühpädagogischer Fachkräfte. Diese sollen ihre pädagogische Arbeit an den Lebenswelten der Kinder und Familien und der Individualität ihrer Bildungsbedürfnisse und Lernwege orientieren, sie an den Prinzipien ganzheitlicher Förderung ausrichten, dabei jedoch eine Vielzahl von Bildungsbereichen wie Sprache und Kommunikation, Bewegung, Gesundheit, Mathematik, Naturwissenschaften, Musik, soziale und personale Entwicklung u.a.m. adressieren, die Bildungsprozesse der Kinder beobachten und dokumentieren, mit den Familien Bildungs- und Erziehungspartnerschaften eingehen und sich mit Schulen, sozialen Diensten und anderen sozialen und pädagogischen Akteuren im Gemeinwesen vernetzen.

Ausgelöst durch den hohen Bedarf an Fachkräften und das sich ausdehnende und komplexer werdende Aufgabenspektrum ist ein deutlicher Trend zu multiprofessionellen Teams erkennbar. Damit sind sowohl Chancen als auch Risiken verbunden (Weltzien u.a., 2016). Dem Risiko einer schleichenden Absenkung formaler Qualifikationsanforderungen steht gegenüber, dass Aufgaben delegiert und spezialisiert wahrgenommen werden und den Fachkräften im System Entwicklungsmöglichkeiten und Perspektiven geboten werden können. Inwieweit Vorbehalte, Konkurrenzen und Konflikte zwischen Berufsgruppen hierbei produktiv gelöst werden können, hängt entscheidend davon ab, ob und in welcher Form es Träger und Leitung gelingt, die Orientierung an einer gemeinsamen „Teamphilosophie" zu befördern, die unterschiedlichen Qualifikationen und Kompetenzen ergänzend und sich wechselseitig stützend zusammenzuführen und die speziellen Wissens- und Erfahrungsbestände im Sinne bester Fachpraxis zu nutzen

Das Durchschnittsalter des pädagogischen Personals ist bundesweit angestiegen. Im Jahr 2014 waren 41% des pädagogischen und des Leitungspersonals älter als 45 Jahre (Autorengruppe Fachkräftebarometer, 2014). Die Verschiebung der Altersstrukturen ist im gesamten Bundesgebiet sichtbar, jedoch in den neuen Bundesländern stärker ausgeprägt: Hier ist mehr als jede/r zweite Beschäftigte 45 Jahre und älter (ebd., S. 27). Um Arbeitsbedingungen für verschiedene Altersgruppen attraktiv und gesundheitserhaltend zu gestalten und Fachkräfte so langfristig im Arbeitsfeld zu halten, sind unter anderem Fortbildungen sowie Maßnahmen zur Verbesserung des Arbeits- und Gesundheitsschutzes notwendig.

2.1.4 Strukturelle Rahmenbedingungen

Pädagogische Fachkräfte arbeiten in Deutschland unter sehr heterogenen Arbeitsbedingungen, zu denen rechtliche (z. B. Kita-Gesetze und Ausführungsvorschriften), organisatorische (z. B. die Arbeit in altersgemischten Gruppen) und soziale (z. B. das Einzugsgebiet, in dem die Einrichtung liegt) Rahmenbedingungen ebenso wie finanzielle, personelle und materielle Ausstattungsmerkmale gehören. Sie bilden gemeinsam die so genannte Strukturqualität. Merkmale der Strukturqualität sind in der Regel politisch regulierbar. Einige von ihnen stehen, wie in empirischen Studien mehrfach bestätigt wurde, in einem deutlichen Zusammenhang mit der Qualität der pädagogischen Prozesse. Hierzu zählen die Qualifikationen des pädagogisch tätigen Personals, die Relationen von pädagogisch Tätigen und zu betreuenden Kindern und die Größe der Gruppen, in denen die Kinder den Tag verbringen (vgl. Viernickel & Fuchs-Rechlin, 2015).

So belegt die nordamerikanische NICHD-Studie systematische und signifikante Zusammenhänge zwischen diesen Variablen und der Qualität und Häufigkeit positiven Erzieher*innenverhaltens sowie kindlichen Entwicklungsergebnissen (NICHD ECCRN, 2002, 2003). Aktuellere Untersuchungen bestätigen diese Effekte (Bigras et al., 2010; Dowsett et al., 2008). Die Ergebnisse amerikanischer Studien sind zwar nur mit Vorsicht auf die bundesdeutsche Situation übertragbar, da in Deutschland die Gruppenorganisationsformen heterogener, die Qualifikation und Bezahlung des Fachpersonals dagegen homogener als in den USA sind. Jedoch zeigen sich auch in den wenigen vorliegenden deutschen Untersuchungen vergleichbare Zusammenhänge. Die Autorinnen und Autoren der Nationalen Untersuchung zu Bildung, Betreuung und Erziehung in der Kindheit (NUBBEK, Tietze u. a., 2013, S. 144) kommen zu dem Ergebnis, dass Rahmenbedingungen der Struktur- und Orientierungsqualität die Qualität der pädagogischen Prozesse „in erheblichem Umfang" bestimmen.

Während der Anspruch auf einen Platz in einer Kindertageseinrichtung per Bundesgesetz geregelt ist, sind die konkreten Rahmenbedingungen Ländersache. Das führt zu erheblichen Unterschieden in der Strukturqualität und zu jeweils differenziert zu bewertenden Länderprofilen. In den ostdeutschen Bundesländern finden sich in der Regel deutlich schlechtere Personalschlüssel als in den westdeutschen Ländern; das Qualifikationsniveau der pädagogischen Fachkräfte ist dagegen eher hoch (Autorengruppe Fachkräftebarometer, 2014). Insgesamt werden die Rahmenbedingungen in deutschen Kindertageseinrichtungen von Expert*innen und Wissenschaftler*innen als verbesserungsbedürftig eingeschätzt (Viernickel & Fuchs-Rechlin, 2015, S. 47f.), vor allem im Abgleich mit den hohen Erwartungen an die Leistungen des Systems der frühkindlichen Bildung, Erziehung und Betreuung. In den letzten Jahren sind allerdings in mehreren Bundesländern leichte Verbesserungen zu verzeichnen.

Strukturelle Rahmenbedingungen beeinflussen auch die ‚Umsetzung' bzw. den Umgang mit den in allen Bundesländern eingeführten Bildungsplänen bzw. -programmen. Als besonders schwerwiegende hinderliche Einflussfaktoren werden wiederholt zu geringe personelle Ressourcen, zu hohe Gruppengrößen, ungeeignete materielle und räumliche Bedingungen, nicht hinreichende Fortbildungsmöglichkeiten und zu wenig Vor- und Nachbereitungszeit benannt (Honig u.a., 2006; Viernickel u.a., 2013). Dieses „Umsetzungsdilemma", also die Schere zwischen gesellschaftlichen – und auch eigenen – Erwartungen an das professionelle Handeln und den auch von ihnen subjektiv häufig als unzureichend wahrgenommenen strukturellen Ressourcen, ist für viele pädagogische Fachkräfte neben den eigentlichen Arbeitsanforderungen eine zusätzliche psychische Belastung (Viernickel u.a., 2013).

2.2 Gesundheit von pädagogischen Fachkräften

In diesem Kapitel wird zunächst eine Definition von Gesundheit vorgestellt, die sowohl die theoretischen Überlegungen als auch das empirische Vorgehen der STEGE-Studie rahmt. Die Definition orientiert sich auch am Modell der Salutogenese, das hier skizziert wird. Darauf aufbauend werden zentrale Begriffe wie Gesundheitsförderung und Prävention sowie betriebliches Gesundheitsmanagement eingeführt. Anschließend wird der Forschungsstand zum Gesundheitszustand und den Belastungs- sowie Schutzfaktoren pädagogischer Fach- und Leitungskräfte dargestellt

2.2.1 Gesundheit und Krankheit

Für die Beschreibung der Gesundheit von pädagogischen Fach- und Leitungskräften wird ein mehrperspektivisches und integrierendes Verständnis von Gesundheit zugrunde gelegt, das nicht nur die Abwesenheit von Krankheit, sondern das Zusammenwirken möglicher individueller sowie gesellschaftlicher Schutz- und Risikofaktoren fokussiert. Gesundheit wird definiert als ein

„… Stadium des Gleichgewichts von Risikofaktoren und Schutzfaktoren, das eintritt, wenn einem Menschen eine Bewältigung sowohl der inneren (körperlichen und psychischen) als auch der äußeren (sozialen und materiellen) Anforderungen gelingt. Gesundheit ist ein Stadium, das einem Menschen Wohlbefinden und Lebensfreude vermittelt" (Hurrelmann & Richter, 2013, S.147).

Krankheit wird analog definiert und beschreibt ein Ungleichgewicht von Risiko- und Schutzfaktoren sowie eine nicht gelungene Bewältigung von inneren und äußeren Anforderungen (vgl. ebd., S. 148).

Maßgebliche Bedingungsfaktoren für Gesundheit und Krankheit sind:
→ *Verhältnisfaktoren*, wozu neben dem sozioökonomischen Status auch „Bildungsangebote und wirtschaftliche Verhältnisse sowie Komponenten der Gesundheits- und Krankheitsversorgung" zählen,
→ *Verhaltensfaktoren*, womit körperliche Aktivität aber auch Essgewohnheiten und psychische Spannungsregulation gemeint sind,
→ *personale Faktoren*, womit sowohl die genetische Disposition aber auch die körperlich-psychische Konstitution und die ethnische Zugehörigkeit zählen (Hurrelmann & Richter, 2013, S. 23).

Die drei Faktorengruppen bilden die Gesundheitschancen für Menschen ab und wirken nicht unabhängig voneinander, sondern bedingen sich gegenseitig. Mit Blick auf die in der Definition genannten äußeren Anforderungen werden hier in erster Linie die Verhältnisfaktoren aufgegriffen. Darunter fallen die Rahmenbedingungen sowie die steuernde Funktion der Organisation Kindertageseinrichtung bei der Schaffung von angemessenen Arbeitsbedingungen und Gestaltungsspielräumen auf struktureller Ebene. Daneben geht es auch um Verhaltensfaktoren, und zwar um den Umgang mit individuellen Ressourcen und persönlichen Anforderungen und damit um die Entwicklung von gesundheitsrelevanten Einstellungen und Verhaltensweisen aller Beteiligten.

Mit dem oben formulierten Verständnis von Gesundheit wird auch an eine salutogenetische Orientierung (Antonovsky, 1997) angeknüpft. Damit werden Gesundheit und Krankheit nicht als starre Strukturen bzw. Zustände verstanden, sondern als ein Kontinuum, auf welchem sich die Beteiligten in Richtung Krankheit oder Gesundheit bewegen. Es wird die Frage aufgegriffen, was Menschen trotz zahlreicher äußerer (gefährdender) Faktoren gesund erhält. Auf den Arbeitsplatz Kita bezogen heißt das: Welche strukturellen Rahmenbedingungen und welche Anforderungen sowie Einstellungen und Verhaltensweisen von pädagogischen Fach- und Leitungskräften tragen dazu bei, dass sich diese zum gesunden Pol des Kontinuums bewegen?

Als zentrale Bedingungsfaktoren für die Bewegung zum Gesundheitspol gelten generalisierte Widerstandsressourcen und ein gut ausgebildetes Kohärenzgefühl. Die generalisierten Widerstandsressourcen umschreiben die Widerstandsfähigkeit einer Person gegenüber Stressoren bzw. Spannungszuständen und reichen von individuellen über soziale bis hin zu kulturellen Faktoren (Antonovsky, 1997). Den zweiten moderierenden Faktor bildet das Kohärenzgefühl. Dieses beschreibt die Überzeugung bzw. Fähigkeit des Individuums, die (relevanten) vorhandenen Widerstandsressourcen unter Belastung auch zu mobilisieren und anzuwenden. Es entspricht einem „positiven Lebenskonzept" eines Menschen, da es nach Antonovsky die tiefe Überzeugung zum Ausdruck bringt, dass „(…) das Leben trotz vieler Belastungen, Risiken und Unwägbarkeiten doch im Prinzip zu verstehen ist, überwiegend Sinn macht und die auf ihn zukommenden Probleme zu bewältigen sind" (Faltermaier, 2005, S. 164).

Im Kern geht es in dem Salutogenese-Modell um „(…) psychosoziale, physische und biochemische Stressoren (…), die als Herausforderung der körperlichen, psychischen und sozialen Bewältigungskapazitäten wahrgenommen werden" (Hurrelmann, 2006, S. 125). In Abhängigkeit der körperlich-konstitutionellen, personal-psychischen und sozialen Widerstandsressourcen (Faltermaier, 2005), die ein Individuum mit sich bringt, treten krankmachende Belastungsfaktoren gar nicht erst auf oder können erfolgreich abgewehrt werden. So wird ein konstruktives Umgehen mit den allgegenwärtigen Stressoren möglich.

Gesundheit ist demnach kein passiver Gleichgewichtszustand, sondern ein labiles, aktives und sich dynamisch regulierendes Geschehen (Franke, 2010), das von unterschiedlichen Bedingungsfaktoren abhängig ist. Dazu gehören sowohl Umwelt- und Lebensbedingungen (Verhältnisfaktoren) als auch gesundheitsrelevantes Verhalten (Verhaltensfaktoren).

2.2.2 Gesundheitsförderung und Prävention

Gesundheitsförderung zielt auf eine Verbesserung der Lebensbedingungen der Menschen ebenso ab wie auf eine Stärkung ihrer gesundheitlichen Entfaltungsmöglichkeiten. In Anlehnung an die Ottawa-Charta der WHO wird Gesundheitsförderung als ein Prozess verstanden, „…allen Menschen ein höheres Maß an Selbstbestimmung über ihre Gesundheit zu ermöglichen und sie damit zur Stärkung ihrer Gesundheit zu befähigen" (WHO, 1986, S. 1).

Als zentrale Handlungsebenen werden die Entwicklung einer gesundheitsfördernden Gesamtpolitik, die Schaffung gesundheitsförderlicher Lebenswelten, die Unterstützung gesundheitsbezogener Gemeinschaftsaktionen, die Entwicklung persönlicher Kompetenzen sowie die Neuorientierung der Gesundheitsdienste definiert. Die im Rahmen der STEGE-Studie entwickelten Eckpunkte für die Konzeption eines betrieblichen Arbeitsschutz- und Gesundheitsmanagements in Kindertageseinrichtungen (vgl. Kap 6.2) sprechen mehrere dieser Handlungsebenen an, insbesondere aber die Schaffung gesundheitsförderlicher Lebenswelten.

Gesundheitsförderung führt nach Kickbusch und Altfeld (2012, S.187) zwei strategische Ansätze zusammen, und zwar „die Stärkung von persönlicher und sozialer Gesundheitskompetenz verbunden mit einer systematischen Politik, die auf die Verbesserung von Gesundheitsdeterminanten und den Abbau von gesundheitlicher Ungleichheit abzielt" (ebd., S.188). Neben der salutogenetischen Perspektive und damit der Fokussierung dessen, was den Menschen gesund hält, sind als weitere strategische Schlüsselpunkte Empowerment im Sinne der Stärkung der persönlichen Gesundheitskompetenz und Intersektionalität als Implementierung von Gesundheit als handlungsweisendes Ziel in vielfältige Politikbereiche relevant (vgl. ebd.). Alle drei Schlüsselpunkte finden sich in den im STEGE-Projekt entwickelten Interventionsebenen *Politik und Gesellschaft, Träger von Kindertageseinrichtungen, Kita-Leitungen* sowie *pädagogische Fachkräfte* wieder.

Als ergänzende Strategie zur Gesundheitsförderung, die auch für den Arbeitsschutz von besonderer Bedeutung ist, kann in Kindertageseinrichtungen die (Krankheits-)Prävention eingesetzt werden, womit Interventionen bezeichnet werden, die das Auftreten einer Krankheit durch vorbeugende Maßnahmen verhindern (Rosenbrock & Kümpers, 2006). Präventive Maßnahmen können sich an pädagogische Fachkräfte richten (z.B. über Bewegungsangebote), sie sind aber insbesondere für die Zielgruppe der Kinder von Bedeutung, da in Kindertageseinrichtungen zum einen ein Großteil der unter Sechsjährigen erreicht wird. Zum anderen wird eine Altersgruppe angesprochen, die im Vergleich zu anderen Altersgruppen noch wenig von Krankheiten betroffen ist und bei der Gesundheitspotentiale gut zu aktivieren sind. Gesundheitsförderung und Prävention ist gemeinsam, dass sie einen „Gesundheitsgewinn" erzielen wollen (Hurrelmann & Richter, 2013, S. 151).

Analog zu den eingangs formulierten Bedingungsfaktoren für Gesundheit und Krankheit wird auch bei der Prävention in Verhaltens- und Verhältnisprävention unterschieden. Die Verhaltensprävention will gesundheitsförderliches Verhalten aufbauen und gesundheitsriskantes Verhalten abbauen. Dabei kommen z.B. verhaltenstheoretische Programme, wie die Gesundheitserziehung, zum Einsatz. Im Gegensatz dazu ist Verhältnisprävention nach Richter und Rosenbrock (2012) Politik, da sie im Vergleich zur Verhaltensprävention nicht beim Individuum ansetzt, sondern die „Verhältnisse", also die sozialen Determinanten der Gesundheit zu beeinflussen versucht. Somit geht es um die Beeinflussung gesellschaftlicher Strukturen und um die Gestaltung der Lebens-, Arbeits- und Umweltbedingungen, sodass Gesundheitsgefahren minimiert werden.

2.2.3 Betriebliches Gesundheitsmanagement

Betriebliches Gesundheitsmanagement (BGM) greift die oben formulierte mehrdimensionale Perspektive von Gesundheit auf und umfasst die Entwicklung betrieblicher Rahmenbedingungen, Strukturen und Prozesse innerhalb eines Betriebes, die auf die Abwehr von Gesundheitsgefahren und auf die Stärkung der Gesundheitspotenziale und des Gesundheitsstatus der Mitarbeiterinnen und Mitarbeiter zielen (Slesina & Bohley, 2011). Aktivitäten des Arbeits- und Gesundheitsschutzes werden in den BGM-Prozess eingebunden, so dass dieser als Synthese aus betrieblicher Gesundheitsförderung und betrieblichem Arbeits- und Gesundheitsschutz verstanden werden kann.

Zentrale Kernstrategie der (betrieblichen) Gesundheitsförderung ist der so genannte Setting-Ansatz, wobei ein Setting als ein „(…) Ort gilt, in dem Gesundheit als Produkt des alltäglichen Handelns und Lebens der Menschen konstruiert wird. In der gesundheitsbezogenen Arbeit sollten somit nicht länger nur Individuen und ihr Verhalten selbst Objekte von Interventionen darstellen, sondern auch die sozialen Systeme und Organisationen, in denen sie sich aufhalten" (Halkow & Engelmann, 2008). Das Setting der Kindertageseinrichtung als relevanter Lebensbereich der darin arbeitenden Menschen ermöglicht es, im Sinne einer „Lernenden Organisation" durch den Einfluss auf relevante Rahmenbedingungen die Möglichkeiten für gesundheitsförderliche Handlungen zu erhöhen (Bals u.a., 2008). Dabei findet eine Orientierung an dem Leitbild der „Gesunden Organisation" statt. Eine Kindertageseinrichtung ist als Organisation dann „gesund", wenn deren Führungsstil, deren Arbeitsorganisation und Organisationskultur an allen Kita-Beteiligten orientiert sind, dabei aber zugleich ihre eigenen Gesundheitspotenziale optimal zu entfalten bestrebt ist und dies bereits bei den Prinzipien der Arbeits- und Organisationsgestaltung berücksichtigt (Badura, 2000; Bals u.a., 2008).

Neben der Stärkung von Gesundheitspotenzialen bezieht das BGM auch die Reduzierung von Gesundheitsrisiken ein, welche insbesondere durch die Verhaltens- und Verhältnisprävention sowie den Arbeits- und Gesundheitsschutz erreicht wird. Entsprechend § 3 des Arbeitsschutzgesetzes (1996) gehört es zu den Grundpflichten des Arbeitgebers, die erforderlichen Maßnahmen des Arbeitsschutzes nach entsprechender Gefährdungsbeurteilung zu treffen, sodass die Sicherheit und Gesundheit der Beschäftigten bei der

Arbeit gewährleistet sind. Nach einer Übersicht der Unfallkasse Hessen (Khan, 2005) gehören zu diesen u.a. mechanische Gefährdungen durch Stolpern oder Umknicken, biologische Gefährdungen durch Infektionen durch Mikroorganismen oder auch physische Belastungen aufgrund dynamischer Muskelarbeit bzw. ungünstiger Körperhaltung. Mit Hilfe der Arbeitsmedizin und der Arbeitssicherheit können schließlich diese und weitere Gesundheitsrisiken minimiert werden. Die Verordnungen des Arbeitsschutzes werden jedoch nicht konsequent in den Kindertageseinrichtungen angewendet, obwohl die gesetzlichen Richtlinien eindeutig sind (Khan, 2005). Die Ursachen dafür sind vielschichtig und liegen z.B. darin, dass Erzieherinnen und Erzieher die Vorgaben der Arbeitssicherheit zum Teil nicht ernst nehmen, die Leitung die Notwendigkeit ablehnt oder die Arbeitsorganisation eine Integration des Arbeitsschutzes nicht zulässt. Voraussetzungen für die umfassende Umsetzung der Vorgaben sind nach Khan (ebd.) zweifelsfrei informierte und motivierte Beschäftigte, die sich für ihre Gesundheit eigenverantwortlich einsetzen.

Zusammenfassend zeigt sich, dass BGM ein kontinuierliches und systematisches Vorgehen voraussetzt und als ein dauerhafter Veränderungsprozess zu verstehen ist. In diesen Organisationsentwicklungsprozess sind die gesamte Einrichtung, das Einrichtungsumfeld, die einzelnen Mitarbeiterinnen und Mitarbeiter sowie beispielsweise deren Arbeitssituation und jeweiligen Arbeitsbedingungen inbegriffen.

2.2.4 Gesundheit am Arbeitsplatz Kita

Wie beschrieben unterliegt die frühkindliche Erziehung, Bildung und Betreuung in Kindertageseinrichtungen seit einigen Jahren großen Veränderungen, so z.B. durch die Einführung der Bildungspläne oder das Inkrafttreten des Rechtsanspruches auf einen Betreuungsplatz für Kinder ab dem vollendeten ersten Lebensjahr. Die damit einhergehenden steigenden physischen und psychosozialen Anforderungen an die pädagogischen Fach- und Leitungskräfte und ihre gesundheitliche Situation rücken damit stärker in das Interesse von Öffentlichkeit und Forschung.

Der Gesundheitszustand der Berufsgruppe wurde erstmals 2001 (Buch & Frieling, 2001; Buch & Frieling, 2002) erhoben und in den letzten Jahren durch weitere empirische Daten zu den berufsbedingten Anforderungen und gesundheitlichen Risiken ergänzt (Hoffmann-Steuernagel & Gigout, 2002; Schad, 2002; Wolters u.a., 2002; Rudow, 2004a). Die Forschungsdaten beziehen sich z.B. auf die berufliche und gesundheitliche Situation von Erzieher*innen (bspw. Thinschmidt u.a., 2008, Krause-Girth, 2011, Schneewind u.a., 2012) und auf die von Leitungspersonen (Nagel-Prinz & Paulus,

2012) sowie auf Belastungen und Ressourcen (Khan, 2000). Daneben gibt es Ansätze für gesundheitsfördernde Maßnahmen in Kindertagesstätten von Seibt u.a. (2005b).

Die aktuellen Daten zeigen, dass ein Großteil der pädagogischen Fachkräfte nach Thinschmidt u.a. (2009) von arbeitsbezogenen gesundheitlichen Beschwerden während oder unmittelbar nach der Arbeit berichtet, die insbesondere den Bewegungsapparat betreffen. Die Ursachen liegen unter anderem in ungünstigen Arbeitsbedingungen, womit beispielsweise das Heben und Tragen der Kinder oder auch das Sitzen auf zu kleinen Kinderstühlen gemeint sind. Weiterhin wird eine erhöhte psychonervale sowie vielfältige sozialkommunikative Anforderung wahrgenommen, die sich in Stress und Überforderung äußert und für die Entstehung psychosomatisch bedingter Beschwerden wie Rücken- und Nackenschmerzen, Probleme mit der Stimme, Magen-Darm-Beschwerden, Kopfschmerzen, Erschöpfung und Müdigkeit, Schlafstörungen, Konzentrationsproblemen, Nervosität und erhöhte Reizbarkeit verantwortlich ist. Außerdem berichten die Erzieher*innen, das Gefühl zu haben, nur teilweise auf die emotionalen Anforderungen in der täglichen Arbeit, vor allem mit den Kindern, angemessen reagieren zu können. So zeigen Erhebungen zu den Bewältigungsmustern der pädagogischen Fachkräfte, dass bereits 40% der Teilnehmenden eine Schonhaltung gegenüber Arbeitstätigkeiten einnehmen bzw. für die Gesundheit ungünstige Emotionsausdrucksformen vorweisen (Thinschmidt u.a., 2009). Über 50% der in der Studie von Krause-Girth (2011) befragten Erzieher*innen können nach der Arbeit nicht abschalten und sind mit den beruflichen Problemen befasst. Die berichteten gesundheitlichen Einschränkungen sowie die Beurteilung von Arbeitsbedingungen werden mit zunehmendem Alter stärker bzw. schlechter und weisen auf die hohe Gefahr des Ausbrennens im Erzieherinnen- und Erzieherberuf hin.

Das Berufsfeld der Erzieher*innen rückte in den letzten Jahren auch zunehmend in den Fokus der Gesundheitsberichte unterschiedlicher gesetzlicher Krankenkassen (IKK-Bundesverband, 2006; Techniker Krankenkasse, 2009, 2015). Eine Auswertung der Krankenstandsdaten 2003 der bei der Allgemeinen Ortskrankenkasse (AOK) versicherten Beschäftigten in Kindertagesstätten (dargestellt im Fehlzeiten-Report 2004, Badura u.a.), zeigt, dass die Fehlzeiten für 2003 noch bei 8 Tagen und einem eher unterdurchschnittlichen Krankenstand von 3,6% liegen. Für das Jahr 2006 gibt der IKKimpuls-Berufsreport Erzieherinnen und Erzieher bereits 13,4 Krankheitstage an. Auch im Gesamtvergleich des Öffentlichen Dienstes fallen Erzieher*innen durch überdurchschnittlich hohe krankheitsbedingte Ausfallzeiten auf, was nach Thinschmidt u.a. (2008) auf belastende Arbeitsbedingungen hinweist, die Handlungsbedarf entstehen lassen. Im Jahr 2008 waren die pädagogischen Fachkräfte laut des Gesundheitsberichts der

Techniker Krankenkasse (2009) statistisch gesehen 13,9 Tage und damit 2,7 Tage länger krankgeschrieben als der Durchschnitt aller Beschäftigten. Der Krankenstand unter Erzieher*innen lag hier bei 3,8 %. Ein Blick auf aktuellere krankheitsbedingte Fehlzeiten der Berufsgruppe der Erzieher*innen sowie Kinderpfleger*innen im Fehlzeiten-Report 2012 (Badura u. a., 2012) zeigt, dass der Krankenstand unter Erzieherinnen im Jahr 2011 bei 4,2 % mit einer durchschnittlichen Falldauer von 7,5 Tagen je Fall liegt. In 2014 waren Erzieherinnen vier Tage mehr krankgeschrieben als der Bundesdurchschnitt und die Fehltage lagen bei 18,9 pro Kopf (Techniker Krankenkasse 2015).

Mit Blick auf das Krankheitsgeschehen fällt auf, dass mehrere Krankheitsarten bei den Erzieher*innen zu überdurchschnittlich vielen Ausfalltagen führen: Dies sind in erster Linie psychische Erkrankungen – neben Atemwegs- sowie Muskel- und Skeletterkrankungen (im Vergleich zu Kreislauferkrankungen, die unterdurchschnittlich stark vertreten sind) (IKK-Bundesverband, 2006). Auch die Ergebnisse der BGW-DAK Stress-Monitoring Studie (2001) zeigen, dass der psychische Gesundheitszustand von Erzieher*innen um fast 8,2 % schlechter ist als der Vergleichswert der berufstätigen Bevölkerung der Bundesrepublik. Und die für 2014 ermittelten 18,9 Fehltage pro Kopf resultierten vor allem aus psychischen Störungen (4,1 Tage; neben Krankheiten des Atemwegssystems mit 3,3 Tagen) (Techniker Krankenkasse 2015). Zudem leidet diese Berufsgruppe deutlich stärker unter psychosomatischen Beschwerden als die Vergleichsbevölkerung (27 % über dem Durchschnitt) (Berger u. a., 2001). Die starke berufliche Belastung von Kita-Mitarbeiter*innen wird auch durch die Ergebnisse der AQUA-Studie (2014) untermauert. Die Leitungskräfte sind dabei häufiger von Belastungen betroffen als die Fachkräfte ohne Leitungsfunktion, was neben dem vielfältigen Aufgabenspektrum auch auf die Managementaufgaben der Leitung zurückgeführt wird. Als wichtige Ressource wird seitens der Leitungen die Unterstützung durch die Träger erachtet (Schreyer u. a., 2014).

3 Das Forschungsprojekt STEGE
Strukturqualität und ErzieherInnengesundheit in Kindertageseinrichtungen

Die Studie „STEGE – Strukturqualität und ErzieherInnengesundheit" wurde von 2010 bis 2012 an der Alice Salomon Hochschule in Berlin durchgeführt. Auftraggeberin war die Unfallkasse NRW, unterstützt durch die Deutsche Gesetzliche Unfallversicherung. Auf der Grundlage einer für die Kita-Trägerstruktur Nordrhein-Westfalens (NRWs) repräsentativen Befragung an 2.722 pädagogischen Fach- und Leitungskräften aus insgesamt 809 Einrichtungen sowie vertiefenden Interviews mit 14 Teilnehmenden der schriftlichen Befragung lieferte die Studie erstmalig repräsentative Befunde für den Zusammenhang zwischen den Arbeitsbedingungen in Kindertageseinrichtungen und der Gesundheit und Arbeitsfähigkeit von pädagogischen Fachkräften.

3.1 Forschungsleitendes Modell der Studie

Die Fragestellungen und Inhalte der Studie wurden auf der Grundlage eines forschungsleitenden Analysemodelles entwickelt, in dem das Zusammenwirken alltäglicher individueller und berufsbezogener Belastungen und Ressourcen als wesentlich für die Gesundheit und das Wohlbefinden von pädagogischen Fach- und Leitungskräften verstanden wird.

Als berufsbezogene Einflussfaktoren seitens der Kindertageseinrichtungen wurden strukturelle Rahmenbedingungen sowie Aspekte der Team- und Führungskultur in die Analysen einbezogen. Die Strukturqualität einer Kindertageseinrichtung wird im Gesamtmodell als einer von mehreren Bedingungsbereichen konzeptualisiert. Dabei umfassen die einbezogenen *strukturellen Rahmenbedingungen* diejenigen Strukturvariablen, die in der Qualitätsforschung und in der Forschung zum Belastungserleben von pädagogischen Fachkräften in Kindertageseinrichtungen als wesentlich identifiziert wurden. Dies sind u.a. die Fachkräftestruktur, der Fachkraft-Kind-Schlüssel, die Gruppenorganisation und Gruppengröße, Vor- und Nachbereitungszeiten, das Raumangebot und die Bezahlung der pädagogischen Fachkräfte. Da die Studie das Wechselverhältnis von Strukturmerkmalen und Gesundheit der Erzieher*innen ins Zentrum stellt, wurde dieser Bereich besonders differenziert operationalisiert.

Ebenfalls berufsbezogene Merkmale sind die **Team- und Leitungskultur** der Einrichtung als Teil der Organisations- und Managementqualität, die sowohl als moderierende Faktoren im Sinne einer Vermittlungs-, Verarbeitungs- und Unterstützungsinstanz betrachtet werden, als auch als direkte Einflussfaktoren auf das Belastungserleben und die Wahrnehmung von Ressourcen durch die pädagogischen Fachkräfte (Bundesverband der Unfallkassen, 2005). Ein Organisationsklima, das von Klarheit und Transparenz der Ziele und der Verantwortungsverteilung, hoher Innovationsbereitschaft, guten Möglichkeiten für professionelle Weiterentwicklung, Anerkennung und Wertschätzung der Leistungen der Mitarbeiter*innen und angemessenen Einfluss- und Entscheidungsmöglichkeiten geprägt ist, trägt zu einer generellen Stressreduzierung und höheren Arbeitszufriedenheit bei (Jorde-Bloom & Sheerer, 1992; Hepting & Hüfner, 2004).

Abbildung 1. Forschungsleitendes Modell der STEGE-Studie

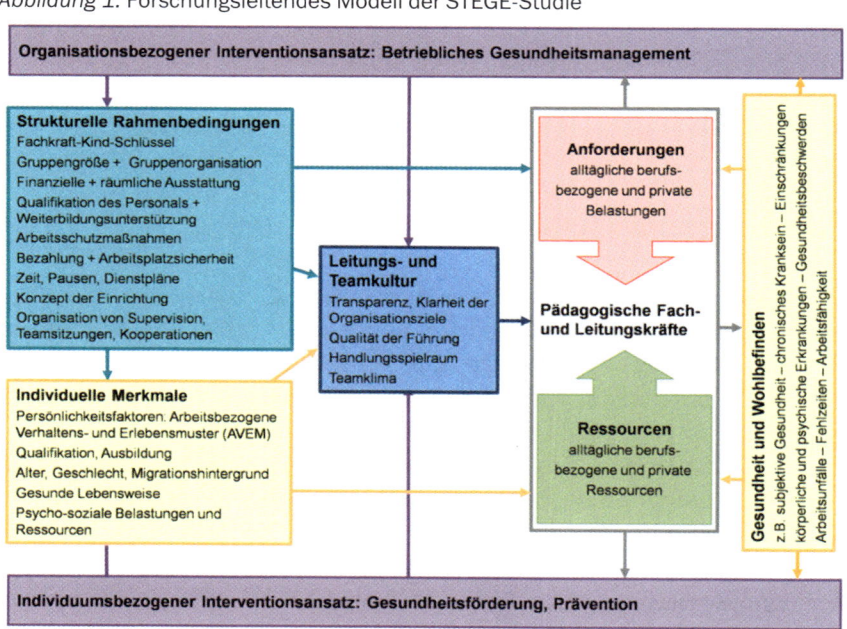

Seitens der befragten Fach- und Leitungskräfte stellen deren *individuelle Merkmale* respektive private Einflüsse einen zweiten Bedingungsbereich von Gesundheit und Wohlbefinden dar. Diese umfassen Alter und Geschlecht, sowohl objektive Merkmale des beruflichen Qualifikationsniveaus (Ausbildung, Fort- und Weiterbildung) als auch subjektive Einschätzungen der fachlichen Qualifikation, die individuellen arbeitsbezogenen Verhaltens- und Erlebensmuster, den Grad der privaten Belastung sowie der sozialen Unterstützung. Alter beispielsweise ist eine wesentliche Einflussvariable auf Gesundheit und Wohlbefinden, mit zunehmendem Alter erhöht sich das Risiko für eine Vielzahl von oftmals chronischen Krankheiten, für Mehrfacherkrankungen (Multimorbidität) und die damit einhergehenden Beeinträchtigungen. Auch die private Belastung oder die privat erfahrene soziale Unterstützung, sind wichtige Einflussfaktoren auf Gesundheit und Krankheit und müssen in Zusammenhangsanalysen zu strukturellen Rahmenbedingungen am Arbeitsplatz Kita und der Gesundheit des pädagogischen Personals einbezogen werden.

In dem forschungsleitenden Modell wird davon ausgegangen, dass dieses Zusammenwirken der strukturellen Rahmenbedingungen und der Leitungs- und Teamkultur der Einrichtung sowie von individuellen Merkmalen der Fach- und Leitungskräfte einen Einfluss darauf hat, wie die beruflichen Aufgaben von pädagogischen Fachkräften erlebt und ob sie stärker als Anforderung bzw. Belastung oder als Ressource bewertet werden. Entsprechend wurden basierend auf Erkenntnissen aus vorangegangenen Untersuchungen und theoretischen Überlegungen differenziert Aspekte der beruflichen Tätigkeit erfasst, die u.a. die direkte Arbeit mit den Kindern, das Anspruchsniveau und die Komplexität der Aufgaben, die Aufgabenvielfalt und -menge, die Zusammenarbeit mit Eltern und die Zusammenarbeit mit Kolleg*innen im Team als auch weitere Beanspruchungsfaktoren wie z.B. Lärm oder körperliche Beanspruchungen betreffen. Von den Befragten wurde jeweils individuell die Stärke des subjektiven Erlebens als Ressource oder Belastung angegeben.

3.2 Studiendesign

Für die Studie wurden in einem quantitativen Forschungsstrang mittels umfassender – für die Kita-Trägerstruktur Nordrhein-Westfalens repräsentativer – schriftlicher Befragung insgesamt 2.744 pädagogische Fach- und Leitungskräfte aus 809 Einrichtungen schriftlich befragt. Die schriftliche Befragung erfolgte in einem Mixed-Mode-Design, in dem sowohl die Onlineteilnahme als auch die Teilnahme mittels schriftlichem Fragebogen parallel angeboten wurden.

In der quantitativen Erhebung kamen zwei verschiedene Fragebögen zum Einsatz: Jede Einrichtung erhielt einen Fragebogen zur Einrichtung mit Fragen zu strukturellen Merkmalen der Kita, der von der Kita-Leitung oder einer anderen damit vertrauten Person auszufüllen war. In jeder teilnehmenden Einrichtung sollten eine Leitungsperson und nach Möglichkeit jede zweite pädagogische Fachkraft einen umfassenden personenbezogenen

Fragebogen zu ihrer Arbeitssituation sowie dem emotionalen und gesundheitlichen Befinden ausfüllen.

Die erzielten Ergebnisse wurden in einem qualitativen Forschungsstrang mittels 14 problemzentrierten Interviews mit Erzieher*innen vertieft.

Das Datenschutzkonzept der Studie wurde seitens des für die Berliner Hochschulen zuständigen Datenschutzbeauftragten sowie des Datenschutzbeauftragten der Unfallkasse NRW genehmigt.

Abbildung 2. Studiendesign STEGE

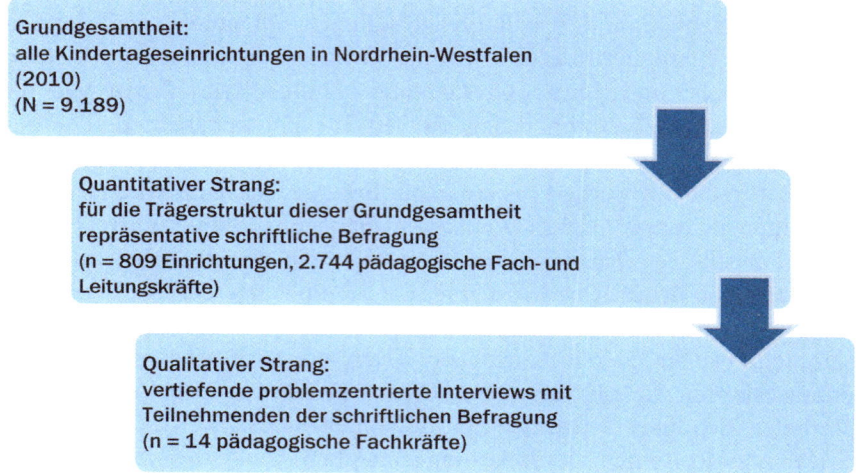

3.2.1 Quantitativer Forschungsstrang

Stichprobe

Eine Zielsetzung der Studie war, für die Kita-Landschaft NRWs repräsentative Aussagen zu strukturellen Rahmenbedingungen und der Gesundheit von pädagogischen Fachkräften machen zu können. Repräsentativität wurde für Einrichtungen mit öffentlicher und freier Trägerschaft nach Einrichtungsgröße angestrebt.

Die Grundlage für die Kontaktierung und Einladung zur Teilnahme an der Befragung stellten die von den Landesjugendämtern Westfalen-Lippe und Rheinland zur Verfügung gestellten Adressen von 9.189 Kindertageseinrichtungen dar. Diese wurden in einen nach Trägerform sowie Einrichtungsgröße unterteilten Stichprobenplan aufgeteilt. Für jede darin enthaltene Zelle wurde die minimale Stichprobengröße berechnet, um für jede Merkmalskombination aus Trägerform und Einrichtungsgröße repräsentative Aussagen treffen zu können. Zunächst wurde auf der Grundlage dieses disproportional geschichteten Stichprobenplans (siehe Tabelle 1) eine Zufallsauswahl von insgesamt 2.314 Einrichtungen angeschrieben und zur Teilnahme eingeladen. Nachdem trotz einer umfassenden Nachfassaktion die Zielsetzung einer ausreichenden Stichprobengröße für repräsentative Aussagen nicht erreicht werden konnte, wurden in einem zweiten Erhebungsschritt alle verbleibenden Einrichtungen in NRW angeschrieben und zur Teilnahme eingeladen. Aus Kostengründen unterschied sich die zweite Erhebungswelle insofern von der ersten Welle, dass nunmehr bei Interesse an der Teilnahme die Befragungsunterlagen angefordert werden konnten, während bei der Ersterhebung alle Unterlagen bereits mitgeschickt wurden.

In NRW arbeiteten im Jahr 2010 insgesamt 83.061 pädagogische Fachkräfte (Bock-Famulla & Stein, 2012), die die Grundgesamtheit auf Fachkraftebene darstellen. Der Zugang zu den pädagogischen Fach- und Leitungskräften erfolgte über die Kindertageseinrichtungen. Die Auswahl der Fachkräfte in den Einrichtungen erfolgte durch die Kitaleitung anhand vorgegebener Kriterien, um die Zufallsauswahl der Stichprobe zu gewährleisten. Innerhalb der Kindertageseinrichtungen wurde eine Teilnahme von 50% der pädagogischen Fachkräfte zuzüglich der Kitaleitung einer jeden Einrichtung für die schriftliche Befragung angestrebt.

Das Kriterium für eine Bewertung als vollständig teilnehmende Einrichtung war die Einsendung des ausgefüllten Einrichtungsbogens sowie von mindestens zwei ausgefüllten persönlichen Fragebögen für die pädagogischen Fach- und die Leitungskräfte – entweder als schriftlicher Fragebogen oder als komplett ausgefüllte Antwort im Online-Portal.

Vollständige Befragungsunterlagen wurden von 2.744 pädagogischen Fach- und Leitungskräften aus 809 Einrichtungen eingereicht. Damit haben insgesamt 8,9% aller Kindertageseinrichtungen in NRW mit vollständigen Befragungsunterlagen an der Studie teilgenommen. Von weiteren 42 Einrichtungen liegen ein Fachkraft- sowie der Einrichtungsbogen vor, von 93 Einrichtungen wurde ein einzelner Einrichtungsbogen ausgefüllt und 42 Fachkräfte haben einzeln an der Befragung teilgenommen. Die Informationen zur Einrichtung aus dem Einrichtungsfragebogen sind somit von insgesamt 944 Kindertagesstätten vorhanden, also von 10,4% der Einrichtungen Nordrhein-Westfalens. Der Rücklauf vollständiger Befragungsunterlagen nach Träger und Einrichtungsgröße variiert zwischen 4,7% und 15,4% (siehe Tabelle 1). Die Einrichtungen in öffentlicher Trägerschaft sind in der Stichprobe unterrepräsentiert. Mit dem Gewichtungsfaktor[3] für die Einrich-

---

[3] Eine umfassende Beschreibung der Berechnung der Gewichtungsfaktoren findet sich im Abschlussbericht der Studie.

tungsdaten wurde die gleiche Verteilung von großen und kleinen Einrichtungen der freien und der öffentlichen Jugendhilfe gewährleistet, wie sie in der Grundgesamtheit verteilt sind.

Tabelle 1. Rücklauf vollständiger Befragungsunterlagen nach Einrichtungsgröße und Trägerschaft

Rücklauf (Bruttostichprobe)	Genehmigte Anzahl der Plätze der Einrichtung laut Betriebserlaubnis			Gesamt
	Keine Angabe	Bis zu 50 Kinder	Mehr als 50 Kinder	
Freie Träger: AWO	0* (1**)	20* (279**)	18* (383**)	38* (663**)
Freie Träger: Caritas	0* (5**)	53* (1027**)	122* (1619**)	175* (2651**)
Freie Träger: Der Paritätische	0* (7**)	66* (901**)	43* (289**)	109* (1197**)
Freie Träger: Diakonie	0* (5**)	33* (670**)	68* (924**)	101* (1599**)
Freie Träger: DRK	0* (0**)	18* (117**)	16* (162**)	34* (279**)
Freie Träger: Sonstige	0* (10**)	36* (380**)	24* (156**)	60* (546**)
Öffentliche Träger	0* (5**)	68* (735**)	224* (1514**)	292* (2254**)
Gesamt	0* (33**)	294* (4109**)	515* (5047**)	809* (9189**)

*Anzahl vollständig teilnehmender Einrichtungen **(Anzahl in Grundgesamtheit)

Bei den teilnehmenden Einrichtungen (siehe Abbildung 3) handelt es sich unabhängig von Trägerschaft und Einrichtungsgröße zu ungefähr 70 % um Einrichtungen mit Kindern bis zum Schulalter inklusive der Betreuung von unter 3-jährigen Kindern. Weitere 20 % der Einrichtungen betreuen nur Kinder von 3 Jahren bis zum Schuleintritt, einige wenige Einrichtungen betreuen zudem noch Schulkinder; reine Krippen sind nur sehr selten vertreten. Annähernd 90 % der Einrichtungen arbeiten mit einem spezifischen pädagogischen Schwerpunkt, circa 35 % der Einrichtungen sind Integrationseinrichtungen. Bei den Elterninitiativen sind 18 % der Einrichtungen in freier und 3,5 % der Einrichtungen in öffentlicher Trägerschaft.

Der persönliche Fragebogen wurde innerhalb kleiner Einrichtungen von durchschnittlich 53,0 % aller Fachkräfte und innerhalb großer Einrichtungen von durchschnittlich 34,2 % der Fachkräfte einer Einrichtung ausgefüllt. Insgesamt entspricht das einer durchschnittlichen Rücklaufquote von 41,1 % der pädagogischen Fachkräfte einer teilnehmenden Einrichtung. Mit dem Gewichtungsfaktor[4] für die pädagogischen Fachkräfte wurde die unter-

---

4 Eine umfassende Beschreibung der Berechnung der Gewichtungsfaktoren findet sich im Abschlussbericht der Studie.

Abbildung 3. Stichprobenbeschreibung auf Einrichtungsebene (n=809 Einrichtungen)

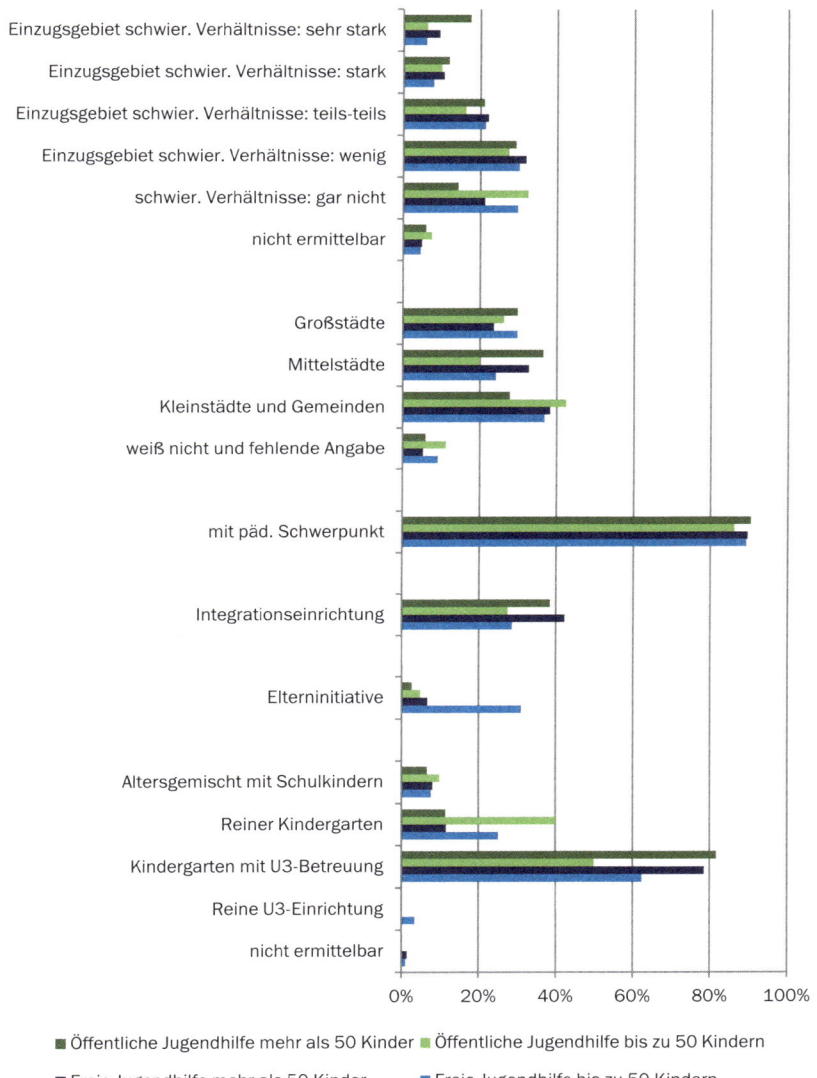

schiedlich hohe Teilnahme pädagogischer Fach- und Leitungskräfte innerhalb verschiedener Einrichtungen ausgeglichen. Es wurde damit erreicht, dass sich die Anzahl teilnehmender Fachkräfte innerhalb einer Einrichtung zur Gesamtanzahl von Fachkräften in der Einrichtung verhält wie das allgemeine Verhältnis von teilnehmenden Fachkräften zu möglichen Fachkräften in der Studie, d.h. aller pädagogischen Fachkräfte in NRW. Zudem wurde die Gewichtung der Einrichtung selbst an der Verteilung von Einrichtungen analog Stichprobenplan einbezogen.

Das Stichprobe setzt sich zusammen aus 1.958 pädagogischen Fachkräften ohne Leitungsfunktion (=71,4%) und 786 Leitungskräften (=28,6%). Die Geschlechter- und Altersverteilung (siehe Abbildung 4) entspricht der Verteilung in Nordrhein-Westfalen.

Abbildung 4. Stichprobenbeschreibung auf Fachkraftebene (n= 1.958 pädagogische Fachkräfte ohne Leitungsfunktion und 786 Leitungskräfte)

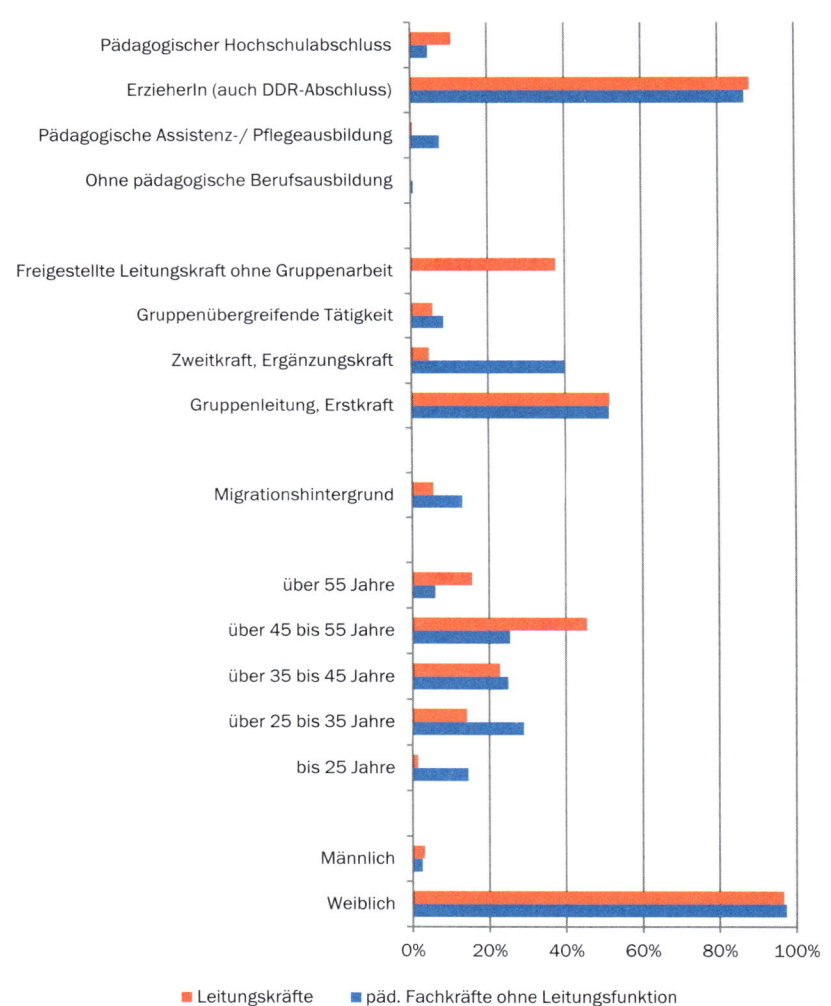

Fragebögen

In der Studie kamen zwei Fragebögen zum Einsatz, da sowohl einrichtungsbezogene als auch personenbezogene Informationen erfragt wurden. Für jede teilnehmende Einrichtung wurde ein Fragebogen zu strukturellen Merkmalen der Einrichtung von einer Leitungskraft ausgefüllt. Der zweite Fragebogen für teilnehmende pädagogische Fach- und Leitungskräfte enthält umfassende Abfragen zu ihrer Arbeitssituation sowie dem emotionalen und gesundheitlichen Befinden.

Statistische Methoden

Die Auswertung der quantitativen Daten erfolgte mit dem Softwarepaket SPSS 20. Für die Beschreibung der strukturellen Rahmenbedingungen wurden die Angaben aus den Einrichtungsbögen herangezogen und mit dem entsprechenden Gewichtungsfaktor nach Trägerzugehörigkeit und Einrichtungsgröße auf die Verteilung in der Grundgesamtheit adjustiert. Die Auswertungen der persönlichen Angaben der Fach- und Leitungskräfte erfolgte ebenfalls adjustiert mittels des Gewichtungsfaktors auf die Grundgesamtheit.

In Abhängigkeit vom Skalenniveau der untersuchten Merkmale kamen entsprechende bivariate Testverfahren zum Einsatz, um Unterschiede und Zusammenhänge statistisch zu prüfen (t-Test für unabhängige Stichproben, Mann-Whitney-U-Test, Chi^2-Test, Varianzanalyse und Varianzanalyse nach Kruskal-Wallis).

Bivariate Zusammenhänge sind für ordinal- und intervallskalierte Daten mit den Korrelationskoeffizienten nach Spearman oder nach Pearson ausgewiesen, für nominalskalierte Variablen wurden keine Zusammenhangsmaße berechnet.

Die multivariaten Analysen erfolgten mittels logistischer Regressionsmodelle, um Risikomaßzahlen (Odds Ratios) ermitteln zu können. Als Signifikanzniveau wurde $p<0.05$ festgelegt, bei den multivariaten Analysen wurden auch Tendenzen mit $p<0.10$ aufgezeigt.

Die Einschätzung der Ergebnisse zum Gesundheitszustand und dem Gesundheitsverhalten der Befragten erfolgte mittels Vergleich mit den Daten des bundesweiten telefonischen Gesundheitssurveys des Robert Koch-Instituts „Gesundheit in Deutschland aktuell" (Robert Koch-Institut, 2012). Ergebnisbericht ist in thematische Factsheets gegliedert, in denen repräsentativ für Deutschland die Prävalenzen für verschiedene Altersgruppen sowie drei Bildungsniveaus ausgewiesen werden. Die STEGE-Ergebnisse für weibliche pädagogische Fachkräfte wurden mit den Frauen gleichen Alters und mittlerer Bildung als Referenzgruppe verglichen. Die männlichen Fachkräfte konnten aufgrund niedriger Fallzahl nicht mit einer Referenzgruppe der deutschen Bevölkerung verglichen werden.

3.2.2 Qualitativer Forschungsstrang

Neben der quantitativen standardisierten schriftlichen Befragung erfolgte der methodische Zugang zur Beantwortung der Forschungsfrage mittels qualitativer problemzentrierter Interviews. Die quantitativen Daten der Studie stellten den Ausgangspunkt der qualitativen Erhebung dar, gleichwohl war mit dem Übergang vom quantitativen zum qualitativen Forschungsstrang auch ein grundlegender Analysewechsel verbunden. Während es zuvor um die Anwendung eines rein hypothesenüberprüfenden Verfahrens ging, wurden in die vertiefende qualitative Studie theoriegenerierende Analyseverfahren eingebunden (Przyborski & Wohlrab-Sahr, 2009, S. 180). Des Weiteren standen im qualitativen Erhebungsteil nicht ausschließlich statistisch ermittelte Zusammenhangsstrukturen im Mittelpunkt der Analyse, sondern vor allem deren kommunikative Realisierung (ebd., S. 179).[5]

Stichprobenkonzeption und Stichprobenziehung

Bei der Stichprobenkonzeption erfolgte das Sampling nach vorab festgelegten Kriterien und orientierte sich zunächst an den statistischen Ausgangswerten der standardisierten Befragung. Alle Personen, die an der schriftlichen Befragung teilgenommen hatten, wurden gefragt, ob sie mit der Teilnahme an einem vertiefenden Interview einverstanden wären. Aus der Stichprobe der wiederbefragungsbereiten Teilnehmer*innen wurden zu einem späteren Studienzeitpunkt die Teilnehmenden am qualitativen Studienstrang ausgewählt. Die Teilstichprobe der qualitativen Interviews wurde entlang der aus der standardisierten Befragung gewonnenen zentralen Merkmalskategorien bzw. Zusammenhangsmuster auf der Grundlage folgender Kriterien gebildet:

- Randwerte im Index für Strukturqualität (besonders schlechte und besonders gute Arbeitsbedingungen)
- Unterschiedlichkeit in der Alterszusammensetzung der Stichprobe

---

5 Eine umfassende Darstellung des qualitativen Forschungsprozesses findet sich im Abschlussbericht.

- Merkmale gesundheitlicher Belastung (Burnout und Muskel-Skelett-Erkrankungen)
- Logistische Machbarkeit

Diese Eigenschaften der Interviewten waren den Interviewerinnen zu keinem Zeitpunkt der Studie bekannt, also weder vor und während der Durchführung der Interviews, noch bei deren Interpretation.

Das problemzentrierte Interview als Erhebungsmethode

Beim problemzentrierten Interview handelt es sich um eine offene, halbstrukturierte, qualitative Erhebungsmethode (Mayring, 2002, S. 66ff.). Unter dem „Prinzip der Offenheit" (Witzel, 1985, S. 228) ist es den Interviewpersonen möglich, ohne Antwortvorgaben relativ frei zu antworten. Hiermit wird zugleich das forschungsmethodische Ziel verfolgt, auf vorgefertigte Hypothesen zu verzichten, um den Erkenntnisgewinn nicht von vornherein theoretisch einzuschränken. Das Erkenntnisinteresse liegt im „Einfangen" der individuellen Sichtweise der Befragten, was auch die Offenheit gegenüber deren subjektiven Konstruktionsleistungen von gesellschaftlicher Wirklichkeit impliziert.

Das problemzentrierte Interview (PZI) gleicht zum Teil einem offenen Gespräch, wobei eine qua Leitfaden determinierte Thematik fokussiert wird. Diese halbstrukturierte Interviewform verfolgt die Grundprämissen qualitativen Denkens „Problemzentrierung, Gegenstandsorientierung und Prozessorientierung" (Witzel, 1985, S. 230).

Unter Problemzentrierung wird hier die spezifische Auseinandersetzung des/der Forschenden mit gesellschaftlichen Problemstellungen und Theorien verstanden: Es geht um die den gesamten Forschungsprozess betreffende Verknüpfung von bereits existentem theoretischen Wissen des/der Forschenden und dem noch zu ermittelnden Wissen, das sie oder er über den Dialog mit den Interviewten generieren möchte (Witzel, 1985). Unter Gegenstandsorientierung wird die Anpassung des Forschungsinstruments an den jeweiligen Forschungsgegenstand verstanden. Die Gewichtung und Modifizierung der einzelnen Interviewteile hängt demnach z.B. nicht vom spezifisch vorgefertigten Forschungsinstrument, sondern vielmehr von der dialogischen Verlaufsform des PZI und dem Erzählfokus der Interviewerin bzw. des Interviewers ab (Witzel, 1985). Die Prozessorientierung als drittes zentrales Kriterium des PZI beinhaltet im forschungspraktischen Vorgehen eine Orientierung an einer gegenstandsbezogenen Theorie.

In der vorliegenden Studie übernahm das eingesetzte PZI folglich die Funktion eines Validierungs- und Vertiefungsinstruments des quantitativen Fragebogens: als Validierungsinstrument hinsichtlich der Themenkomplexe

Arbeitsbedingungen, Gesundheit und Krankheit, Gesundheit und Lebenswelt sowie hinsichtlich möglicher Ansätze für Veränderungen mit Blick auf verhältnisbezogene und verhaltensbezogene Interventionen. Als Vertiefungsinstrument bot das PZI die Möglichkeit, individuelle Situationsdeutungen und Handlungsbegründungen der Erzieher*innen zu verschiedenen Aspekten von Ressourcen oder Belastungen am Arbeitsplatz Kindertageseinrichtung zu erfassen Die empirische Rekonstruktion subjektiver Betrachtungsweisen der beruflichen Wirklichkeit und Gesundheit und damit einhergehender individueller Realitätsentwürfe und Interessengebundenheiten ermöglichten einen vertiefenden Einblick in kognitive Strukturen und Zusammenhänge der Interviewten und versprachen Informationen über die Zusammenhänge von Merkmalen der Strukturqualität in Kindertageseinrichtungen und der Gesundheit der Erzieher*innen.

Der Interviewleitfaden

Der Interviewleitfaden ließ sich in drei Teilbereiche untergliedern: in einen ersten narrativen Eingangsteil, einen zweiten expliziten Nachfrage- und anschließenden, dritten Bilanzierungsteil. Der narrative Eingangsteil entsprach Sondierungsfragen, die den Zweck verfolgten, die Relevanz des Themas für die Interviewperson zu ermitteln (Mayring, 2002). Der explizite Nachfrageteil und der Bilanzierungsteil des Interviews sollten die wesentlichsten Themenaspekte, die auch für die Fragestellungen des Projekts und damit auch für die Interviewerin[6] von Relevanz waren, festhalten (Mayring, 2002). Im Sinne des dialogischen Vorgehens des PZI wurden über den phasenhaften Aufbau des Interviewleitfadens hinaus immer auch Ad-hoc-Fragen von der Interviewerin formuliert, die Themenfelder vertieften oder kritisch hinterfragten aber auch der Erhaltung des Gesprächsfadens und der Vergleichbarkeit zwischen verschiedenen Interviews dienten (Mey, 2000).

Abbildung 5. Aufbau des Interviewleitfadens

Gesamtüberblick **Aufbau des Interviewleitfadens:**

Narrativer Eingangsteil des Interviews
Frage-Fokus der Sondierungsfragen: **Gesundheit & individuelle Arbeitssituation** (Mey, 2000).

---

6   In der STEGE-Studie wurden die Interviews ausschließlich von Frauen durchgeführt.

Explizite Nachfragephase zu den Themenkomplexen
Arbeitsbedingungen (Frage-Fokus Leitfadenfragen: als belastend bzw. positiv empfundene Arbeitsbedingungen; Zusammenarbeit im Team/mit der Leitung/dem Träger/den Eltern; eigene Gestaltungsfreiräume in der pädagogischen Arbeit; Umgang mit Zeit im beruflichen Alltag; Fachkraft-Kind-Relation)
Gesundheit/Krankheit (Frage-Fokus Leitfadenfragen: gesundheitliche Situation/ Krankenstand in der Einrichtung; individuelle Einschätzung und Umgangsweisen mit gesundheitlichen Einschränkungen/Beschwerden; Einfluss der Arbeit auf das persönliche Wohlbefinden)
Gesundheit und Lebenswelt (Frage-Fokus Leitfadenfragen: Verhältnis von Privatleben und Beruf und damit verbundene Ressourcennutzung/Kraftquellen bzw. damit einhergehende(s) Belastungsempfinden/gesundheitliche Risiken)

Bilanzierungsphase des Interviews
Fragen nach **Ansätzen für Veränderungen** (Frage-Fokus Leitfadenfragen: verhältnisbezogene und verhaltensbezogene Intervention; Ziele, Visionen, Vorschläge)

Beschreibung des Samplings

Die nach den vorab festgelegten und oben beschriebenen Kriterien zusammengesetzte Stichprobe umfasste 18 Personen, davon 4 Personen mit Leitungsfunktion in der Einrichtung. Für die Interviewauswertung wurden die Interviews mit den Leitungskräften nicht berücksichtigt, da hier eine eigenständige Auswertung angemessener erschien. Das Sampling umfasste schlussendlich mit 13 Frauen und einem Mann 14 pädagogische Fachkräfte ohne Leitungsfunktion, wobei das Durchschnittsalter bei knapp 40 Jahren lag. Zehn der Befragten arbeiteten in Einrichtungen mit mehr als 50 Plätzen, und nur drei der Interviewpartner*innen waren in Einrichtungen mit bis zu 50 Plätzen tätig. Dabei arbeiteten elf Fachkräfte in einer halboffenen Gruppe und nur zwei der Erzieher*innen in einem geschlossenen Gruppendienst. Unter den Interviewten erfüllten sieben neben einer Tätigkeit als Erzieherin bzw. als Erzieher die Funktion einer Gruppenleitung, wobei eine darüber hinaus auch als stellvertretende Leitung tätig war. Eine der Befragten hatte die Position der Kinderpflegerin. Die Anzahl der Jahre an Berufserfahrung im Berufsfeld der Kindertageseinrichtungen bzw. als Erzieher*in betrug zwischen vier und 35 Jahren; der Durchschnitt lag bei knapp 15 Jahren. Bei der Frage nach der Bewertung des eigenen Gesundheitszustandes gaben drei der Befragten ein „sehr gut" und jeweils fünf der Interviewpartner*innen ein „gut" oder „mittelmäßig" an.

Interviewauswertung

Die Interviews wurden unter Bezugnahme auf verkürzte Transkriptionsregeln von Bohnsack u. a. 2001 vergleichbar dokumentiert. Die Methode des PZI legte aufgrund ihrer Prozess- als auch Gegenstandsorientierung eine Kombination aus induktiven und deduktiven Auswertungsverfahren nahe. Vor diesem Hintergrund wurde im qualitativen Studienstrang die qualitative Inhaltsanalyse nach Mayring gewählt (Mayring, 2002; 2008). Von den drei Grundtechniken der qualitativen Inhaltsanalyse, der Zusammenfassung, der Explikation und der Strukturierung, wurde letztere als Auswertungsverfahren in der STEGE-Studie eingesetzt und das Interviewmaterial mithilfe vorab festgelegter Kategorien bzw. Codes systematisch analysiert (ebd.). Die Auswertung des umfangreichen Textmaterials fand computergestützt mit der Software MaxQDA statt.

Ergebnisdarstellung

In der vorliegenden Studie war bereits durch die große und repräsentative Stichprobe das Verhältnis der quantitativen und qualitativen Daten und Analyseergebnisse zueinander deutlich so definiert, dass die quantitativen Daten den qualitativen Daten in der Relevanz übergeordnet waren. Auch in der zeitlichen Abfolge bildete die Auswertung der standardisierten Befragung die Grundlage für die Zusammenstellung des theoretischen Samplings von 14 Interviewpartner*innen. Neben der Validierung der quantitativen Daten konnten Relevanzstrukturen der Befragten in ihrem pädagogischen Alltagshandeln nachgezeichnet werden, gesundheitsfördernde und belastende Aspekte und Abläufe der Arbeit differenzierter erklärt und subjektiv gedeutet werden. Resümierend kann eine gelungene Kompatibilität quantitativer und qualitativer Forschung festgehalten werden, beide Methoden konnten fruchtbar miteinander in Verbindung gebracht werden: Während im quantitativen Teil Generalisierungen aus dem Material extrahiert werden konnten, die repräsentative Gültigkeit für pädagogische Fach- und Leitungskräfte und Strukturen in Kitas NRWs besitzen, konnte das Untersuchungsfeld im qualitativen Untersuchungsstrang durch einen tieferen Informationsgehalt und eine ausführliche und differenzierte Beschreibung der Zusammenhänge zwischen strukturellen Rahmenbedingungen und der Gesundheit pädagogischer Fach- und Leitungskräfte profiliert werden. Die Ergebnisse des qualitativen Forschungsstranges fließen in die Ergebnisdarstellung des quantitativen Teils ein.

4 Die Arbeitsbedingungen in den Kindertageseinrichtungen

Die Arbeit in einer Kindertageseinrichtung wird nicht nur durch die pädagogischen Aufgaben, Ziele und Inhalte, sondern auch durch die Arbeitsbedingungen charakterisiert. Diese umfassen ein breites Spektrum an Merkmalen, die sich potenziell auf das individuelle Erleben am Arbeitsplatz, auf das körperliche und emotionale Befinden und auf die Gesundheit pädagogischer Fachkräfte auswirken können. In diesem Kapitel sollen zunächst die Einrichtungen, in denen die Studienteilnehmer*innen tätig sind, anhand einiger grundlegender Informationen (Öffnungszeiten, Gruppenstrukturen, Personal) und vorhandener Arbeitsschutzmaßnahmen (Lärmschutz, rückenschonendes Mobiliar) charakterisiert werden. Danach werden ausgewählte Merkmale des Arbeitsplatzes Kindertageseinrichtung zunächst beschrieben und für weitere Analysen zu Indices zusammengefasst. Dabei werden technisch-physikalische und organisationale Bedingungen im Teilkapitel „Strukturelle Rahmenbedingungen" verortet[7]. Faktoren, die sich auf soziale Prozesse beziehen und z.B. die Zusammenarbeit im Team und mit der Leitung oder die im Beruf erlebte Bestätigung und Anerkennung umfassen, werden im Teilkapitel „Leitungs- und Teamkultur" behandelt.

Bedingungen am Arbeitsplatz Kita können die pädagogische Arbeit befördern oder behindern, sie können das persönliche Wohlbefinden unterstützen oder einschränken. Auf der Grundlage einer umfassenden Kriterienliste gaben die für die Studie befragten Fach- und Leitungskräfte an, welche Bedingungen sie am Arbeitsplatz antreffen und inwiefern sie diese als Ressourcen oder Belastungen erleben (siehe Kapitel 4.4). Schließlich werden die erfahrenen Anstrengungen und Belohnungen in ein Verhältnis gesetzt (siehe Kapitel 4.5). Es wird analysiert, inwiefern sich beides in einem Gleichgewicht befindet oder Fach- und Leitungskräfte eine so genannte Gratifikationskrise erleben, die mit vielfältigen negativen Gesundheitsfolgen in Verbindung gebracht wird (Peter, 2002). Sie tritt ein, wenn die geforderte Verausgabung und die erfahrenen oder zu erwartenden Belohnungen wie Bezahlung, Wertschätzung, Aufstiegschancen etc. nicht im Gleichgewicht zueinander stehen.

---

[7] Hier werden lediglich diejenigen Faktoren beschrieben, die später in den Index „Strukturelle Rahmenbedingungen" einfließen.

4.1 Kindertageseinrichtungen in NRW

4.1.1 Öffnungszeiten

Die Kindertageseinrichtungen in NRW haben sich in den vergangenen Jahren zu überwiegend ganztägigen Angeboten entwickelt. Der Großteil aller Einrichtungen öffnet zwischen 7.00 und 8.00 Uhr morgens und schließt zwischen 16.00 und 17.00 Uhr nachmittags. Nur eine verschwindend geringe Anzahl von Einrichtungen hat nur vormittags geöffnet oder schließt über die Mittagszeit (1,3%); weitere 12,1% haben einzelne Gruppen, die nur vormittags oder nachmittags angeboten werden, aber halten auch ein Ganztagsangebot vor. Die Öffnungszeit reicht dabei von minimal drei bis maximal 12,5 Stunden. Größere Einrichtungen (>50 Plätze) halten tendenziell längere Öffnungszeiten vor.

Die Anzahl an Schließtagen variiert von Null bis zu 63 Tagen pro Jahr, dabei liegt die mittlere Anzahl von Schließtagen bei 20,4 Tagen in Einrichtungen aus öffentlicher Trägerschaft respektive 20,7 in Einrichtungen freier Trägerschaft. Flexible Betreuungszeiten können in durchschnittlich 17,0% der Einrichtungen mit freier Trägerschaft und 17,5% der Einrichtungen mit öffentlicher Trägerschaft gebucht werden. Zusätzliche Betreuung, z.B. an Wochenenden oder über Nacht, wird etwas häufiger von Einrichtungen mit freien Trägern angeboten (3,6% der Einrichtungen versus 1,9% der öffentlichen Einrichtungen), ist insgesamt aber eher eine Ausnahme.

4.1.2 Gruppenstrukturen

Abbildung 6. Gruppenorganisationsformen in großen und kleinen Einrichtungen der freien und öffentlichen Jugendhilfe

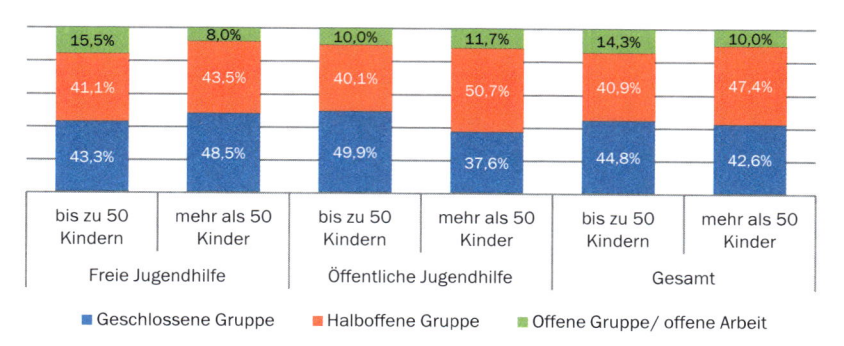

	Freie Jugendhilfe		Öffentliche Jugendhilfe		Gesamt	
	bis zu 50 Kindern	mehr als 50 Kinder	bis zu 50 Kindern	mehr als 50 Kinder	bis zu 50 Kindern	mehr als 50 Kinder
Offene Gruppe/ offene Arbeit	15,5%	8,0%	10,0%	11,7%	14,3%	10,0%
Halboffene Gruppe	41,1%	43,5%	40,1%	50,7%	40,9%	47,4%
Geschlossene Gruppe	43,3%	48,5%	49,9%	37,6%	44,8%	42,6%

Die Fachkräfte wurden nach der Gruppenorganisationsform gefragt, in der sie pädagogisch tätig sind. Von 1.348 pädagogischen Fachkräften der freien

Jugendhilfe arbeiten 46,4 % in geschlossenen Gruppen, 42,6 %% in der halboffenen Arbeit und 11,0 % in der offenen Gruppenarbeit. In der öffentlichen Jugendhilfe arbeitet ein größerer Anteil der 1.111 Fachkräfte in der halboffenen Arbeit (49,2 %) als in geschlossenen Gruppen mit 39,3 % und ein gleich großer Anteil von 11,4 % in der offenen Arbeit. Der Unterschied zwischen Trägern der Jugendhilfe ist vor allem bei den größeren Einrichtungen mit mehr als 50 Kindern zu beobachten.

Die Gruppengrößen unterscheiden sich stark nach der Art der pädagogischen Gruppenarbeit aber nicht zwischen den öffentlichen und freien Einrichtungen. In geschlossenen Gruppen werden durchschnittlich 20 Kinder im Bereich von sieben Kindern und maximal 29 Kindern betreut, in der halboffenen Arbeit liegt der Durchschnitt bei 22 Kindern (Range: acht bis 90 Kinder). In der offenen Arbeit ist die durchschnittliche Gruppengröße besonders hoch: sie liegt bei 33 Kindern mit einem Range von neun bis zu 107 Kindern.

4.1.3 Qualifikation des pädagogischen Personals

In der STEGE-Studie wurden explizit pädagogische Fachkräfte befragt, die eine entsprechende pädagogische Berufsausbildung abgeschlossen haben – damit waren Auszubildende in der pädagogischen Arbeit sowie pädagogisches Personal mit anderen Berufsabschlüssen nicht Teil des Befragungssamples. Im Fragebogen wurden die Fach- und Leitungskräfte umfassend

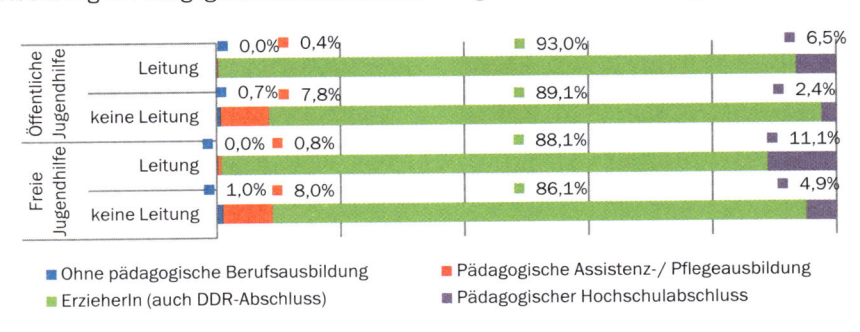

Abbildung 7. Pädagogische berufliche Ausbildung der Fach- und Leitungskräfte[8]

		Ohne pädagogische Berufsausbildung	Pädagogische Assistenz-/ Pflegeausbildung	ErzieherIn (auch DDR-Abschluss)	Pädagogischer Hochschulabschluss
Öffentliche Jugendhilfe	Leitung	0,0 %	0,4 %	93,0 %	6,5 %
	keine Leitung	0,7 %	7,8 %	89,1 %	2,4 %
Freie Jugendhilfe	Leitung	0,0 %	0,8 %	88,1 %	11,1 %
	keine Leitung	1,0 %	8,0 %	86,1 %	4,9 %

---

8 Ohne pädagogische Berufsausbildung: auch alle Personen, die sich aktuell in Ausbildung befinden; Pädagogische Assistenz-/Pflegeausbildung: Kinderpflege, Sozialassistenz, Heilerziehung oder/-pflege, Motopädin bzw. Motopäde; Pädagogischer Hochschulabschluss: B.A. Kindheitspädagogik, Sozialpädagogik (FH), Pädagogik (Uni), Heilpädagogik (FH), Lehrerin bzw. Lehrer, Psychologie (Universität).

nach ihrer beruflichen Qualifikation mit Mehrfachantwortmöglichkeiten befragt. Zudem sollten sie angeben, ob sie eine berufsbegleitende mindestens zwei Jahre dauernde Zusatzausbildung absolviert haben.

Der weitaus größte Anteil der befragten pädagogischen Fach- und Leitungskräfte – sowohl in Einrichtungen der freien als auch der öffentlichen Jugendhilfe – hat den Erzieher*innen-Abschluss an einer Fachschule gemacht.

Einen pädagogischen Abschluss an einer Hochschule haben insgesamt 9,2 % der Leitungskräfte und 3,8 % der pädagogischen Fachkräfte gemacht. Sowohl pädagogische Fachkräfte als auch Leitungskräfte der freien Jugendhilfe weisen mit 4,9 % sowie 11,1 % häufiger einen Hochschulabschluss auf als ihre Kolleg*innen in der öffentlichen Jugendhilfe mit 2,4 % der pädagogischen Fachkräfte und 6,5 % der Leitungskräfte.

89,6 % der Fachkräfte und 80,8 % der Leitungskräfte erleben sich für die Anforderungen ihrer Arbeit als gut ausgebildet. Es zeigt sich, dass sich Leitungskräfte weniger häufig als gut ausgebildet erleben als die pädagogischen Fachkräfte.[9] Es besteht kein Unterschied nach Einrichtungsgröße und Trägerschaft in der Bewertung, ob sich die Person als gut ausgebildet für ihre Arbeit sieht.

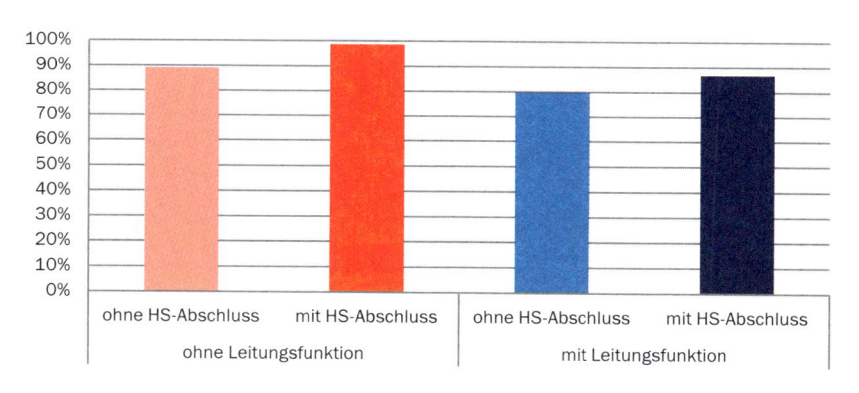

Abbildung 8. Anteil an Fach- und Leitungskräften mit und ohne Hochschulabschluss, die sich als gut ausgebildet für ihre Arbeit sehen

Dabei steht ein pädagogischer Hochschulabschluss bei den pädagogischen Fachkräften im Zusammenhang mit der Bewertung von sich selbst als gut ausgebildet für die Arbeit. Praktisch alle (98,6 %) Fachkräfte mit Hochschulabschluss erleben sich als gut ausgebildet im Vergleich zu 89,1 % ohne Hochschulabschluss.[10] Bei den Leitungskräften zeigt sich ebenfalls ein Un-

---

9   $p<0.01$, Chi^2-Test
10 $p<0.01$, Chi^2-Test

terschied, der jedoch statistisch nicht signifikant wird: 86,8 % der Leitungskräfte mit Hochschulabschluss erleben sich als gut ausgebildet für die Arbeitsanforderungen im Vergleich zu 79,8 % ohne Hochschulabschluss.[11]

4.1.4 Arbeitsschutzmaßnahmen

Lärmschutzmaßnahmen stellen angesichts der enormen Belastung pädagogischer Fach- und Leitungskräfte durch Lärm (Thinschmidt, 2010a; vgl. Kap. 5.4.1) eine wichtige Arbeitsschutzmaßnahme dar. Vor diesem Hintergrund wurden diverse Maßnahmen konkret abgefragt.

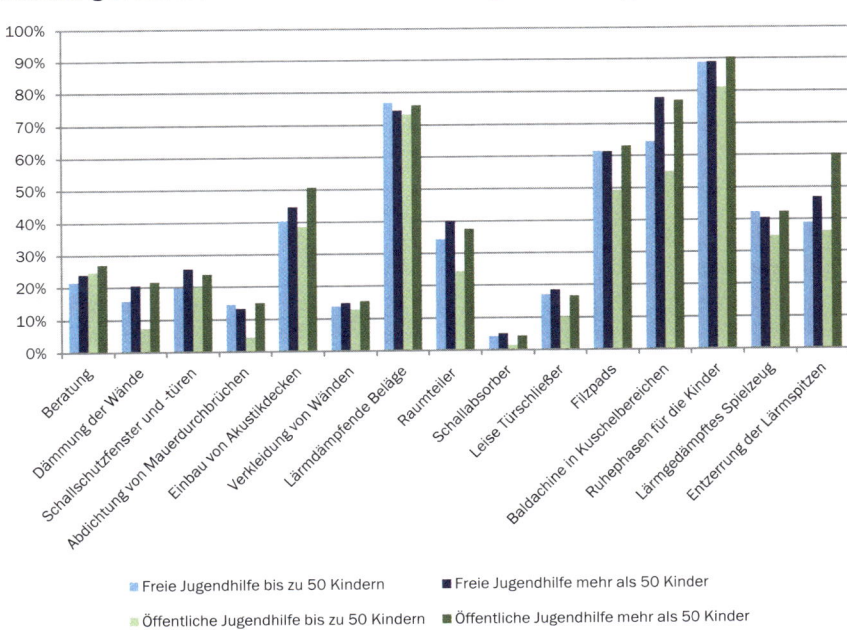

Abbildung 9. Lärmschutzmaßnahmen in Kindertageseinrichtungen

In den Kindertageseinrichtungen der befragten Fach- und Leitungskräfte kommen vielfältige Lärmschutzmaßnahmen zum Einsatz. Insgesamt sind pädagogisch-organisatorische und preisgünstig umzusetzende Maßnahmen deutlich weiter verbreitet als aufwändige und teure bauliche Maßnahmen. So gibt es häufig Filzpads an den Tischen und Stühlen (60,7 % der Einrichtungen), lärmgedämpftes Spielzeug (41,0 %) oder mit Baldachinen abgehängte

---

11 p= 0.108, Chi²-Test

Kuschelbereiche (71,0%). Organisatorische Maßnahmen zur Entzerrung der Lärmspitzen und regelmäßige Ruhephasen für die Kinder als Lärmschutzmaßnahmen werden in 45,2% resp. 88,4% der Einrichtungen praktiziert.

Akustikdecken finden sich in immerhin 43,6% der Einrichtungen, und drei Viertel der Einrichtungen (75,5%) arbeiten mit lärmdämpfenden Belägen. Deutlich seltener sind Dämmungen der Wände (19,9% der Einrichtungen), der Einbau von Schallschutzfenstern und Schallschutztüren (22,6%), die Abdichtung von Mauerdurchbrüchen (13,3%) oder die Nutzung schalldämmender Wandverkleidungen (14,3%). 36,2% der Einrichtungen haben Raumteiler für große Räume eingebaut; leise Türschließer setzen 17,0% und Schallabsorber 4,3% der Einrichtungen ein. Eine Beratung zum Lärmschutz, beispielsweise durch die Unfallkasse oder die Berufsgenossenschaft für Gesundheitsdienst und Wohlfahrtpflege (BGW), haben nur insgesamt 22,8% der freien und 26,2% der öffentlichen Einrichtungen in Anspruch genommen.

> Kindertageseinrichtungen setzen vielfältige bauliche und organisatorische Lärmschutzmaßnahmen um, nehmen jedoch Beratungen von Expertenseite nicht regelmäßig in Anspruch.

Häufige gesundheitliche Beschwerden von Erzieher*innen sind gemäß übereinstimmender Ergebnisse mehrerer Studien Rücken-, Schulter- und Nackenschmerzen (Berger u.a. 2001; Rudow 2004b; Thinschmidt u.a. 2009; Thinschmidt 2010a), weshalb die Ausstattung mit rückenfreundlichem Mobiliar wichtig zur Erhaltung eines intakten Bewegungsapparates ist.

In 83,9% der Einrichtungen gibt es Wickelkommoden in geeigneter Höhe; in 71,8% der Einrichtungen sind Wickelkommoden mit Treppen für die Kinder vorhanden. Hochstühle für die Kinder gibt es in insgesamt 36,5% der Einrichtungen, höhenverstellbare Tische nur in wenigen Einrichtungen (7,0%). Eingebaute Podeste finden sich in 31,3% der Einrichtungen. Nicht selbstverständlich sind erwachsenengerechte Sitzmöglichkeiten in den Kindergruppenräumen (60,8% der Einrichtungen), spezielle Rollhocker für das Personal (37,8%) oder spezielle Erzieherstühle (47,8%).

> Einrichtungen in öffentlicher Trägerschaft sind tendenziell besser hinsichtlich Lärmschutzmaßnahmen sowie rückenschonendem Mobiliar ausgestattet als Einrichtungen in freier Trägerschaft.

Abbildung 10. Ausstattung mit rückenschonendem Mobiliar in Kindertageseinrichtungen

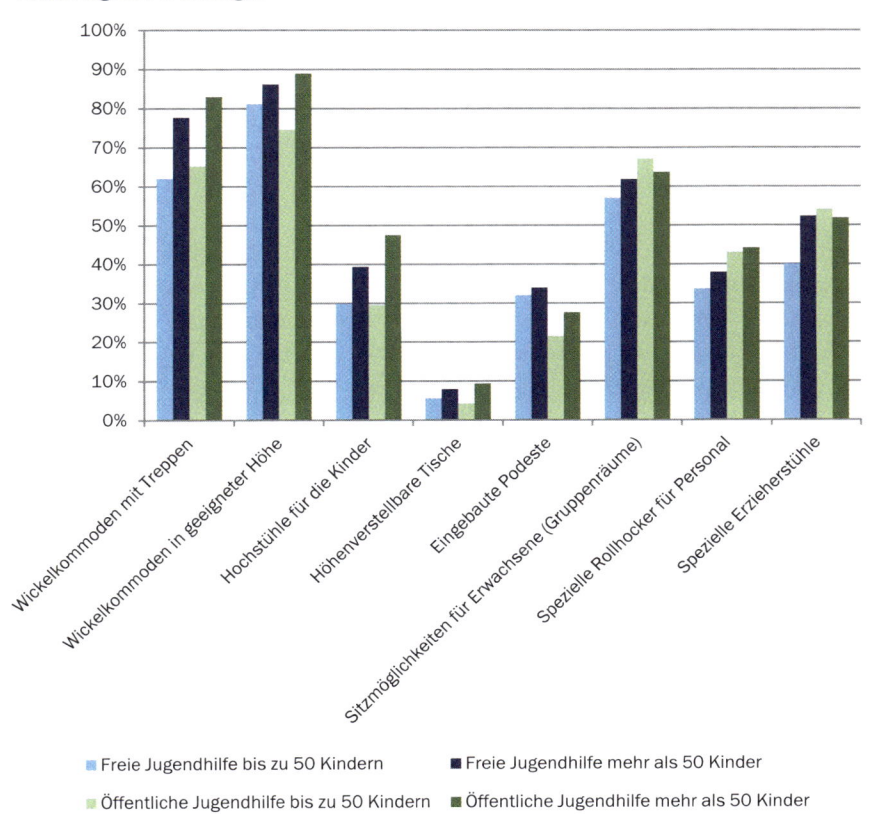

- Freie Jugendhilfe bis zu 50 Kindern
- Freie Jugendhilfe mehr als 50 Kinder
- Öffentliche Jugendhilfe bis zu 50 Kindern
- Öffentliche Jugendhilfe mehr als 50 Kinder

4.2 Strukturelle Rahmenbedingungen

4.2.1 Räumliche und finanzielle Gegebenheiten

Indikatoren

Im Fragebogen zur Einrichtung wurde nach den räumlichen Bedingungen der Kindertageseinrichtung gefragt. Konkret sollten die Leitungskräfte angeben, wie viele und welche Räume für die pädagogische Arbeit zur Verfügung stehen und ob und in welcher Größe ein Außengelände nutzbar ist.

Darüber hinaus sollten Fach- und Leitungskräfte im personenbezogenen Fragebogen die räumliche und finanzielle Situation der Kindertageseinrichtung, in der sie tätig sind, subjektiv beurteilen. Sie beantworteten hierfür folgende Aussagen entweder mit „ja" oder mit „nein":

- Die Räume sind in einem guten Zustand.
- Wir haben ausreichend Räumlichkeiten für die Arbeit mit den Kindern.
- Wir haben einen Pausen- und Rückzugsraum für das Personal in der Einrichtung.
- Die finanziellen Ressourcen und die Ausstattung an Arbeitsmitteln in unserer Einrichtung sind gut.

Ergebnisse

Den Befragten stehen für die pädagogische Arbeit in kleinen Einrichtungen durchschnittlich fünf, in großen Einrichtungen durchschnittlich neun Räume zur Verfügung. Die durchschnittliche Innenfläche pro Kind bewegt sich zwischen 7,3 qm in großen Einrichtungen der freien Jugendhilfe und 9,3 qm in kleinen Einrichtungen in öffentlicher Trägerschaft. Mehr als 97 % aller Einrichtungen verfügen über ein Außengelände; knapp drei Viertel haben Zugang zu Grünflächen außerhalb der Einrichtung. Kleine Einrichtungen freier und auch tendenziell öffentlicher Trägerschaft beurteilen die Anzahl ihrer Räume für die pädagogische Arbeit häufiger als ausreichend im Vergleich zu den Beschäftigten in großen Einrichtungen.

Abbildung 11. Subjektive Beurteilung der räumlichen und finanziellen Situation durch die Fach- und Leitungskräfte

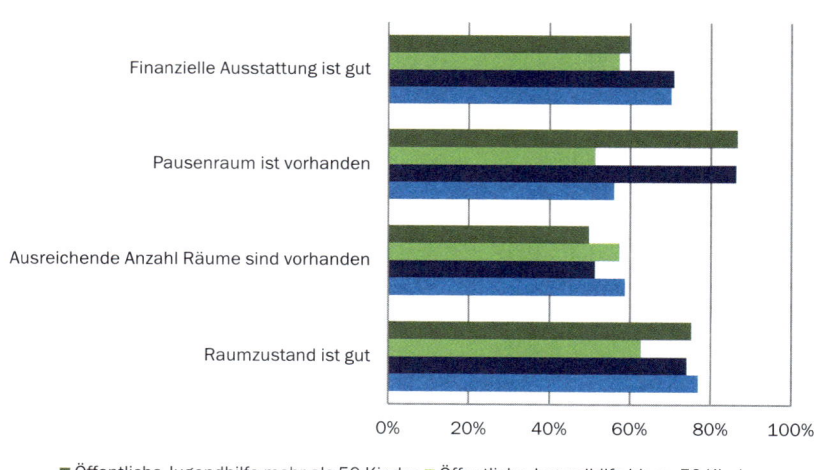

Der Raumzustand wird von ungefähr 75 % der Fach- und Leitungskräfte von großen öffentlichen und freien Einrichtungen sowie von kleinen freien Einrichtungen als gut beurteilt. Die Beschäftigten in kleinen öffentlichen

Einrichtungen bis zu 50 Kindern beurteilen mit 62,8 % ihren Raumzustand weniger häufig als gut als ihre Kolleg*innen in anderen Einrichtungen.[12]

In großen Einrichtungen mit mehr als 50 Kindern können die Beschäftigten häufiger auf einen Pausen- und Rückzugsraum für das Personal zurückgreifen[13] als in kleinen Einrichtungen.

Die finanzielle Ausstattung der Einrichtung wird von den Beschäftigten in Einrichtungen mit freier Trägerschaft deutlich häufiger als gut bewertet als von Beschäftigten in Einrichtungen öffentlicher Trägerschaft.[14]

4.2.2 Personalkapazitäten

Indikatoren

Bei der Betrachtung der Personalkapazitäten, die in einer Kindertageseinrichtung zur Verfügung stehen, und ihrer Relation zu den zu leistenden Aufgaben, müssen verschiedene Aspekte berücksichtigt werden. So ist erstens der rechnerische *Personalschlüssel* von der realen Fachkraft-Kind-Relation zu unterscheiden. Der rechnerische Personalschlüssel in den Gruppen der befragten Fachkräfte konnte in der STEGE-Studie nicht zuverlässig ermittelt werden, da eine Abfrage der hierfür benötigten Informationen – die gebuchten Betreuungszeiten der Kinder, die konkrete altersmäßige Zusammensetzung der Kindergruppe sowie die Wochenstunden laut Vertrag der Fachkräfte – sich als nicht vollständig und darüber hinaus fehlerbehaftet erwies. Für das Bundesland NRW liegen jedoch von der Bertelsmann Stiftung aufbereitete *statistische Daten* vor, die sich auf ein so genanntes Vollzeitbetreuungsäquivalent beziehen. Dieses stellt die rechnerische Relation zwischen den gebuchten Betreuungszeiten der Kinder und den Arbeitszeitumfängen der pädagogischen Fachkräfte dar (vgl. Bock-Famulla & Stein, 2012).[15]

Um die *subjektive Einschätzung* der Personalressourcen zu erfassen, wurden Fach- und Leitungskräfte gebeten, die Aussage „Wir haben einen guten Personalschlüssel in unserer Einrichtung" mit „ja" oder „nein" zu beantworten.

---

12 $p<.01$, Chi²-Test
13 $p<.01$, Chi²-Test
14 $p<.01$, Chi²-Test
15 Relation von Ganztagsinanspruchnahmeäquivalenten zu einem Vollzeitbeschäftigungsäquivalent. Der ausgewiesene Personalressourceneinsatzschlüssel drückt damit aus, wie viele Ganztagsinanspruchnahmeäquivalente in den Gruppen auf ein Vollzeitbeschäftigungsäquivalent kommen (Medianwerte).

Der Personalschlüssel beschreibt einen rechnerischen Anstellungsschlüssel; dagegen gibt der Indikator der *Fachkraft-Kind-Relation* die tatsächliche Betreuungsrelation aus der Perspektive der Kinder wider: Sie gibt an, für wie viele Kinder jeweils eine pädagogische Fachkraft durchschnittlich zur Verfügung steht. Während der Personalschlüssel auch Zeiten mitzählt, in denen eine Erzieherin aufgrund von Krankheit oder Urlaub gar nicht in der Einrichtung ist, als auch Zeiten, die sie für sogenannte mittelbare pädagogische Arbeitsaufgaben, z. B. Entwicklungsgespräche oder Entwicklungsdokumentationen, aufwendet, beschreibt die Fachkraft-Kind-Relation, wie viele Kinder von einer pädagogischen Fachkraft in der direkten pädagogischen Arbeit betreut werden. Wissenschaftliche Empfehlungen für die Fachkraft-Kind-Relation liegen bei 1 zu 2 bis 1 zu 4 für Kinder in den ersten drei Lebensjahren und bei 1 zu 7,5 bis 1 zu 10 für Kinder im Kindergartenalter (vgl. Viernickel & Fuchs-Rechlin, 2015, S. 47).

Als Indikator für die Fachkraft-Kind-Relation wurde eine Momentaufnahme eines beliebigen Arbeitstages in den Gruppen der teilnehmenden Fachkräfte aus der Sicht der befragten Fachkraft, das so genannte *Blitzlicht*, genutzt. Die Befragten wurden gebeten, für jeweils drei Uhrzeiten eines Arbeitstages (8.00 Uhr, 11.00 Uhr und 15.00 Uhr) die anwesenden Kinder sowie die anwesenden pädagogischen Fachkräfte und sonstigen Kräfte zu zählen und in eine Tabelle einzutragen. Zudem wurde für jede Uhrzeit die Alterszusammensetzung der Kinder in der Gruppe erfragt, wodurch der Gruppentyp bestimmt werden konnte, und die Art der pädagogischen Arbeit (geschlossene und offene Arbeit) eingetragen. Die Fachkraft-Kind-Relation wurde berechnet aus der Anzahl der anwesenden Kinder geteilt durch die Anzahl der anwesenden Fachkräfte. Es wurden nur Fälle einbezogen, die für alle drei Uhrzeiten gültige Angaben gemacht haben.

Schließlich ist für die Arbeit in der pädagogischen Praxis relevant, wie stark die *Personalfluktuation* und wie hoch der *Anteil nicht besetzter Stellen* in einer Einrichtung ist. Diese Informationen wurden von den Leitungskräften erfragt. Als Indikator für eine hohe oder niedrige Personalfluktuation wurde die sogenannte Fluktuationsrate nach der BDA-Formel berechnet. In dieser Formel werden die Personalabgänge ins Verhältnis zum durchschnittlichen Personalbestand gesetzt (Personalabgänge geteilt durch den durchschnittlichen Personalbestand mal 100).[16]

---

16 http://www.personaler-online.de/typo3/?id=133

Ergebnisse

Für das Kindergartenjahr 2010 lagen die Personalschlüssel in NRW im Gruppentyp I (ausschließlich Kinder unter drei Jahren) bei 1:3,6 und im Gruppentyp III (3-Jährige bis zum Schuleintritt) bei 1:8,2. Für andere Gruppentypen liegen keine Berechnungen vor (Bertelsmann Stiftung, 2012).

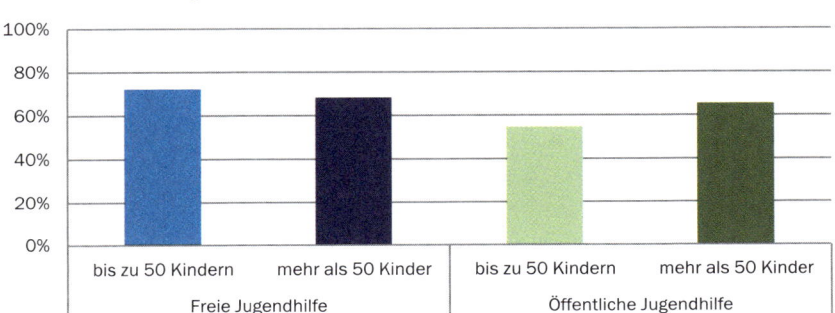

Abbildung 12. Bewertung des Personalschlüssels als gut; Mitarbeiter*innen der freien und öffentlichen Jugendhilfe

In den vertiefenden Interviews wird der Personalschlüssel zum Teil als zufriedenstellend beschrieben, zum Teil werden nach Aussagen der Befragten nicht einmal die gesetzlichen Vorgaben erfüllt. Die schriftliche Befragung stützt dieses Ergebnis (siehe *Abbildung 12. Bewertung* des Personalschlüssels als gut; Mitarbeiter*innen der freien und öffentlichen Jugendhilfe: danach bewerten 68,5 % der Fachkräfte und 63,5 % der Leitungskräfte in NRW den Personalschlüssel in ihrer Einrichtung als „gut". Mitarbeiter*innen der freien Jugendhilfe bewerten den Personalschlüssel häufiger als gut als die Fach- und Leitungskräfte aus der öffentlichen Jugendhilfe.

Es scheinen also weniger der Personalschlüssel an sich als vielmehr die durch Krankheit, Urlaub, Fort- und Weiterbildung sowie Schwangerschaft entstehenden Engpässe, wenn man „da (…) mit fünfzehn Kindern plötzlich alleine (…) (steht) die „auch mit auf(ge)fangen" werden müssen (3:1,46), ein Problem darzustellen. Darüber hinaus muss die Arbeit häufig unterbrochen werden, da „(…) wieder Kräfte abgezogen werden irgendeiner muss wieder woanders hin und irgendwas muss vertretungsweise erledigt werden" (6:1-2,47-48). Immer wieder wird in den Interviews die Diskrepanz zwischen einem formal ausreichend guten Personalschlüssel und einer zu geringen Fachkraft-Kind-Relation in der Praxis deutlich.

Fachkraft-Kind-Relation im Gruppentyp I (Kinder von zwei Jahren bis zum Schuleintritt): Um 8.00 Uhr liegt die Relation zwischen anwesender Fachkraft und anwesenden Kindern im Bereich zwischen 1:0,5 Kindern und

1:24 Kindern (MW[17] = 1:5,5; MEDIAN 1:5,0). Um 11.00 Uhr im Bereich zwischen 1:0,8 Kindern und 1:42 Kindern (MW=1:8,2; MEDIAN=1:7,5) und um 15.00 Uhr im Bereich zwischen 1:0,5 Kindern und 1:25,5 Kindern (MW=1:6,9; MEDIAN=1:6,0).

Der von der Bertelsmann Stiftung empfohlene Personalschlüssel für Kinder unter drei Jahren liegt bei 1:3; für Kinder von drei Jahren bis zum Schuleintritt bei 1:7,5 (Bertelsmann-Stiftung, 2012). Die sich bei angenommenen 25% Nicht-Verfügbarkeit der pädagogischen Fachkräfte aufgrund von Abwesenheitszeiten oder mittelbarer pädagogischer Arbeit ergebenden empfohlenen Fachkraft-Kind-Relationen liegen entsprechend bei 1:4 für Kinder in den ersten drei Lebensjahren bzw. 1:10 für Kinder von drei Jahren bis zum Schuleintritt.

Tabelle 2. Anteil an Fachkräften mit einer bestimmten Fachkraft-Kind-Relation zu verschiedenen Uhrzeiten im Gruppentyp I

Fachkraft-Kind-Relation	08.00 Uhr	11.00 Uhr	15.00 Uhr
Eine Fachkraft und bis zu 4 Kinder	44,8% (n=480)	10,0% (n=110)	25,8% (n=258)
Eine Fachkraft und mehr als 4 bis zu 7 Kinder	30,9% (n=332)	36,1% (n=398)	33,7% (n=337)
Eine Fachkraft und mehr als 7 bis zu 10 Kinder	17,2% (n=184)	34,7% (n=384)	25,9% (n=259)
Eine Fachkraft und mehr als 10 bis zu 13 Kinder	3,4% (n=37)	11,7% (n=129)	7,6% (n=76)
Eine Fachkraft und mehr als 13 bis zu 15 Kinder	1,7% (n=18)	1,4% (n=15)	3,6% (n=36)
Eine Fachkraft und mehr als 15 Kinder	2,0% (n=21)	6,1% (n=68)	3,3% (n=33)
Gesamt	100% (n=1072)	100% (n=1105)	100% (n=1001)

Während also für die älteren Kinder die Fachkraft-Kind-Relationen überwiegend positiv ausfallen, trifft dies für die jüngeren Kinder, die in diesem Gruppentyp betreut werden, nicht zu.

Fachkraft-Kind-Relation im Gruppentyp II (unter 3-Jährige): Um 08.00 Uhr liegt die Relation zwischen anwesender Fachkraft und anwesenden Kindern im Bereich zwischen 1:0,5 Kindern und 1:15 Kindern (MW= 1:4,2, Median= 1:3,8), um 11.00 Uhr im Bereich zwischen 1:1,5 Kindern und 1:10,5 Kindern (1:4,3, Median=1:4,0) und um 15.00 Uhr im Bereich zwischen 1:0,7 Kindern und 1:14 Kindern (MW=1:4,1, Median=1:4,0).

---

17 MW = Mittelwert

Der wissenschaftlich empfohlene Personalschlüssel für eine Gruppe mit Kindern unter 3 Jahren liegt bei drei Kindern auf eine pädagogische Fachkraft (Bertelsmann-Stiftung, 2012); die sich hieraus ergebende empfohlene Fachkraft-Kind-Relation liegt bei 1:4.

Tabelle 3. Anteil an Fachkräften mit einer bestimmten Fachkraft-Kind-Relation zu verschiedenen Uhrzeiten im Gruppentyp II

Fachkraft-Kind-Relation	08.00 Uhr	11.00 Uhr	15.00 Uhr
Eine Fachkraft und bis zu 4 Kinder	71,3 % (n=80)	56,1 % (n=61)	58,9 % (n=62)
Eine Fachkraft und mehr als 4 bis zu 7 Kinder	19,0 % (n=21)	37,9 % (n=42)	30,4 % (n=32)
Eine Fachkraft und mehr als 7 bis zu 10 Kinder	5,5 % (n=6)	4,7 % (n=5)	8,8 % (n=9)
Eine Fachkraft und mehr als 10 bis zu 13 Kinder	2,3 % (n=3)	1,0 % (n=1)	0,0 % (n=0)
Eine Fachkraft und mehr als 13 bis zu 15 Kinder	1,9 % (n=2)	0,0 % (n=0)	1,9 % (n=2)
Eine Fachkraft und mehr als 15 Kinder	0,0 % (n=0)	0,0 % (n=0)	0,0 % (n=0)
Gesamt	100 % (n=113)	100 % (n=110)	100 % (n=105)

Die empfohlene Fachkraft-Kind-Relation kann je nach Tageszeit in ca. 30 % (8.00h) bis 44 % (11.00h) der Fälle nicht eingehalten werden. Fachkraft-Kind-Relationen von 7 oder mehr Kindern pro Fachkraft kommen allerdings selten, noch schlechtere Relationen nur in Ausnahmefällen vor.

Fachkraft-Kind-Relation im Gruppentyp III (von drei Jahren bis zum Schuleintritt): Um 08.00 Uhr liegt die Relation zwischen anwesender Fachkraft und anwesenden Kindern im Bereich zwischen 1:0,2 Kindern und 1:29 Kindern (MW=1:5,9, Median 1:5,0), um 11.00 Uhr im Bereich zwischen 1:0,5 Kindern und 1:26 Kindern (MW=1:9,9, Median 1:9,5) und um 15.00 Uhr zwischen 1:0,3 Kindern und 1:25 Kindern (MW=1:7,9, Median 1: 7,0).

Der wissenschaftlich empfohlene Personalschlüssel für eine Gruppe mit Kindern von drei Jahren bis zum Schuleintritt liegt bei 7,5 Kindern auf eine pädagogische Fachkraft (Bertelsmann-Stiftung, 2012); daraus ergibt sich rechnerisch eine empfohlene Fachkraft-Kind-Relation von 1:10.

Die empfohlene Fachkraft-Kind-Relation wird überwiegend erreicht, weicht jedoch vor allem in der Kernzeit um 11:00 in immerhin über 40 % der Fälle negativ ab.

Tabelle 4. Anteil an Fachkräften mit einer bestimmten Fachkraft-Kind-Relation zu verschiedenen Uhrzeiten im Gruppentyp III

Fachkraft-Kind-Relation	08.00 Uhr	11.00 Uhr	15.00 Uhr
Eine Fachkraft und bis zu 4 Kinder	36,9 % (n=370)	4,0 % (n=40)	20,8 % (n=183)
Eine Fachkraft und mehr als 4 bis zu 7 Kinder	32,5 % (n=326)	22,6 % (n=228)	28,6 % (n=252)
Eine Fachkraft und mehr als 7 bis zu 10 Kinder	22,5 % (n=226)	33,0 % (n=333)	26,6 % (n=233)
Eine Fachkraft und mehr als 10 bis zu 13 Kinder	5,1 % (n=51)	29,2 % (n=294)	10,8 % (n=95)
Eine Fachkraft und mehr als 13 bis zu 15 Kinder	1,4 % (n=14)	2,4 % (n=24)	6,7 % (n=59)
Eine Fachkraft und mehr als 15 Kinder	1,6 % (n=16)	8,7 % (n=88)	6,5 % (n=57)
Gesamt	100 % (n=1004)	100 % (n=1007)	100 % (n=879)

Diese Befunde zeigen einerseits auf, dass sich rein rechnerisch die Fachkraft-Kind-Relationen in den Einrichtungen den von wissenschaftlicher Seite formulierten Standards nähern, denn die Medianwerte in den einzelnen Gruppentypen weichen nicht mehr stark von den wissenschaftlichen Empfehlungen ab. Andererseits illustrieren sie jedoch auch eindrücklich, dass es in vielen Gruppen dennoch – zumindest zeitweilig – zu einer teilweise deutlichen Überschreitung der empfohlenen Schlüssel kommt. Dies trifft vor allem für zweijährige Kinder zu, die in Gruppen mit Kindern bis zum Schuleintritt betreut werden, und für das Gruppengeschehen in der so genannten Kernzeit. Gerade in der „Spiel- und Lernzeit" am Vormittag, in der Kinder besonders aufnahmefähig sind und die eigentliche Bildungsarbeit in den Kindertageseinrichtungen stattfindet, sind die Fachkraft-Kind-Relationen durchgängig am schlechtesten und der Anteil an Gruppen, die nicht die wissenschaftlich empfohlenen Relationen einhalten, ist am höchsten. Umgekehrt kommt es – gerade in den Randzeiten – auch vor, dass zwei oder sogar drei Fachkräfte (noch) anwesend sind, obwohl nur ein einziges Kind vor Ort ist. Dies führt dazu, dass die Fachkraft-Kind-Relation in den Kernzeiten relativ gesehen schlechter ausfällt, da die Personalressourcenbemessung sich an einem Durchschnittswert orientiert und die niedrige Relation zu den Randzeiten kompensiert werden muss.

Die Fachkraft-Kind-Relationen in den Gruppen sind für 3- bis 6-jährige Kinder günstiger als für 0- bis 3-Jährige. Vor allem in den pädagogischen Kernzeiten unterschreiten die Fachkraft-Kind-Relationen häufig wissenschaftlich empfohlene Standards.

In den Einrichtungen der teilnehmenden Fach- und Leitungskräfte erwiesen sich sowohl die Personalfluktuation als auch die zügige Wiederbesetzung offener Stellen als keine größeren Problemfelder. In 41,5% der kleinen Einrichtungen in freier und in 31,9% der kleinen Einrichtungen in öffentlicher Trägerschaft fand kein Personalwechsel in den letzten zwei Jahren statt. Bei 24,6% der großen Kindertageseinrichtungen NRWs in freier und bei 23,4% in öffentlicher Trägerschaft blieb das Personal konstant. Die Fluktuationsquote liegt im Bereich zwischen 8,7% und 13,2%, was keinen statistisch bedeutsamen Unterschied zwischen großen und kleinen, öffentlichen und freien Einrichtungen bedeutet.

Zum Zeitpunkt der Befragung gab es in 89,6% der Einrichtungen keine offenen Fachkraftstunden/ nicht besetzte Stellen. 3,0% der Einrichtungen hatten bis zu 20 Wochenstunden nicht besetzt, 6,5% der Einrichtungen bis zu 40 Wochenstunden. In Einzelfällen (0,9%) kam es zu mehr als 40 bis zu 108 offenen Fachkraftstunden.

> Hohe Personalfluktuation und die Wiederbesetzung frei werdender Personalstellen stellen nur in Ausnahmefällen größere Problemfelder dar.

Zeit im Arbeitsalltag

Indikatoren

Im Zusammenhang mit dem Personalschlüssel respektive der Fachkraft-Kind-Relation steht die zur Verfügung stehende *Zeit* der Fachkräfte im Arbeitsalltag. Eine Frage bezieht sich dabei auf die Wochenarbeitszeit. Sie lautet: „Wie bewerten Sie Ihre vertraglich festgelegte Arbeitszeit?". Die Fach- und Leitungskräfte konnten angeben, ob sie gern länger/mehr oder kürzer/weniger arbeiten würden oder ob sie mit ihrer Arbeitszeit voll und ganz zufrieden sind.

Außerdem wurde nach dem Vorhandensein verschiedener zeitlicher Ressourcen gefragt. Wieder konnten vier Aussagen entweder mit „ja" oder mit „nein" beantwortet werden:

- Wir haben ausreichend Zeit für die Kinder.
- Wir haben ausreichend Zeit für Vor- und Nachbereitungen.
- Es besteht immer wieder Zeit für kleine Erholungspausen (z.B. Essen, Trinken).
- Aufgrund des hohen Arbeitsaufkommens besteht häufig großer Zeitdruck.

Ergebnisse

Die Mehrzahl der pädagogischen Fach- und Leitungskräfte ist mir ihrer Wochenarbeitszeit zufrieden (77,3% der pädagogischen Fach- und 66,6% der Leitungskräfte). Sowohl in Einrichtungen öffentlicher als auch in freier Trägerschaft berichten die Fachkräfte ohne Leitungsfunktion häufiger von einer Zufriedenheit mit ihrer Wochenarbeitszeit. Diejenigen, die mit ihrer Arbeitszeit unzufrieden sind, würden vorwiegend gerne weniger/kürzer arbeiten (32,5% der Leitungskräfte und 18,5% der pädagogischen Fachkräfte). Mehr respektive länger würden nur 4,3% der Fach- und 0,9% der Leitungskräfte gerne arbeiten. Sowohl bei Fach- als auch bei Leitungskräften steigt der Anteil derjenigen, die gerne weniger/kürzer arbeiten wollen, ab einer Arbeitszeit von mehr als 20 Wochenstunden an.

Abbildung 13. Arbeitszeitzufriedenheit der pädagogischen Fachkräfte ohne Leitungsaufgaben

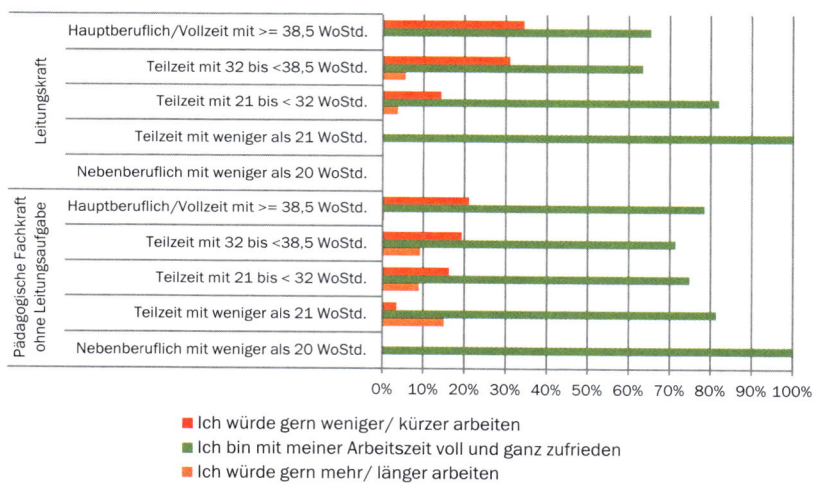

■ Ich würde gern weniger/ kürzer arbeiten
■ Ich bin mit meiner Arbeitszeit voll und ganz zufrieden
■ Ich würde gern mehr/ länger arbeiten

> Eine Vollzeittätigkeit wird von den Beschäftigten in Kindertageseinrichtungen nicht per se gewünscht und angestrebt. Für viele entspricht eine Teilzeittätigkeit eher ihren Wünschen und Vorstellungen.

Überwiegend negativ wird allerdings die *Ausgestaltung der Arbeitszeit bzw. die zur Verfügung stehende Zeit für Arbeitsaufgaben, aber auch Pausen,* bewertet. Dabei scheint durch die zunehmende Aufgabenvielfalt grundsätzlich zu wenig Zeit zur Erledigung der Arbeitsaufgaben zur Verfügung zu stehen, „(…) Zeit ist natürlich absolute Mangelware" (12:9,441). Insbesondere die Vor- und Nachbereitungszeit wird vor dem Hintergrund zunehmender mittelbarer pädagogischer Arbeit (Beobachtung, Bildungsdokumentation, Entwicklungsgespräche, Elternbriefe etc.) als unzureichend wahrgenommen, was schließlich dazu führt, dass zum einen Überstunden in der Einrichtung selbst gemacht werden, aber auch, dass die Vorbereitung von Projekten, das Schreiben von Elternbriefen, die Erledigung von Dokumentationen o.ä. zuhause nach dem Feierabend erfolgen. Problematisch scheint, dass dies von Seiten der Leitung akzeptiert und zum Teil sogar noch gefördert wird: „(…) mach ich einiges zu Hause nach der Arbeit und ähm das dürfen wir nicht immer alles also es wird gern gesehen dass man das macht" (1:6,291-292). Als sehr gering wird insbesondere die Zeit für die „Arbeit am Kind" eingeschätzt, die neben den zahlreichen Anforderungen zu knapp zu kommen scheint, obwohl sie doch „das Wichtigste überhaupt (ist) aber das wird einem dann immer noch weiter abgeknappst und dann versucht man da ja irgendwo möglichst dranzubleiben das heißt für andere Sachen bleibt dann noch weniger Zeit und man schubst sich ja dann selber so=n Stückchen weit ins Aus" (11:6,279-282).

Lediglich 55% aller pädagogischen Fachkräfte (52,0% der Freien Träger und 58,5% der öffentlichen Träger) können auf vertraglich festgelegte Zeiten für mittelbare pädagogische Arbeitsaufgaben zurückgreifen. Wenn ein Anteil für die mittelbare pädagogische Arbeit vertraglich festgelegt ist, variiert dieser zwischen 0,6% und 50% bei der freien Jugendhilfe und 1,2% und 48,7% bei der öffentlichen Jugendhilfe. Durchschnittlich liegen die Anteile für Erstkräfte in der pädagogischen Gruppenarbeit bei 8,3%, für Zweitkräfte bei 8,5% und für gruppenübergreifend tätige Fachkräfte bei 9,7% – ohne statistische Unterschiede zwischen Einrichtungen öffentlicher oder freier Trägerschaft.

Abbildung 14. Bewertung zeitlicher Ressourcen im Arbeitsalltag durch die Fach- und Leitungskräfte

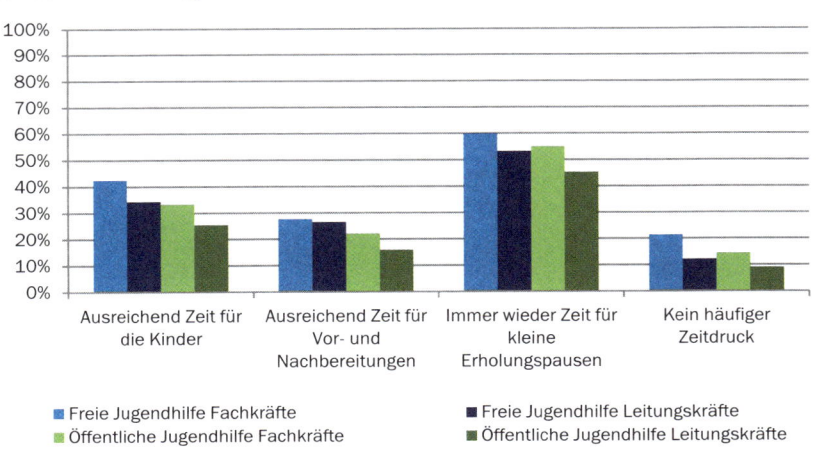

In Zahlen ausgedrückt konkretisiert sich das subjektive Empfinden von zu knapp bemessenen zeitlichen Ressourcen. Ausreichend Zeit für die Kinder haben lediglich 42,4% der pädagogischen Fachkräfte in der freien Jugendhilfe und sogar nur 33,4% in öffentlichen Einrichtungen. Die Leitungskräfte sehen dies – sicherlich auch aufgrund ihres Aufgabenzuschnitts – als noch weniger gegeben an.

Auch die Zeit für mittelbare pädagogische Arbeitsaufgaben (Vor- und Nachbereitungszeit) wird nur von einem kleinen Teil der pädagogischen Fach- und Leitungskräfte als ausreichend bewertet: 27,6% der Fach- und 26,5% der Leitungskräfte in der freien Jugendhilfe und 22,1% der Fach- und 15,9% der Leitungskräfte in der öffentlichen Jugendhilfe haben ausreichend Zeit für diesen Arbeitsbereich zur Verfügung. Beschäftigte in der öffentlichen Jugendhilfe haben seltener ausreichend Zeit für mittelbare pädagogische Arbeit zur Verfügung als die Beschäftigten der freien Jugendhilfe[18], Leitungskräfte der öffentlichen Jugendhilfe beurteilen diese zeitliche Ressource am häufigsten als nicht vorhanden.

Zeit für kleine Erholungspausen ist ebenfalls häufiger in der freien Jugendhilfe als in der öffentlichen Jugendhilfe vorhanden. 60,0% der Fach- und 53,2% der Leitungskräfte der freien Jugendhilfe und 55,0% der Fach- und 45,3% der Leitungskräfte der öffentlichen Jugendhilfe geben an, immer wieder Zeit für kleinere Erholungspausen zu haben. Dabei haben bei allen Trägern die Fachkräfte ohne Leitungsaufgaben eher die Möglichkeit, eine Pause während der Arbeit zu machen als die Leitungskräfte.[19]

Die meisten der Fach- und Leitungskräfte arbeiten aufgrund des hohen Arbeitsaufkommens unter hohem und ständigem Zeitdruck. Lediglich 21,3% der Fach- und 12,1% der Leitungskräfte der freien Jugendhilfe und 14,4% der Fach- und 9,0% der Leitungskräfte der öffentlichen Jugendhilfe sagen, dass sie in ihrem Arbeitsalltag nicht häufigem Zeitdruck ausgesetzt sind. Auch hier zeigt sich das Bild, dass die Fach- und Leitungskräfte der freien Jugendhilfe seltener unter Zeitdruck arbeiten als ihre Kolleg*innen der öffentlichen Jugendhilfe und dass Leitungen generell einem höheren Zeitdruck ausgesetzt sind als Fachkräfte ohne Leitungsaufgaben.[20]

---

18 $p>.05$ in der freien Jugendhilfe und $p<.05$ in der öffentlichen Jugendhilfe zwischen Leitungskräften und pädagogischen Fachkräften, Chi^2-Test und $p<.01$ zwischen freier und öffentlicher Jugendhilfe

19 $p<.05$ in der freien Jugendhilfe und $p<.01$ in der öffentlichen Jugendhilfe zwischen Leitungskräften und pädagogischen Fachkräften, Chi^2-Test und $p<.01$ zwischen freier und öffentlicher Jugendhilfe

20 $p<.01$ in der freien Jugendhilfe und $p<.01$ in der öffentlichen Jugendhilfe zwischen Leitungskräften und pädagogischen Fachkräften, Chi^2-Test und $p<.01$ zwischen freier und öffentlicher Jugendhilfe

> Fach- und Leitungskräfte in Kindertageseinrichtungen haben zu wenig Zeit für die Erfüllung der Anforderungen ihrer Arbeitsaufgaben und arbeiten häufig unter Zeitdruck.

4.2.4 Unterstützungsstrukturen

Indikatoren

Um einrichtungs- und trägerseitige Unterstützungsangebote zu erfassen, wurde den Leitungskräften eine Liste mit insgesamt 22 Einzelmaßnahmen zur Arbeitsorganisation und zur betrieblichen Weiterbildung und Gesundheitsförderung vorgelegt. Zu den erfragten Maßnahmen gehören u.a. fachliche Austausch- und Planungssitzungen (Fachzirkel, Konzeptarbeit, Teamsitzungen), spezifische Beratungssettings (Teamsupervision, Intervision), Fortbildungsangebote für pädagogische Fachkräfte (in Gesprächsführung, Konfliktmanagement, Umsetzung der Bildungspläne) und Leitungen (Leitungs-Coaching, Führungsweiterbildung), sowie eine Reihe im engeren gesundheitsbezogener Maßnahmen und Angebote (Betriebsärztliche Untersuchungen, Impfungen, Rückenschule, Gesundheitszirkel). Die Befragten gaben an, ob und in welchem Turnus die Maßnahmen in der Einrichtung erfolgen (wöchentlich – 1-2 × im Monat – alle 2-3 Monate – 1-2 × im Jahr – gar nicht).
Darüber hinaus beantworteten alle Fach- und Leitungskräfte die folgenden Aussagen mit „Ja" oder „Nein":

- Bei uns finden regelmäßige Teamsitzungen statt. Und:
- Bei uns findet regelmäßig Supervision statt.

Ergebnisse

In den meisten der Einrichtungen finden regelmäßig Einrichtungsbesprechungen und Teamsitzungen in den kleinen Arbeitsteams statt. Die folgende Graphik dokumentiert die Häufigkeit verschiedener Einrichtungsbesprechungen, Fachzirkeln sowie pädagogischer Konzeptarbeit in den Einrichtungen. Auf die Einzelfrage nach regelmäßigen Teamsitzungen antworten 97,2% der Fach- und Leitungskräfte mit „ja".

Pädagogische Konzeptarbeit findet in ungefähr 90% der Einrichtungen mindestens ein- bis zweimal im Jahr statt. An kitaübergreifenden Fachzirkeln arbeiten etwas mehr als 50% der Einrichtungen regelmäßig, d.h. mindestens 1-2 Mal jährlich mit.

Abbildung 15. Häufigkeit von Teamsitzungen, Einrichtungsbesprechungen, kitaübergreifenden Fachzirkeln und pädagogischer Konzeptarbeit (n=944 Einrichtungen)

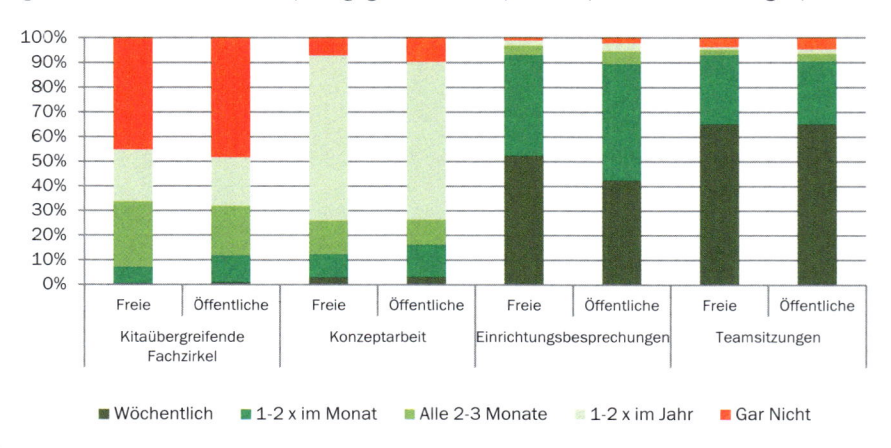

Supervision wird – aus der Sicht der Fach- und Leitungskräfte – dagegen nur selten regelmäßig angeboten: Lediglich 12,5% der Fachkräfte und 8,5% der Leitungskräfte geben auf die gesondert gestellte Frage an, dass sie regelmäßig Supervision haben. Dies entspricht auch der Angabe der Häufigkeit von Supervision in den Einrichtungen, die von einer Leitungsperson im Einrichtungsbogen angegeben wurde: Zählt man diejenigen Einrichtungen, die mindestens alle 2 bis 3 Monate ein Supervisionsangebot wahrnehmen können, dann sind es insgesamt lediglich 10,3% der Einrichtungen in freier Trägerschaft und 8,8% der öffentlichen Einrichtungen. 70,4% der Fach- und Leitungskräfte in freien sowie 75,2% in öffentlichen Einrichtungen haben nie Supervision.

Abbildung 16. Häufigkeit von Supervision, Leitungscoaching, kollegiale Intervision, Organisationsentwicklung, Evaluation (n=944 Einrichtungen)

Etwas häufiger werden in den Einrichtungen regelmäßige Sitzungen zur kollegialen Beratung und Intervision durchgeführt. Auf ein Leitungscoaching können die Leitungskräfte in 42,0% der freien und 44,4% der öffentlichen Einrichtungen zurückgreifen.

Maßnahmen im Kontext eines Organisationsentwicklungsprozesses finden in 66,0% der freien Einrichtungen sowie 58,1% der öffentlichen Einrichtungen statt. Auch Evaluation ist kein Fremdwort mehr; in 66,9% der freien und 63,9% der öffentlichen Einrichtungen werden, meist ein- bis zweimal im Jahr, Evaluationen durchgeführt bzw. vor- oder nachbereitet.

> Regelmäßige Teamsitzungen und pädagogische Konzeptarbeit gehören in fast allen Kindertageseinrichtungen zum Standard. Deutlich seltener können Fach- und Leitungskräfte auf Supervisions- und Coaching-Angebote zurückgreifen.

4.2.5 Arbeitsplatzsicherheit und Überstundenausgleich

Indikatoren

Als Indikator für die Arbeitsplatzsicherheit wurde aufgenommen, ob der aktuelle Arbeitsvertrag befristet oder unbefristet ist. Ein weiteres strukturelles Merkmal von Kindertageseinrichtungen sind die Regelungen für eventuelle Überstunden der Fach- und Leitungskräfte. Die Befragten gaben an, ob Überstunden anfallen und wie ein Überstundenausgleich ggf. in ihrer Einrichtung konkret vorgenommen wird. Dabei hatten sie fünf Antwortmöglichkeiten:
- Es fallen keine Überstunden an.
- Ja, die Überstunden werden bezahlt.
- Ja, ich erhalte für meine Überstunden einen zeitlichen Ausgleich.
- Nein, es ist zwar ein zeitlicher Ausgleich vorgesehen, dieser kann aber meistens nicht in Anspruch genommen werden.
- Nein, es ist kein Überstundenausgleich vorgesehen.

Weiterhin beantworteten die Fach- und Leitungskräfte die Aussage „Mein Arbeitsplatz ist gefährdet" mit „Ja" oder „Nein".

Ergebnisse

Wird der Indikator eines unbefristeten Arbeitsverhältnisses herangezogen, besteht eine hohe Arbeitsplatzsicherheit für Beschäftige in Kindertageseinrichtungen in NRW, vor allem für das Leitungspersonal.

Abbildung 17. Unbefristete Arbeitsverhältnisse von Fach- und Leitungskräften in Einrichtungen öffentlicher und freier Trägerschaft

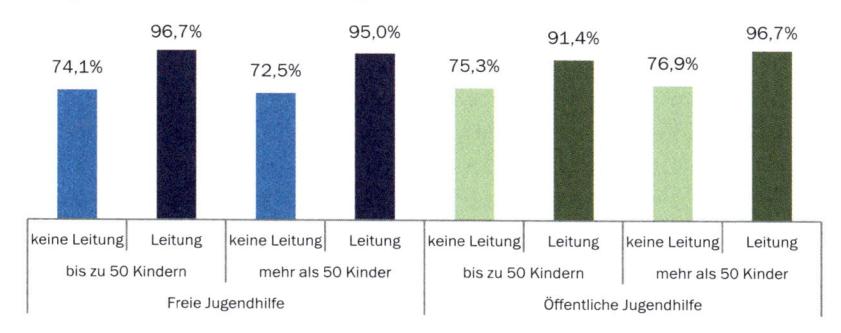

	Freie Jugendhilfe			Öffentliche Jugendhilfe			
bis zu 50 Kindern		mehr als 50 Kinder		bis zu 50 Kindern		mehr als 50 Kinder	
keine Leitung	Leitung	keine Leitung	Leitung	keine Leitung	Leitung	keine Leitung	Leitung
74,1%	96,7%	72,5%	95,0%	75,3%	91,4%	76,9%	96,7%

Sowohl in Einrichtungen der öffentlichen als auch der freien Jugendhilfe haben mindestens neun von zehn Leitungskräften ein unbefristetes Arbeitsverhältnis. Von den Fachkräften verfügen 74,1% in kleinen und 72,5% in großen freien Einrichtungen und 75,3% in kleinen und 76,9% in großen öffentlichen Einrichtungen über einen unbefristeten Arbeitsvertrag. Bei befristeten Arbeitsverträgen liegt die Befristungsdauer zwischen minimal zwei Monaten bis maximal 60 Monaten. Allerdings zweifeln in der freien Jugendhilfe mehr Fach- und Leitungskräfte an der Sicherheit ihres Arbeitsplatzes. Während nur 6,6% der Fach- und Leitungskräfte in großen Einrichtungen und 14,4% in kleinen Einrichtungen der öffentlichen Jugendhilfe ihren Arbeitsplatz als gefährdet einschätzen, trifft dies auf 20,9% der Fach- und Leitungskräfte sowohl in kleinen als auch in großen freien Einrichtungen zu.[21]

Leitungskräfte machen sowohl in der freien als auch in der öffentlichen Jugendhilfe mit durchschnittlich 2,4 Stunden mehr Überstunden als die pädagogischen Fachkräfte ohne Leitungsfunktion mit durchschnittlich 1,4 Überstunden pro Woche.[22] Zwischen Einrichtungen mit öffentlicher und freier Trägerschaft besteht kein Unterschied in der Anzahl von Überstunden der Beschäftigten.

Der Großteil der pädagogischen Fachkräfte – sowohl in der freien als auch der öffentlichen Jugendhilfe – erhält für geleistete Überstunden einen Ausgleich; sie können überwiegend durch so genanntes „Abbummeln" zeitlich ausgeglichen werden. 3,6% der pädagogischen Fachkräfte und 11,2% der Leitungskräfte der freien Jugendhilfe erhalten jedoch keinen Ausgleich für geleistete Überstunden, in erster Linie, weil der eigentlich vorgesehene zeitliche Ausgleich nicht genommen werden kann. In der öffentlichen Jugendhilfe betrifft das 1,7% der Fach- und 5,2% der Leitungskräfte.

---

21 p<.01, Chi²-Test
22 p<.01, t-Test

Abbildung 18. Überstundenausgleichsregelungen von Fach- und Leitungskräften der öffentlichen und freien Jugendhilfe

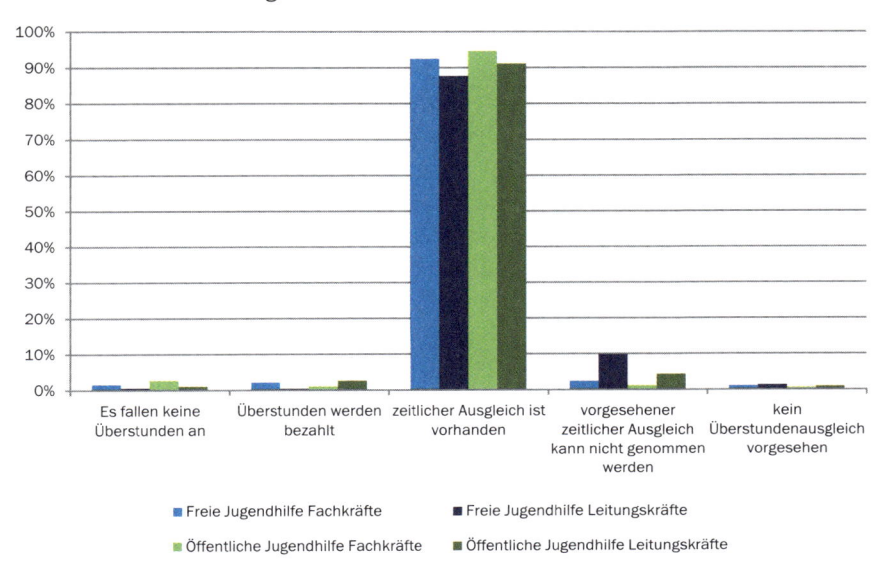

[Balkendiagramm mit folgenden Kategorien auf der x-Achse: "Es fallen keine Überstunden an", "Überstunden werden bezahlt", "zeitlicher Ausgleich ist vorhanden", "vorgesehener zeitlicher Ausgleich kann nicht genommen werden", "kein Überstundenausgleich vorgesehen". Legende: Freie Jugendhilfe Fachkräfte, Freie Jugendhilfe Leitungskräfte, Öffentliche Jugendhilfe Fachkräfte, Öffentliche Jugendhilfe Leitungskräfte.]

Leitungskräfte sind also in allen Einrichtungen stärker von nicht ausgeglichenen Überstunden betroffen als pädagogische Fachkräfte. In Einrichtungen der öffentlichen Jugendhilfe ist es eher möglich, den vorgesehenen zeitlichen Ausgleich auch zu nehmen, sowohl für Leitungs- als auch für pädagogische Fachkräfte. Nach Einrichtungsgröße unterscheiden sich die Überstundenausgleichsregelungen weder in der öffentlichen noch in der freien Jugendhilfe.[23]

> Neun von zehn Leitungskräften und ca. 75% der pädagogischen Fachkräfte haben einen unbefristeten Arbeitsvertrag. In der freien Jugendhilfe sorgt sich trotzdem jede fünfte Fach- und Leitungskraft um die Sicherheit des eigenen Arbeitsplatzes. Überstunden fallen für einen Teil der Fach- und Leitungskräfte regelmäßig an, wobei nur in Ausnahmefällen keine Ausgleichsmöglichkeit vorgesehen ist. Ein kleinerer Teil der Leitungskräfte in der freien Jugendhilfe kann diese aus Zeitmangel jedoch nicht in Anspruch nehmen.

---

23 Alle berichteten Ergebnisse sind signifikant, $p<0.05$, Chi^2-Test

4.2.6 Strukturelle Rahmenbedingungen – der Index

Um Strukturmerkmale für die statistischen Analysen abbilden zu können, wurde ein Index der strukturellen Rahmenbedingungen konstruiert. Darin gehen 13 verschiedene Merkmale ein. Im Sinne guter struktureller Rahmenbedingungen erhält jedes Merkmal, sofern es positiv ausgeprägt ist, einen Punkt auf dem Index. Alle aufgenommenen Merkmale sind gleich gewichtet. Damit konnten maximal 13 Punkte erreicht werden.

Zu den **räumlichen und finanziellen Ressourcen** gehen vier Aspekte ein (vgl. Kap. 4.2.1), die subjektiv durch die Fach- und Leitungskräfte mit „Ja" oder „Nein" bewertet wurden:

Räumliche und finanzielle Ressourcen	Die Räume sind in einem guten Zustand.	Ja=1
	Wir haben ausreichend Räumlichkeiten für die Arbeit mit den Kindern.	Ja=1
	Wir haben einen Pausen- und Rückzugsraum für das Personal in der Einrichtung.	Ja=1
	Die finanziellen Ressourcen und die Ausstattung an Arbeitsmitteln in unserer Einrichtung sind gut.	Ja=1

Der **Personalschlüssel** geht ebenfalls über dessen subjektive Bewertung durch die Fach- und Leitungskräfte in den Index ein. Ausschlaggebend für die Entscheidung für die subjektive Bewertung anstelle der berechneten Fachkraft-Kind-Relation (vgl. Kap. 4.2.2) ist, dass diese Angabe sowohl von Fach- als auch von Leitungskräften vorliegt – im Gegensatz zum Blitzlicht zu den Fachkraft-Kind-Relationen, das nur von den pädagogischen Fachkräften beantwortet wurde.[24]

Personalschlüssel	Wir haben einen guten Personalschlüssel in unserer Einrichtung.	Ja=1

Ein wichtiger Aspekt sind die **zeitlichen Ressourcen im Alltag**, in denen sich sowohl die Fachkraft-Kind-Relation als auch die vorhandene Zeit für mittelbare Arbeit indirekt ausdrückt. Diese gehen über vier Fragen mit Bewertungen der vorhandenen zeitlichen Ressourcen durch die Fach- und Leitungskräfte ein (vgl. Kap. 4.2.3).

---

24 Die berechnete Fachkraft-Kind-Relation wird in die multivariaten Analysen der pädagogischen Fachkräfte aufgenommen.

Zeitliche Ressourcen im Alltag	Wir haben ausreichend Zeit für die Kinder.	Ja=1
	Wir haben ausreichend Zeit für Vor- und Nachbereitungen.	Ja=1
	Es besteht immer wieder Zeit für kleine Erholungspausen.	Ja=1
	Aufgrund des hohen Arbeitsaufkommens besteht häufig hoher Zeitdruck.	Nein=1

Organisations- und Unterstützungsstrukturen werden im Index durch die **Regelmäßigkeit von Teamsitzungen** und **Supervision** repräsentiert. An dieser Stelle werden ebenfalls die subjektiven Angaben der Fach- und Leitungskräfte einbezogen. Diese konnten anhand der Angaben im Einrichtungsbogen zur Häufigkeit von Teambesprechungen und Supervision validiert werden.

Arbeitsbesprechungen, Teampflege	Bei uns finden regelmäßige Teamsitzungen statt.	Ja=1
	Bei uns findet regelmäßig Supervision statt.	Ja=1

Als Indikatoren für die formale Ausgestaltung des Arbeitsverhältnisses wurden die Arbeitsplatzsicherheit, operationalisiert über einen unbefristeten Arbeitsvertrag, und die Gewährung eines Ausgleichs für geleistete Überstunden, in den Index aufgenommen. Überstunden können sowohl finanziell als auch zeitlich kompensiert werden.

Arbeitsplatzsicherheit	Befristeter Arbeitsvertrag	Nein=1
Überstundenausgleich in der Einrichtung	Überstunden werden in der Einrichtung bezahlt oder zeitlich ausgeglichen	Ja=1

Der Index für strukturelle Rahmenbedingungen konnte für insgesamt 2.269 pädagogische Fach- und Leitungskräfte berechnet werden, bei 475 Personen war der Wert aufgrund fehlender einzelner Angaben nicht ermittelbar.[25] Der minimale erreichte Indexwert sind zwei Punkte, der maximale erreichte Wert sind die vollen 13 Punkte.

Die Verteilung der Indexwerte entspricht einer Normalverteilung (vgl. Abbildung 19). Diese wurde in eine dreistufige Bewertung überführt: Die vier niedrigsten vergebenen Indexwerte (2-5) stehen für schlechte struktu-

---

25 Es fand keine Bereinigung fehlender Werte statt; sobald eine Person eine der 13 Fragen nicht beantwortet hatte, konnte der Index nicht berechnet werden.

relle Rahmenbedingungen, die vier mittleren Indexwerte (6-9) für mittlere strukturelle Rahmenbedingungen und die vier höchsten Indexwerte (10-13) für gute strukturelle Rahmenbedingungen:

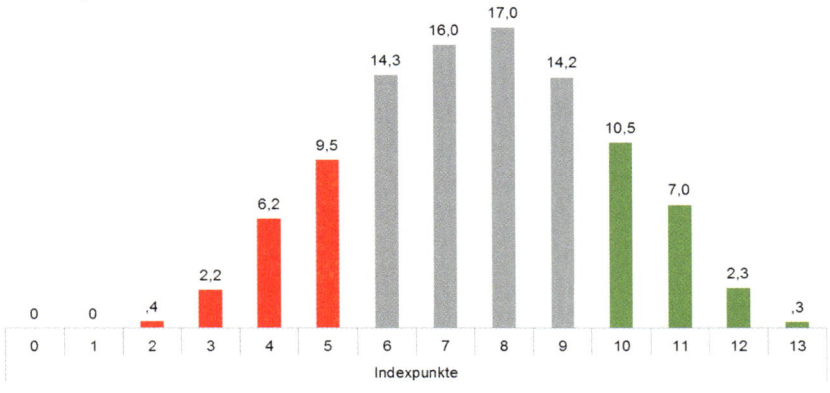

Abbildung 19. Verteilung der Rohwerte des Index zu Merkmalen der Strukturqualität (n=2.269)

Indexpunkte	0	1	2	3	4	5	6	7	8	9	10	11	12	13
%	0	0	,4	2,2	6,2	9,5	14,3	16,0	17,0	14,2	10,5	7,0	2,3	,3

Die strukturellen Rahmenbedingungen differieren aus Sicht von Fach- und Leitungskräften erheblich. 18,3% von ihnen finden nur wenige strukturelle Ressourcen an ihrem Arbeitsplatz vor; sie arbeiten unter schlechten Rahmenbedingungen. 61,5% arbeiten unter mittleren Rahmenbedingungen und 20,1% unter guten Rahmenbedingungen.

4.3 Leitungs- und Teamkultur

Die Einschätzung der personellen Zusammenarbeit in der Einrichtung erfolgt anhand dreier Bereiche, die aus den subjektiven Angaben der Fach- und Leitungskräfte im Rahmen der Abfrage ihrer Arbeitsbedingungen gebildet werden. Dabei geht es um die Atmosphäre im Team, den Handlungsspielraum bei der Ausübung der pädagogischen Arbeit und um den Führungsstil der Leitungskraft. Für jeden Bereich werden verschiedene Fragen als Indikatoren herangezogen, deren Antworten mit jeweils eins gezählt und aufsummiert werden.[26]

Die in der STEGE-Studie genutzten Indikatoren wurden nach Sichtung

---

[26] Bei der Indexbildung zu den drei Themenbereichen gehen aus den subjektiven Angaben zu jeweiligen Fragen die Antworten alle gleich gewichtet ein, es fand keine Bereinigung von fehlenden Werten statt, d. h. der Wert konnte nur bei den Befragten berechnet werden, die bei allen Fragen eine gültige Angabe gemacht haben.

verschiedener publizierter Verfahren zusammengestellt, u.a. der Prüfliste von Rudow (2001) und des Teamklima-Inventars (Brodbeck u.a., 2000).

4.3.1 Teamklima

Das Teamklima gilt als ein zentraler Faktor bei der Bewertung der Attraktivität des eigenen Arbeitsplatzes und eine gute Teamarbeit als ein Erfolgsfaktor in Wirtschafts- wie sozialen Unternehmen (Brodbeck u.a., 2000). In der AQUA-Studie (Schreyer u.a., 2014) schätzten praktisch alle teilnehmenden Fachkräfte ein gutes Teamklima als absolut oder sehr wichtig ein. Ein gutes Teamklima ist neben einem funktionierenden Informationsfluss vor allem durch ein gefestigtes „Wir-Gefühl" gekennzeichnet, durch die Erfahrung verlässlichen Zusammenhalts, wechselseitiger Anerkennung und gemeinsamer Suche nach produktiven Wegen in der pädagogischen Arbeit. Dabei ist es wichtig, dass Unterschiedlichkeit nicht nivelliert wird, sondern dass das Einbringen persönlicher Begabungen und Schwerpunkte als bereichernd für das Team und die pädagogische Arbeit gilt.

Indikatoren

Als Indikatoren für ein gutes Teamklima werden die folgenden fünf, mit „Ja" beantworteten Fragen einbezogen. Der Index kann damit Werte im Bereich von Null bis Fünf erreichen:

- Wir tauschen uns im Team regelmäßig über die Arbeit aus.
- Wir nutzen die Stärken aller im Team und suchen nach gemeinsamen Lösungswegen.
- Meine Arbeit wird von meinen Kolleg*innen anerkannt und wertgeschätzt.
- Ich kann mich auf meine Kolleg*innen verlassen, wenn es bei der Arbeit schwierig wird.
- Wir halten in unserer Einrichtung zusammen.

Ergebnisse

Den Austausch im Team bewerten 90,6% der pädagogischen Fach- und 93,8% der Leitungskräfte als gut. Damit bewerten mehr Leitungskräfte als Fachkräfte den Austausch als gut[27], zudem wird der Austausch häufiger in

---

27 Alle dargestellten Unterschiede sind signifikant, $p<.05$, Chi^2-Test

der freien Jugendhilfe mit 92,4% der Fach- und Leitungskräfte als gut eingeschätzt als in der öffentlichen Jugendhilfe mit 90,5% der Fach- und Leitungskräfte. Auch die Suche nach gemeinsamen Lösungswegen wird mit 91,8% von den Leitungskräften häufiger als gut eingeschätzt als von den pädagogischen Fachkräften mit 86,1%; zwischen öffentlicher und freier Jugendhilfe ist kein Unterschied vorhanden. Die Anerkennung im Kollegenkreis ist für über 93% Leitungskräfte und Fachkräfte sowohl in der freien als auch öffentlichen Jugendhilfe vorhanden, annähernd genauso viele Fach- und Leitungskräfte sagen, dass auf ihre Kolleg*innen Verlass ist. Der Zusammenhalt in der Einrichtung wird von über 85% der Fach- und Leitungskräfte als gut bewertet, ebenfalls unabhängig ob Leitungskraft oder Fachkraft und freie oder öffentliche Jugendhilfe.

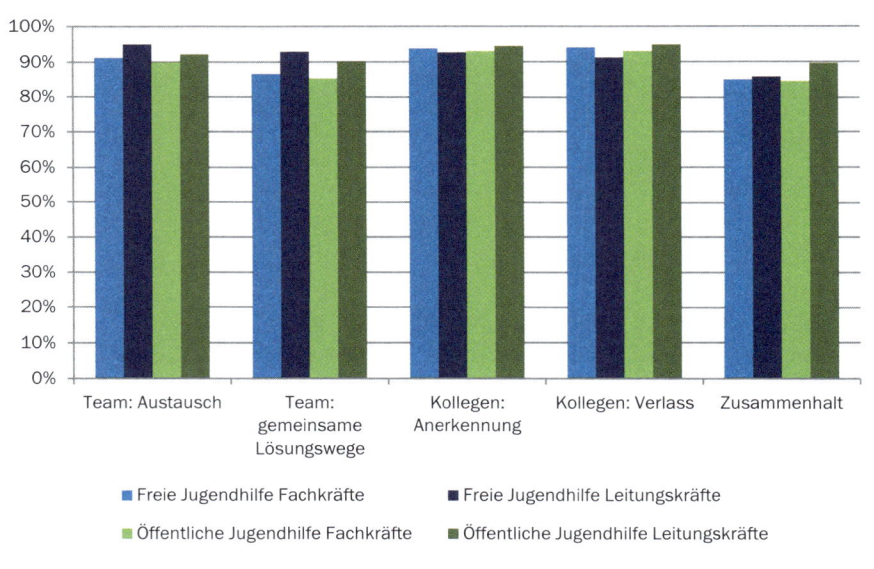

Abbildung 20. Austausch, Suche nach gemeinsamen Lösungswegen, Zusammenhalt, Anerkennung und Verlass auf Kolleg*innen im Team (Einzelfragen des Index für Teamklima)

Anhand der Beschreibung der Einzelfragen wird bereits deutlich, dass der Großteil der Fach- und Leitungskräfte das Teamklima als gut bewertet, wie die folgende Graphik veranschaulicht:

Abbildung 21. Teamklima-Index in der Bewertung von Fach- und Leitungskräften in der freien und öffentlichen Jugendhilfe

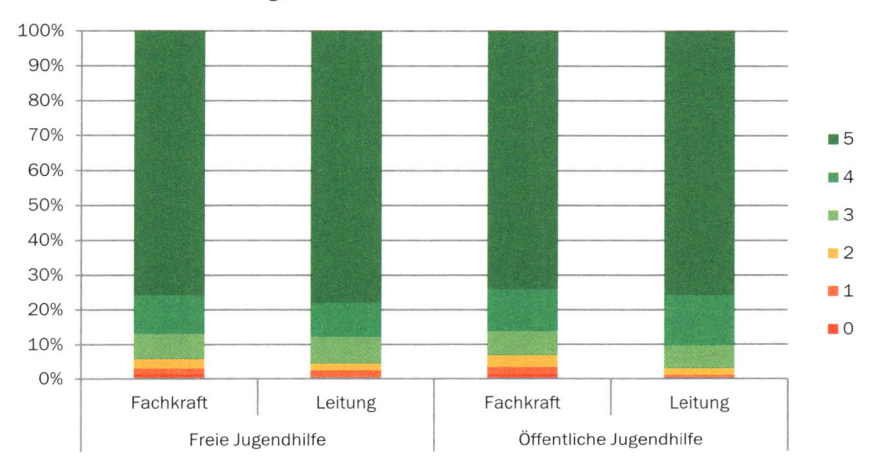

Mehr als 75 % der Fach- und Leitungskräfte liegen bei der vollen Punktzahl von fünf Punkten, es bestehen keine Unterschiede zwischen Fach- und Leitungskräften oder zwischen Beschäftigten der freien und öffentlichen Jugendhilfe.[28]

> In nordrhein-westfälischen Kindertageseinrichtungen herrscht überwiegend ein sehr gutes Teamklima. Jede siebte pädagogische Fachkraft vermisst jedoch einen guten Zusammenhalt im Team und die gemeinsame Suche nach Lösungswegen.

4.3.2 Handlungsspielraum

Der Entscheidungs- und Handlungsspielraum und die Transparenz am Arbeitsplatz gelten als wichtige Ressourcen zur Stressverminderung. „Wer seine Arbeit selbstständig planen und einteilen kann hat viel eher die Möglichkeit, bereits im Vorfeld stresserzeugende Situationen zu vermeiden, als jemand, der durch die Arbeitsorganisation oder durch Anweisungen von Vorgesetzten kaum Spielräume für eigene Entscheidungen hat" (Berger u.a., 2001). Zudem gelten Transparenz und ein guter Informationsfluss innerhalb der Einrichtung als Ressourcen am Arbeitsplatz (Fuchs-Rechlin, 2007).

---

28 Alle $p<0.05$, Mann-Whitney-U-Test

Indikatoren

Als Indikatoren für die Wahrnehmung von Entscheidungs- und Handlungsspielräumen werden die fünf folgenden mit „Ja" beantworteten Fragen einbezogen. Der Index kann damit Werte im Bereich von Null bis zu Fünf erreichen:

- Ich kann meine Arbeit selbstständig planen und einteilen.
- Meine Wünsche bei der Dienstplangestaltung und der Urlaubsplanung werden berücksichtigt.
- Die Vereinbarkeit von Familie/Privatleben und meiner Arbeit ist gut.
- Über wichtige Dinge und Vorgänge in unserer Einrichtung werden wir ausreichend informiert.
- Veränderungsprozesse werden in unserer Einrichtung von der Kita-Leitung und dem Team gemeinsam gestaltet.

Ergebnisse

Auch bei diesen Fragen zeichnet sich ein positives Bild in den Kindertageseinrichtungen in NRW ab. Bei insgesamt hohen Zustimmungswerten, die zwischen 82,6% und 98,6% liegen, sehen die Leitungskräfte noch größere Spielräume als die pädagogischen Fachkräfte: Sie können ihre Arbeit häufiger selbstständig planen als pädagogische Fachkräfte ohne Leitungsaufgaben, nehmen häufiger Einfluss auf die Dienstplangestaltung und sehen sowohl die gemeinsame Gestaltung von Veränderungsprozessen als auch einen guten Informationsfluss in der Einrichtung häufiger als gegeben an.

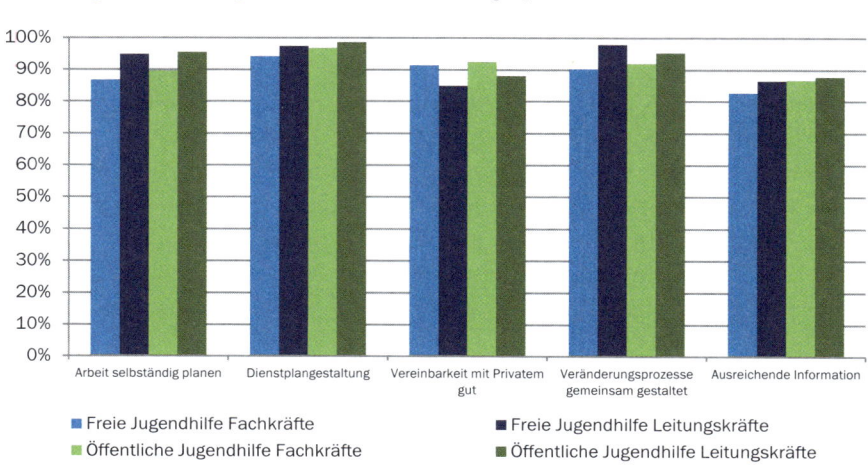

Abbildung 22. Einzelfragen des Index für Handlungsspielraum

Die Vereinbarkeit mit dem Privatleben bewerten dagegen die pädagogischen Fachkräfte häufiger als gut als die Leitungskräfte.[29]

Beschäftigte in der öffentlichen Jugendhilfe beantworten alle Fragen mit Bezug zum Grad des persönlichen Handlungsspielraumes bei der Arbeit häufiger mit "ja" als Beschäftigte in der freien Jugendhilfe (Ausnahme: gemeinsame Gestaltung von Veränderungsprozessen).

Auf dem durch Summenbildung konstruierten Index für Einflussmöglichkeiten bei der Arbeit erreichen 87,3 % der Fachkräfte und 91,8 % der Leitungskräfte insgesamt vier oder die maximale Zahl von fünf Punkten. Auch im Index zeigt sich somit, dass Leitungskräfte mehr Entscheidungs- und Handlungsspielraum in ihrer Arbeit wahrnehmen als pädagogische Fachkräfte ohne Leitungsaufgaben. Zudem erleben Beschäftigte der öffentlichen Jugendhilfe (94,3 % erreichen vier und mehr Punkte) insgesamt mehr Entscheidungsspielräume als die Beschäftigten der freien Jugendhilfe[30] (90,6 % erreichen vier und mehr Punkte).

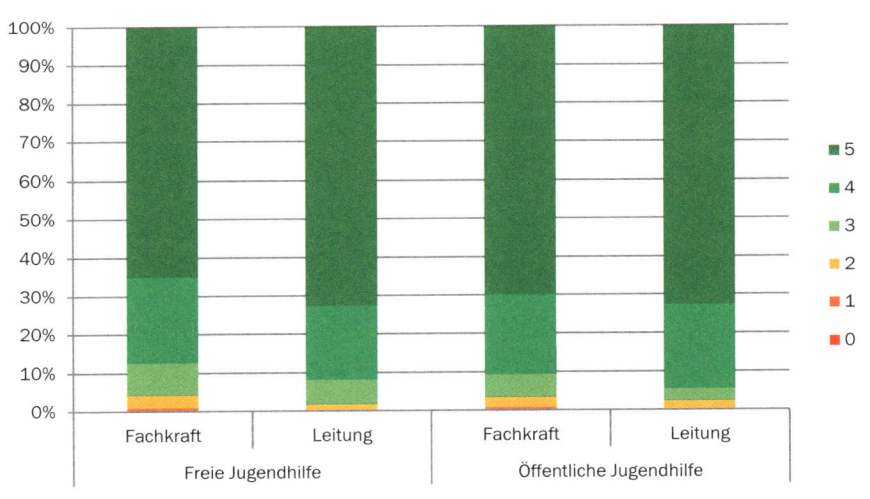

Abbildung 23. Index für Entscheidungs- und Handlungsspielraum der pädagogischen Fach- und Leitungskräfte der öffentlichen und freien Jugendhilfe

Hohe Entscheidungs- und Handlungsspielräume kennzeichnen die Arbeitsplatzsituation in Kindertageseinrichtungen in NRW. Leitungskräfte schätzen ihre Spielräume noch höher ein als pädagogische Fachkräfte ohne Leitungsfunktion, dafür ist die Vereinbarkeit von Beruf und Privatleben für letztere besser gegeben.

---

29 Alle berichteten Unterschiede sind signifikant, p<.05, Chi2-Test
30 Alle p<0.05, Mann-Whitney-U-Test

4.3.3 Führungsverhalten

Das Führungsverhalten und der Führungsstil des oder der direkten Vorgesetzten sind für Arbeitnehmer*innen wichtige Aspekte ihres Arbeitsplatzes. In der AQUA-Studie (Schreyer u.a., 2014) schätzten 88% der befragten pädagogischen Fachkräfte in Kindertageseinrichtungen die Wichtigkeit eines guten Verhältnisses zu ihren Vorgesetzten als sehr hoch ein. In vielen Untersuchungen im profit- und non-profit-Bereich wurden Zusammenhänge zwischen einem als positiv wahrgenommenen Führungsverhalten und der Arbeitszufriedenheit, einem hohen Commitment, einer Minderung des Stresserlebens und auch niedrigeren Fluktuationsquoten gefunden (u.a. Schreyer u.a., 2014; Felfe, 2006).

Indikatoren

In der STEGE-Studie wurde positives Führungsverhalten durch einen Index abgebildet, der vier Einzelitems enthält. Der Index kann damit Werte im Bereich von Null bis zu Vier erreichen:

- Ich kann mich auf unsere Leitung verlassen, wenn es bei der Arbeit schwierig wird.
- Ich fühle mich in unserer Einrichtung fair und gerecht behandelt.
- Die Leitung ist bereit, Ideen und Vorschläge der Mitarbeiter*innen zu berücksichtigen.
- Ich erhalte von meiner/m Vorgesetzten bzw. einer anderen entsprechend wichtigen Person die Anerkennung, die ich verdiene.

Diese repräsentieren wiederum vier unterschiedliche Facetten positiver Führung. Für Mitarbeiter*innen ist es wichtig, dass sie von der Leitungsebene Rückendeckung bei auftretenden Problemen, z.B. bei Konflikten mit Eltern, erhalten. Eine gute Führungskraft gewährleistet dies. Gleichzeitig spricht sie Anerkennung für geleistete Arbeit aus, wobei sie darauf achtet, alle Mitarbeiter*innen fair und gerecht zu behandeln, sie also nicht nach persönlichen Präferenzen, sondern nach ihrer Kompetenz und Einsatzbereitschaft zu beurteilen. Ein viertes Item repräsentiert die Offenheit der Leitungskraft für Ideen und Vorschläge ihrer Mitarbeiter*innen und damit die Orientierung an einem partizipativen und ressourcenorientierten Führungsstil.

Der Index der Führungsqualität wird nur für die pädagogischen Fachkräfte berechnet, da bei Leitungskräften für einen Teil der Fragen eine zu hohe Anzahl fehlender Werte vorliegt.

Ergebnisse

Neun von zehn pädagogischen Fachkräften in den Kindertageseinrichtungen NRWs sind der Meinung, sich auf ihre Leitungskräfte verlassen zu können – mit geringen, aber signifikanten Unterschieden zwischen der freien und öffentlichen Jugendhilfe.[31] Fast ebenso viele (87,9%) fühlen sich fair und gerecht behandelt, und in fast allen Fällen (96,8%) berücksichtigt die Leitung die Ideen ihrer Mitarbeiter*innen. Interessant ist, dass dennoch lediglich ca. 80% der Fachkräfte angeben, sich durch ihre Leitung anerkannt zu fühlen. Erneut fallen die Werte in der freien Jugendhilfe etwas geringer aus (öffentliche JH: 80,5%; freie JH: 77,8%).[32]

Abbildung 24. Einzelfragen des Index für Führungsqualität

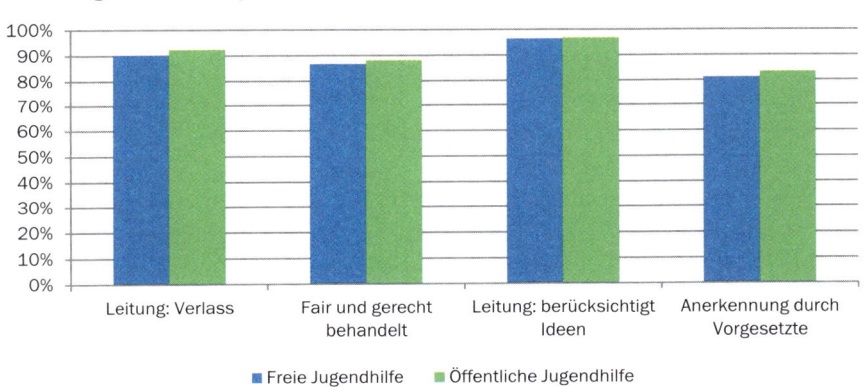

Abbildung 25. Index zu Führungsqualität der pädagogischen Fachkräfte in der öffentlichen und freien Jugendhilfe

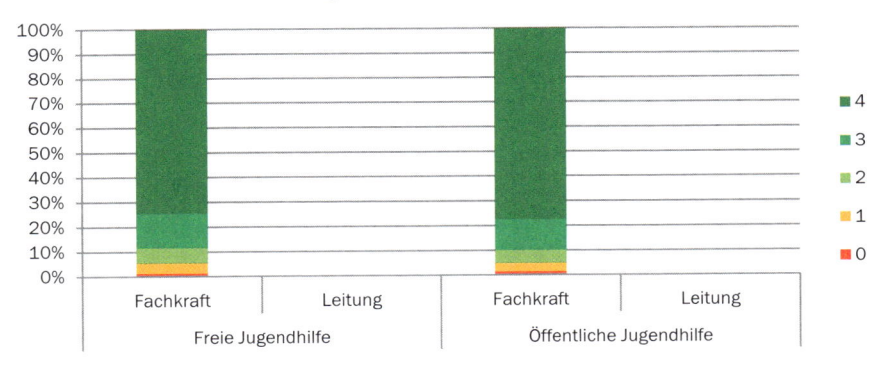

---

31 92,7 % der Fachkräfte in Einrichtungen der öffentlichen Jugendhilfe, 90,4 % der Fachkräfte in Einrichtungen der freien Jugendhilfe, p<.05, Chi²-Test
32 p-<0.05, Chi²-Test

88,6 % der Fachkräfte in der freien Jugendhilfe und 90,1 % der Fachkräfte in der öffentlichen Jugendhilfe erreichen auf dem Index zur Führungsqualität ihrer Leitungskräfte drei und mehr von maximal vier erreichbaren Punkte.

> Neun von zehn Leitungskräften wird von ihren Mitarbeiter*innen ein Führungsstil attestiert, der sich durch Verlässlichkeit, Fairness und Beteiligung auszeichnet. Die erlebte Anerkennung durch Vorgesetzte fällt insgesamt etwas geringer aus, wird aber auch noch durch 80 % der pädagogischen Fachkräfte bestätigt.

4.4 Wahrgenommene Ressourcen und Belastungen

In diesem Kapitel werden die von pädagogischen Fach- und Leitungskräften wahrgenommenen Ressourcen und Belastungen am Arbeitsplatz Kindertageseinrichtung auf der Basis der repräsentativen Befragung und der vertiefenden Interviews beschrieben und in die Forschungsergebnisse anderer Studien eingebunden.

Der in der STEGE-Studie eingesetzte Katalog potentieller Ressourcen und Belastungen am Arbeitsplatz wurde angesichts des Projektkontextes bewusst umfangreich gehalten. Er umfasst insgesamt 60 Einzelkriterien, die sich in Anlehnung an Thinschmidt u. a. (2009) insgesamt fünf Bereichen zuordnen lassen: (1) technisch-physikalische Bedingungen, (2) organisatorische Faktoren, (3) Anforderungen aus der Arbeitsaufgabe, (4) soziale Faktoren und (5) gesellschaftliche Faktoren. Die Fach- und Leitungskräfte gaben in einem ersten Schritt an, ob bestimmte Bedingungen auf ihre Tätigkeit bzw. ihren Arbeitsplatz zutreffen oder nicht.

Die Besonderheit des eingesetzten Instruments besteht darin, dass die Fach- und Leitungskräfte zusätzlich zu der Angabe, ob ein Merkmal an ihrem Arbeitsplatz bzw. in ihrer Einrichtung überhaupt vorhanden ist, im Anschluss gefragt werden, ob dies für sie eine Ressource oder eine Belastung darstellt. Das Ausmaß, in dem das Merkmal Ressource oder Belastung ist, kann durch jeweils drei Abstufungen ausgedrückt werden: so kann ein Merkmal eine mäßige (-1), starke (-2) oder sehr starke (-3) Belastung sein, oder eine mäßige (1), starke (2) oder sehr starke (3) Ressource. Es ist auch möglich, eine neutrale (0) Bewertung vorzunehmen. Folgendes Beispiel illustriert dieses Antwortformat:

Abbildung 26. Beispiel Antwortformat: Mein Arbeitsplatz ist laut / Meine Arbeit ist körperlich anstrengend

Beispieltabelle: Ihr Arbeitsplatz ist laut, was sie stark belastet oder Ihre Arbeit ist körperlich anstrengend, das ist zwar einerseits belastend, aber für Sie persönlich doch eher angenehm und eine Ressource		NEGATIV Belastung, Stress			neutral	Positiv Ressource, Kraftquelle		
		-3	-2	-1	0	1	2	3
Beispieltabelle		sehr stark	stark	mäßig		mäßig	stark	sehr stark
Mein Arbeitsplatz ist laut	⊠ ja ○ nein und das ist für mich →	●	⊠	●	○	●	●	●
		-3	-2	-1	0	1	2	3
Meine Arbeit ist körperlich anstrengend	⊠ ja ○ nein und das ist für mich →	●	●	●	○	⊠	●	●
		-3	-2	-1	0	1	2	3

In die Ergebnisdarstellung fließen vorrangig, aber nicht ausschließlich Merkmale des Arbeitsplatzes ein, die besonders häufig anzutreffen sind, als besonders starke Ressourcen oder Belastungen benannt wurden und/oder zur Indexbildung bzgl. der strukturellen Rahmenbedingungen und der Leitungs- und Teamkultur (vgl. Kap. 4.2 und 4.3) herangezogen wurden. Dabei wird auf die folgenden farblichen Markierungen zurückgegriffen:

Sowohl Belastung, als auch Ressource, als auch neutral
Ressource
Neutral
Belastung

4.4.1 Technisch-physikalische Bedingungen

Lärm wird in der vorliegenden Untersuchung wie in anderen Studien auch (Berger u.a., 2001; Buch & Frieling, 2001; Rudow, 2004b; Khan, 2007; Thinschmidt, 2010a) als häufige und starke Belastung in der pädagogischen Arbeit erlebt. 94 % der pädagogischen Fachkräfte und 88 % der Leitungskräfte berichten von einem lauten Arbeitsplatz. Ein Großteil von insgesamt 84 % der pädagogischen Fachkräfte und 80 % der Leitungskräfte ist durch die hohe Lautstärke am Arbeitsplatz belastet. In den Interviews deutet sich an, dass pädagogische Fachkräfte in einem höheren Alter die Lärmbelastung besonders stark erleben. Hier wird das laute Reden oder zeitweilige Schreien der Kinder als „(…) Grund- und Hauptbelastung" (13:4,176-177) beschrieben, die mit Kopfschmerzen oder einem Tinnitus einhergeht. Dies bestätigt sich in den statistischen Analysen: Es findet sich eine stärkere Lärmbelastung bei pädagogischen Fachkräften in der halboffenen Gruppenarbeit sowie bei älteren Fachkräften.

Weitere physikalische Belastungen sind bedingt durch die Räumlichkeiten bzw. die räumliche Ausstattung in den Kindertageseinrichtungen. Eine gute finanzielle und räumliche Ausstattung stellt sowohl für die Fach- als auch die Leitungskräfte eine große Ressource in ihrer Arbeit dar, während eine schlechte finanzielle und räumliche Ausstattung eine Belastung ist. In NRW sind insgesamt 21,2 % der Fachkräfte und 24,2 % der Leitungskräfte durch einen schlechten Raumzustand, 43,2 % der Fachkräfte und 41,4 % der Leitungskräfte durch zu wenige Räume für die pädagogische Arbeit belastet; 29,9 % der Fach- und 30,5 % der Leitungskräfte fühlen sich durch eine schlechte finanzielle Ausstattung ihrer Einrichtung belastet. Eine besondere Rolle für die Regeneration am Arbeitsplatz hat ein Pausen- und Rückzugsraum, der meist eine große Ressource in der täglichen Arbeit darstellt. Allerdings sind insgesamt 17,7 % der Fach- und 23,1 % der Leitungskräfte dadurch belastet, dass ein Pausen- und Rückzugsraum für das Personal nicht vorhanden ist.

„Erzieherinnen und Erzieher sind auf Grund des gehäuften Auftretens von Infektionskrankheiten in Kindertagesstätten einem erhöhten Infektionsrisiko ausgesetzt (z.B. grippale Infekte, Magen-Darm-Erkrankungen wie Noro- oder Rotaviren, sog. Kinderkrankheiten), die insbesondere bei schwangeren Mitarbeiterinnen ein gesundheitliches Risiko für die Mutter und das Ungeborene darstellen können" (Thinschmidt, 2010a, S. 19). So beschreiben die pädagogischen Fachkräfte in den Interviews, dass die Eltern ihre Kinder mit Erkältungen, Magen-Darm-Beschwerden oder anderen Befindlichkeitsstörungen in die Kindertageseinrichtung brächten und die Konsequenzen machten sich unmittelbar bemerkbar: Das Ansteckungsrisiko für andere Kinder, aber auch für die pädagogischen Fachkräfte selbst, steige und führe zu vermehrten Fehlzeiten und Ausfällen.

Als physische Anforderung nennt ein Großteil der Befragten in den Interviews verschiedene Bedingungen, die mit der schlechten Ergonomie am Arbeitsplatz in Verbindung stehen. Dabei wird von einer ungünstigen Arbeits- oder auch Sitzhöhe gesprochen, womit unter anderem das Arbeiten auf dem Teppich bzw. Boden sowie das Sitzen auf Kinderstühlen gemeint ist. Weiterhin sehen die Erzieher*innen den ständigen Wechsel von Bücken und Heben, aber auch das längere Tragen eines Kindes als starke Belastung an, besonders in der integrativen Arbeit und in der Arbeit mit unter Dreijährigen. Die verschiedenen physischen Beanspruchungen des Körpers führen nach Aussagen der Befragten verstärkt zu Rückenschmerzen, Gelenkschmerzen sowie Knieproblemen.

> Belastende physikalisch-technische Rahmenbedingungen sind vor allem der hohe Geräuschpegel, eine schlechte finanzielle und materielle Ausstattung, das hohe Infektionsrisiko und ergonomisch ungünstige Ausstattungsgegenstände bzw. Arbeitserfordernisse. Gute finanzielle Ausstattung und Rückzugsmöglichkeiten während der Pausen werden als Ressourcen betrachtet.

4.4.2 Organisatorische Faktoren

Diese Kategorie umfasst Belastungsfaktoren und Ressourcen, die „mit der Ausrichtung der pädagogischen Arbeit, den dazu notwendigen Strukturen und der grundsätzlichen Organisation des Tagesablaufs zusammenhängen" (Thinschmidt, 2010a, S. 19). Hierzu wurden auch Maßnahmen des betrieblichen Gesundheitsmanagements gezählt.

Ein **pädagogisches Konzept** oder eine entsprechende **pädagogische Profilierung** wird als Ressource erlebt: 45% der pädagogischen Fachkräfte berichten, dass ihre Einrichtungen ein pädagogisches Profil haben – und fast alle (89%) erleben dies als Ressource. Fehlt ein pädagogisches Profil, sehen insbesondere Leitungskräfte darin eine Belastung. Ähnlich gestaltet sich die Bewertung der Arbeit nach einem ausgewiesenen pädagogischen Konzept, das seltener vorhanden ist als eine pädagogische Profilierung. Wenn die pädagogischen Fachkräfte nach einem spezifischen pädagogischen Konzept (z.B. Montessori-, Waldpädagogik) arbeiten (28%), dann bewerten sie dies auch als Ressource in ihrem Arbeitsalltag und ein nicht vorhandenes pädagogisches Konzept als neutral. Bei den 52% der Leitungskräfte, die mit einem pädagogischen Konzept in ihren Einrichtungen arbeiten, wird dies von 56% als Ressource und von 19% als neutral, von 25% aber auch als Belastung bewertet.

Als besonders häufige und starke Belastung beschreiben die Fach- und Leitungskräfte zu wenig zur Verfügung stehende Zeit für verschiedene Arbeitsaufgaben, für die Kinder oder für kleine Pausen im Arbeitsalltag, hohen Zeitdruck sowie häufige Überstunden. Dieser Befund steht im Widerspruch zu älteren Studien, in denen Arbeitsintensität, Zeitdruck und Überforderung von den pädagogischen Fachkräften nicht als überdurchschnittlich hoch angegeben wurden und sich „hinsichtlich der quantitativen Arbeitsbelastung etwas weniger als der Durchschnitt aller Berufsgruppen im BGW-DAK Stress-Monitoring belastet" fühlte (Berger u.a., 2001, S. 21).

Heute scheint durch die zunehmende Aufgabenvielfalt grundsätzlich zu wenig Zeit zur Erledigung der Arbeitsaufgaben zur Verfügung zu stehen. **Häufiger Zeitdruck**, dem vier von fünf Fach- und Leitungskräften ausgesetzt sind, belastet die meisten von ihnen stark. 60,3% der pädagogischen Fachkräfte und 67,5% der Leitungskräfte in NRW leiden darunter, dass **keine ausreichende Zeit für Kinder im Arbeitsalltag** vorhanden ist. Die Arbeit im Schichtdienst als weiterer zeitlicher Aspekt, von dem ungefähr 25% der Fach- und Leitungskräfte betroffen sind, wird dagegen überwiegend neutral und nicht unbedingt als Belastung wahrgenommen.

In den vertiefenden Interviews wird nachdrücklich beschrieben, wie ein möglicher Umgang mit dem Zeitdruck in der alltäglichen Arbeitspraxis zur psychischen Belastung werden kann: Um der Gefahr des Zeitdrucks zu begegnen, versuchen die Erzieher*innen, ihren Tag möglichst straff zu organisieren und Verantwortungen klar abzustecken. Leider kommt es häufig vor, dass diese Pläne nicht eingehalten werden könnten, da Dienstbesprechungen oder die Fertigstellung eines Gutachtens Vorrang haben, was negativen Stress erzeugt und die pädagogischen Fachkräfte an ihre Leistungsgrenzen bringt. Eine (zu) straffe Tagesorganisation kann wiederum als starke psychische Belastung wahrgenommen werden, da dies mit einem geringeren Handlungsspielraum einhergeht.

Mangelnde Zeit für mittelbare pädagogische Arbeitsaufgaben belastet 71,7 % aller pädagogischen Fachkräfte und 75,2 % der Leitungskräfte. Dieser Aspekt der Gestaltung der Arbeitszeit wird auch in den Interviews sehr häufig angesprochen. So scheinen Anforderungen aus dem Bereich der mittelbaren pädagogischen Arbeit innerhalb der letzten Jahre enorm zugenommen zu haben, die Arbeitszeit wurde jedoch nicht dementsprechend angepasst (vgl. auch Viernickel u. a., 2013). In der Praxis ist es nur schwer umsetzbar, die Vorbereitungszeit tatsächlich in Ruhe nutzen zu können. Ein Großteil der pädagogischen Fachkräfte bereitet anstehende Projekte, Entwicklungsberichte oder Bildungsdokumentation zu Hause nach dem Feierabend vor, was wiederum zu vielen Überstunden führt.

In diesem Zusammenhang stehen auch mehr oder wenig häufig zu leistende **Überstunden**. Sie gehören in den Einrichtungen Nordrhein-Westfalens für 34 % der Fachkräfte regelmäßig zu ihrer Arbeit dazu, Leitungskräfte sind mit 66 % praktisch doppelt so häufig betroffen, was möglicherweise mit einer zu geringen Freistellung für ihre Leitungstätigkeit im Zusammenhang stehen könnte. Wenn Fach- und Leitungskräfte regelmäßig Überstunden machen müssen, werden diese als Belastung erlebt, fallen keine Überstunden an, wird dies als starke Ressource gesehen.

Zudem fehlt den Fach- und Leitungskräften teilweise die **Zeit für kleinere Erholungspausen**. Können Pausen nicht oder nicht regelmäßig genommen werden, fühlt sich der Großteil der Befragten hiervon gering bis stark belastet (83 % der Fach- und 87 % der Leitungskräfte).

Eine Grundlage für viele Aspekte der pädagogischen Arbeit – vor allem für die sich als sehr bedeutsam herausgestellte zur Verfügung stehende Zeit im Arbeitsalltag – ist der Personalschlüssel in der Einrichtung, der das rechnerische Verhältnis zwischen bezahlter Arbeitskraft der pädagogischen Fachkräfte im Verhältnis zu den gebuchten Betreuungsstunden der Kinder erfasst (Viernickel, 2010)[33]. Ein **guter Personalschlüssel** wird als eine Res-

---

33 Der rechnerische Personalschlüssel in Kindertageseinrichtungen in NRW – die Bertelsmann-Stiftung spricht vom Personalressourceneinsatzschlüssel – ergibt sich aus dem Verhältnis von dem vereinbarten Betreuungsumfang der Kinder (Ganztagsinanspruch-

source, ein **schlechter Personalschlüssel** als eine Belastung in der pädagogischen Arbeit erlebt.

Der rein rechnerische Personalschlüssel wird zwar von insgesamt 28,9 % der Fachkräfte und 33,5 % der Leitungskräfte in einem unterschiedlich hohen Ausmaß als nicht hinreichend und belastend erlebt, von der Mehrzahl jedoch als gut oder zufriedenstellend beschrieben. Auch in den Interviews ist seltener von einem schlechten Personalschlüssel die Rede. Vielmehr belasten die durch Krankheit, Urlaub, Fort- und Weiterbildung und Schwangerschaft entstehenden Engpässe: *„(…) und dieses (…) ständige ähm eine Arbeit unterbrechen müssen oder abbrechen müssen an irgendeinem Punkt nicht systematisch und kontinuierlich mit den Kindern arbeiten können weil wieder Kräfte abgezogen werden muss irgendeiner muss wieder woanders hin und irgendwas muss vertretungsweise erledigt werden das empfinde ich als sehr belastend"* (6:1,44-49). In dieser und einer Vielzahl anderer Beschreibungen der Interviewpartner*innen wird deutlich, dass sich der Personalschlüssel stark von der so genannten Fachkraft-Kind-Relation unterscheidet, also dem realen Verhältnis von anwesenden pädagogischen Fachkräften und Kindern.

Im Zusammenhang mit dem Empfinden, zu wenig Zeit und zu wenig Personal zur Verfügung zu haben, steht die Aussage von insgesamt 65 % der Fach- und 83 % der Leitungskräfte, dass ihr **Arbeitspensum** in den letzten Jahren **stetig gestiegen** sei und durch solche Aufgaben ergänzt wurde, die nicht in das Tätigkeitsprofil einer Erzieherin bzw. eines Erziehers gehören. Dazu zählen beispielsweise das Staubwischen oder das Abräumen des Geschirrs vom Tisch oder das Ein- und Ausräumen der Spülmaschine. Neben weiteren Aufgaben wird auch die steigende Anzahl an Projekten als belastend empfunden, zum Beispiel im Bereich der Sprachförderung, Themengruppen (z.B. „Wald"), Termine mit dem Vorlesepaten oder der Motopädin, Turngruppen, Gottesdienste oder „ Das Haus der kleinen Forscher". Unter die organisationalen Belastungsfaktoren fallen auch **zeitlich befristete Arbeitsverträge**, insbesondere dann, wenn Verträge kurzfristig oder teilweise erst nach Ablauf des Erstvertrages verlängert werden (Thinschmidt, 2010a). So berichten die pädagogischen Fachkräfte in den vertiefenden Interviews, dass stets die Gefahr bestehe, dass man selbst – oder Kolleg*innen – in andere Kitas des Trägers versetzt werde, man wisse jedoch nie, wen es betreffe und wann der Zeitpunkt dazu kommen werde. Rund 95 % der Leitungskräfte, aber nur 75 % der Fachkräfte verfügen über einen unbefristeten Arbeitsvertrag. Die subjektive **Arbeitsplatzsicherheit** stellt eine große arbeitsbedingte Ressource dar. 80,7 % der Fachkräfte sehen ihren Arbeitsplatz nicht als gefährdet an, der

---

nahmerate) und den summierten Personalstunden einer jeden Einrichtung (Vollzeitbeschäftigungsäquivalent).

Großteil bewertet dies als eine Ressource oder als neutral. Bei den Leitungskräften sehen insgesamt 80,7 % ihren Arbeitsplatz als nicht gefährdet an und bewerten dies ebenfalls größtenteils als Ressource oder als neutral. Eine **fehlende Arbeitsplatzsicherheit** wird durchgängig als Belastung wahrgenommen und „… als Machtlosigkeit erlebt, da sie eine weitreichende Bedrohung des beruflichen und außerberuflichen Lebens bedeutet. Dies gilt besonders für befristet Beschäftigte sowie Eltern, die finanziell für eine Familie Sorge tragen. Das Erleben von Unsicherheit hat negative Auswirkungen und kann, wenn es lange anhält, zu schweren psychischen Erkrankungen führen" (Fuchs & Trischler, 2009; zit. nach Krause-Girth, 2011, S. 11).

> Ein sehr starkes und weit verbreitetes Belastungsmoment am Arbeitsplatz Kita ist, dass nicht genügend Zeit für die anspruchsvollen und wachsenden Arbeitsaufgaben zur Verfügung steht. Die Arbeit nach einem pädagogischen Konzept und die Profilbildung der Einrichtung werden dagegen als Ressourcen betrachtet, ebenso ein guter Personalschlüssel. Ein sicherer Arbeitsplatz ist ebenfalls eine starke Ressource, fehlende Arbeitsplatzsicherheit erlebt ca. 1/5 der Fach- und Leitungskräfte und fühlt sich dadurch stark belastet.

4.4.3 Anforderungen aus der Arbeitsaufgabe

Pädagogische Fachkräfte scheinen ihren Beruf insbesondere auf Grund des **Abwechslungsreichtums**, der **Flexibilität** und **Kreativität**, aber auch wegen des **Erlernens** und **Ausprobierens von etwas Neuem** besonders zu schätzen und sehen diese Aspekte ihrer Arbeit als eindeutige Ressourcen an. Diese Sichtweise wird sowohl in den Interviews als auch der schriftlichen Befragung betont und findet sich auch in der Theorie wieder (Berger u.a., 2001; Fuchs-Rechlin, 2007; Thinschmidt u.a., 2008). Bis auf wenige Ausnahmen (rund 5 % der Befragten) bestätigen Fach- und Leitungskräfte, dass sie bei ihrer Arbeit Neues dazulernen und ihr Wissen einsetzen können. Sie bewerten ihre Arbeit als abwechslungsreich und stimulierend für ihren Erfindungsreichtum und ihre Kreativität. All dies sind wertvolle Kraftquellen. Auch im „DGB-Index Guter Arbeit" (Fuchs & Trischler, 2009) werden diese Aspekte als Kennzeichen guter Arbeit und als wichtige Ressourcen des Berufsfeldes beschrieben.

Die pädagogische Tätigkeit in einer Kindertageseinrichtung ist durch viele Anforderungen gekennzeichnet. Zum einen ist die unmittelbare Arbeit mit den Kindern mit deren Belangen, Bedürfnissen und Besonderheiten zu nennen. Hinzu kommen die Anforderungen aus den Bildungsplänen wie Beobachten, Dokumentieren, Sprach- und Bewegungsförderung, die Zusammenarbeit mit dem Team, mit der Einrichtungsleitung, den Eltern u.v.m. (Fuchs-Rechlin, 2007; Viernickel, 2010; Viernickel & Schwarz, 2009). Auch die Einrichtungsleitung hat ein sehr komplexes Aufgabenprofil im Spannungsfeld von Alltagsorganisation, Arbeitgeberfunktion, Öffentlichkeitsarbeit, Konzeptarbeit, Elternkontakten und pädagogischer Gruppenarbeit (Rudow, 2004b; Thinschmidt, 2010a). Die **Gleichzeitigkeit dieser Anforderungen** beschreiben durchgängig alle befragten Fach- und Leitungskräfte: sie würden sich „(...) *wie eine Krake mit ganz vielen Armen (fühlen) die eben ganz viel gleichzeitig machen muss"* (2:6,294-295). In Abhängigkeit anderer Faktoren wird dies von zwei Dritteln der Fachkräfte und von drei Vierteln der Leitungskräfte als Überforderung und damit als Belastung erlebt. Die verschiedenen Anforderungen gehen mit **häufigen Arbeitsunterbrechungen** einher, die für 62,2 % der Fachkräfte und für 83,5 % der Leitungskräfte einen weiteren belastenden Stressfaktor darstellen (vgl. auch Berger u.a., 2001; Rudow, 2004b): „(...) *belastend finde ich ähm es immer wenn man nicht kontinuierlich an seinen Dingen arbeiten kann (.) sondern andauernd was dazwischenkommt"* (6:1,40-42).

Als weitere Belastung wird die Notwendigkeit zur **Dauerpräsenz** genannt. Permanent und unabhängig von Stimmungen und Bedürfnissen wird die volle Aufmerksamkeit und Konzentration abgefordert. Dieses kann in den Kontext gestellt werden, dass die erforderliche **Emotionsarbeit mit der Unterdrückung eigener Stimmungen** und Launen gegenüber den Kindern und Eltern und die daraus resultierenden Spannungen von den betroffenen Personen häufig als stark belastend erlebt werden (vgl. Thinschmidt, 2010a; Rudow, 2004b).

96,7 % der pädagogischen Fachkräfte haben eine hohe Verantwortung in ihrer Arbeit zu tragen, was sich sehr unterschiedlich hinsichtlich des Erlebens als Belastung oder Ressource darstellt. Insgesamt erleben 46,4 % diese Verantwortung als eine Ressource, 15,3 % als neutral und 36,1 % als Belastung. Die hohe Verantwortung im Beruf, die alle Leitungskräfte verspüren[34], erleben 51,8 % von ihnen als Belastung, 10,3 % als neutral und 37,5 % als eine Ressource ihrer Arbeit.

Wichtige Aufgabenbereiche der pädagogischen Arbeit sind die regelmäßigen Beobachtungen der Kinder als Grundlage für individuelle Bildungsdokumentationen sowie Entwicklungsgespräche mit den Eltern. **Entwicklungsgespräche mit den Eltern der Kinder** und das Erstellen von **Bildungsdokumentationen** finden in annähernd allen Einrichtungen regelmäßig statt. Diese Aufgaben werden von manchen Fach- und Leitungskräften als Ressource, von anderen als Belastung wahrgenommen. Insgesamt erleben aber ungefähr zwei Drittel der Fach- und Leitungskräfte die

---

34 Nur 0,3 % der Leitungskräfte geben an, keine hohe Verantwortung zu tragen.

Entwicklungsgespräche als Ressource in ihrer täglichen Arbeit. Bildungsdokumentationen werden in der repräsentativen Befragung von etwas mehr als der Hälfte der Fach- und Leitungskräfte als eine Ressource und von jeweils einem Drittel als belastend bewertet.

Regelmäßige Teamsitzungen finden in fast allen Einrichtungen statt. Sie werden von rund 80 % der Fach- und Leitungskräfte als Ressource eingestuft. Fehlen solche Kommunikationsstrukturen, so kommt es nach Aussagen der Befragten häufig zu Fehlabsprachen und Missverständnissen, Unruhe oder Unmut: „(…) wir haben hier jetzt monatelang kein Dienstgespräch mehr gehabt das finde ich total schwierig wenn man sich überhaupt nicht mehr austauschen kann über die Arbeit (…) also ich find- das ist –ne ganz wichtige Voraussetzung für –ne gute Zusammenarbeit" (6:8,362-366). Bemängelt wird im Zusammenhang mit **fehlenden Kommunikationsstrukturen** auch ein fehlendes Organ, wie beispielsweise ein Mitarbeiter*innenbeirat, der die Kommunikation zum Träger oder Personalverantwortlichen vereinfacht. So wird berichtet, dass der Träger häufig ein falsches Bild vom Arbeitsalltag und Arbeitspensum der Erzieher*innen habe, Verantwortlichkeiten unterschätze oder sehr hohe Anforderungen stelle. Eine Kommunikation mit dem Ziel der Transparenz zwischen Träger und Erzieher*innen würde nahezu nicht stattfinden.

Thinschmidt (2010a) weist mit Blick auf die hohe Belastung von pädagogischen Fachkräften durch die Arbeit mit verhaltensauffälligen und aggressiven Kindern auf die große Bedeutung von Betreuung und Unterstützung der Kita-Teams durch Supervisionen und Fallbesprechungen hin, zumal Verhaltensstörungen bei Kindern zunehmen (Kliche, 2010). Auch die Studie von Krause-Girth (2011) bestätigt die Notwendigkeit von Weiterbildung sowie Fallsupervision: „Zur Sicherstellung professioneller Qualität aller Beteiligten im Umgang mit auffälligen Kindern ist regelmäßige Fortbildung, ein verändertes Gender-Bewusstsein und vor allem Fallsupervision eine entscheidende effiziente Ressource" (ebd., S. 5).

Auf die Ressource der **regelmäßig stattfindenden Supervision** können jedoch nur wenige Befragte zurückgreifen. Wenn Supervision stattfindet, wird diese als Ressource bewertet, keine Supervision stufen die Befragten als neutral ein.

Qualifikation und Weiterbildung stehen in einem positiven Zusammenhang mit der Bewältigung der steigenden Anforderungen in der frühkindlichen Bildung in Kindertageseinrichtungen (Thinschmidt, 2010a). Mehr als 80 % der Fach- und Leitungskräfte erleben sich für die Anforderungen ihrer Arbeit als gut ausgebildet; für 76 % der Fach- bzw. 68 % der Leitungskräfte stellt dies eine Ressource dar. Es zeigt sich, dass sich Leitungskräfte häufiger für weniger gut ausgebildet halten als die pädagogischen Fachkräfte und dies auch seltener als eine Ressource für ihre Arbeit einschätzen. Immerhin 17% der Leitungskräfte sind dadurch belastet, sich als nicht gut ausgebildet für die Arbeitsanforderungen zu erleben.

Die **Unterstützung von Weiterbildung** durch die Einrichtung stellt allgemein für die Fachkräfte eine Ressource dar. Mehr als 90% der Fach- und Leitungskräfte geben an, dass sie bei der beruflichen Weiterbildung durch die Einrichtung bzw. den Träger unterstützt werden, was von den meisten als Ressource und bei fehlender Unterstützung als Belastung bewertet wird.

Das Angebot an **Fort- und Weiterbildungen** wird grundsätzlich als sehr vielfältig eingeschätzt und auch die freie Wahlmöglichkeit nach persönlichen Interessen als angenehm empfunden, die Honorierung in Form einer höheren Bezahlung bzw. möglicher Aufstiegschancen auf Grund einer erlangten höheren Qualifikation bleibe jedoch aus, so die Befragten. Die Motivation zur Teilnahme an weiteren Qualifikationen liegt nach Aussage der Befragten primär im persönlichen Engagement und weniger im Streben nach einer höheren beruflichen Stellung.

Auch die physikalischen Anforderungen der Arbeit, wie das Heben und Tragen von Kindern, das Knien und Beugen, Hocken auf dem Boden und auf Kinderstühlen gehören zu den Belastungen der Arbeit von pädagogischen Fachkräften in Kindertageseinrichtungen. Dies gilt nach Thinschmidt (2010a) besonders für diejenigen, die mit Kindern mit Behinderung und mit Kleinkindern arbeiten. 73% der Fachkräfte und 59% der Leitungskräfte beschreiben ihre Arbeit in der STEGE-Studie als anstrengend; 45% der Fachkräfte und 38% der Leitungskräfte sind aufgrund körperlich anstrengender Arbeit belastet. Allerdings bewerten insgesamt ein Fünftel der Fachkräfte die anstrengende körperliche Arbeit für sich auch als Ressource. Dies kann möglicherweise in den Kontext von **viel Bewegung am Arbeitsplatz Kita** gestellt werden, die sich als Ressource für die Gesundheit und das Wohlbefinden zeigt. 90% der pädagogischen Fachkräfte geben an, sich während der Arbeit viel zu bewegen, der Großteil (75%) bewertet dies als Ressource. Bei den Leitungskräften ist der Anteil derjenigen mit viel Bewegung mit 71% geringer. 58% der Leitungskräfte sehen häufige Bewegung als eine Ressource ihrer Arbeit, 19% der Leitungskräfte fühlt sich dadurch belastet, dass sie sich nicht viel bewegen.

> Pädagogische Fachkräfte schätzen den Abwechslungsreichtum, die Flexibilität und Kreativität, Weiterentwicklungspotenziale und die viele Bewegung im Beruf als Ressourcen ein, ebenso breite und verlässliche Unterstützungsstrukturen und -angebote wie regelmäßige Teambesprechungen, Supervision und Weiterbildung. Dagegen belasten die Gleichzeitigkeit der Arbeitsanforderungen und die zu gewährleistende Dauerpräsenz sowie fehlende Kommunikationsstrukturen. Die hohe Verantwortung und aktuelle Herausforderungen wie das Führen von Entwicklungsgesprächen und Bildungsdokumentationen können sowohl als Ressourcen als auch als Belastungen erlebt werden.

4.4.4 Soziale Faktoren

Thinschmidt u.a. (2008) konstatieren für den Beruf der Erzieherin bzw. des Erziehers neben Belastungsfaktoren auch zahlreiche Ressourcen bzw. Schutzfaktoren, wie z.B. die sozialen Aspekte in der direkten Arbeit mit den Kindern, die Kommunikation und Unterstützung durch Kolleg*innen oder Vorgesetzte und Ressourcen aus dem Bereich der Organisation sowie Partizipationsmöglichkeiten, zeitliche und inhaltliche Freiheiten und einen hohen Grad an Verantwortung (vgl. auch Fuchs & Trischler, 2009). Diese hohe Identifikation mit der Arbeit und deren Bewertung als abwechslungsreich, ganzheitlich und bedeutsam sowie die sehr hohen sozialen Ressourcen im Team, mit den Kindern und teilweise den Eltern werden als wesentlicher Hintergrund für die hohe Berufszufriedenheit von Erzieher*innen trotz allgemein schlecht empfundener Rahmenbedingungen gewertet (u.a. Rudow, 2005; Thinschmidt, 2010a). Die hohe Bedeutung sozialer Aspekte als kraftgebende und stärkende Elemente der pädagogischen Arbeit in Kindertageseinrichtungen wird in der vorliegenden Studie bestätigt.

Die Fachkräfte beschreiben in den Interviews, dass **die unmittelbare Arbeit mit dem Kind** das ausschlaggebende Motiv in ihrer Berufswahl sei. Die Arbeit mit dem Kind wird auch als eine wesentliche und zentrale Ressource der Arbeit beschrieben. Dazu zählt zum einen die **emotionale Nähe** zwischen Erzieherin und Kind, die den Befragten viel Kraft gebe. Die Interviewpartner*innen sehen es als starke Bereicherung ihres Berufs, dass sie über Jahre hinweg eine Beziehung zu den Kindern aufbauen können und sie in ihrer Entwicklung begleiten. Die Anerkennung, Wertschätzung und **Bestätigung**, die die Kinder den Erzieher*innen entgegenbringen, wird als eine starke Ressource beschrieben. Dazu zählt zum Beispiel die enge Bindung zwischen Erzieher/-in und Kind, welche den Interviewpartner*innen sehr viel Kraft gibt: „(…) *Kind is- äh für mich persönlich die beste Medizin manchmal weil wenn man schlecht drauf is- (…) Kinder so die reden dann nich- lange die nehm- einen in den Arm oder sagen ich ich hab- dich lieb*" (13:2, 96-97). 99,6% der Fachkräfte und 96,4% der Leitungskräfte erhalten Bestätigung durch die Kinder und erleben dies als Ressource; 97,1% der Fachkräfte und 89,1% der Leitungskräfte berichten von emotionaler Nähe zu den Kindern als einer Ressource ihrer Arbeit. Hier deutet sich an, dass für die Leitungskräfte mit kompletter Freistellung von der pädagogischen Arbeit auch eine Ressource abnimmt oder verloren geht.

Neben dieser sozialen Komponente scheinen außerdem die Freude, Leichtigkeit und der Spaß der Kinder z.B. an der Bewegung, in der Natur oder daran, etwas Neues zu lernen, als auflockernd und erfüllend empfunden zu werden. **Humor und häufiges Lachen** bei der Arbeit werden auch in der schriftlichen Befragung als Ressource gewertet, die für die meisten pädagogischen Fach- und Leitungskräfte (93,5% resp. 88,7%) vorhanden ist: „(...) *auch wenn=s (...) traurige Zeiten gibt die machen Blödsinn und man muss dann immer mitlachen egal was die dann anstellen*" (9:8,395-396). Wenn der Aussage nicht zugestimmt wird, dass es auf der Arbeit häufig etwas zu lachen gibt, dann bewerten die Betreffenden das als eine Belastung.

Die Freude am Umgang mit Kindern wird auch in anderen Studien (bspw. Hepting & Hüfner, 2004) als wichtigste Motivation für die Berufsausübung von pädagogischen Fachkräften angesehen. In der Literatur wird aber auch beschrieben, dass der Bereich der emotionalen Nähe zu den Kindern und das bedingungslose Einlassen auf deren Situation, Gefühle und Hintergründe auch problematisch und belastend für die pädagogischen Fachkräfte sein kann: „Nahezu alle sozialen Berufe haben die besondere Anforderung, mit Problemen und Leid anderer Menschen im Arbeitsalltag umgehen zu müssen und dabei die eigenen Gefühle zu kontrollieren, um verständnisvoll auf die Bedürfnisse des Klientels eingehen zu können. Diese Regulierung der eigenen Gefühle kann als starke Belastung empfunden werden" (Krause-Girth, 2011, S. 13).

Der Gestaltungs- und Handlungsspielraum und die Transparenz am Arbeitsplatz gelten als wichtige Ressource zur Stressverminderung. Auch in dieser Untersuchung wurden ein hoher Gestaltungs- und Handlungsspielraum bzw. das selbstbestimmte Arbeiten als große Ressourcen bzw. als „*(...) Luxus*" (13:9,451) wahrgenommen. 88% der Fach- und 95% der Leitungskräfte geben an, dass sie ihre Arbeit selbständig planen könnten und bewerten dies größtenteils auch als Ressource. Diejenigen Fach- und Leitungskräfte, die ihre Arbeit nicht selbständig planen können, erleben das als belastend. Dabei geht es zum einen darum, den Tagesablauf in eigenem Ermessen zwischen den bestehenden festen Strukturen organisieren zu können und somit das Gefühl zu haben, sich frei nach der eigenen Planung im Beruf bewegen zu können. Weiterhin wird es im Falle eines hohen Gestaltungs- und Handlungsspielraums geschätzt, die Projekte, Aktionen o.ä. nach persönlichen Interessen, Schwerpunkten und Fähigkeiten anlegen und durchführen zu können. Zum anderen spüren Fachkräfte durch das selbstbestimmte Arbeiten eine starke Eigenverantwortung und hohe Entscheidungskompetenz und erleben so das Vertrauen ihrer Leitungskraft. Auf diesem Wege wird die Qualität ihrer Arbeit honoriert und geschätzt.

In diesen Kontext lässt sich auch der hohe Einfluss auf die Dienstplangestaltung sehen, der von mehr als 85% der Fach- und Leitungskräfte als starke Ressource gewertet wird. Der überwiegende Teil der Befragten erlebt die Arbeit auch als gut mit dem Privat- und Familienleben vereinbar. Für 7% der Fach- und 13% der Leitungskräfte ist die gute Vereinbarkeit jedoch nicht gegeben, was als belastend erlebt wird. Die gemeinsame Gestaltung von Veränderungsprozessen ist ebenfalls für fast alle

Fach- und Leitungskräfte möglich und wird größtenteils als eine Ressource erlebt. Über Dinge und Vorgänge in der Einrichtung werden 85% der Fach- und 87% der Leitungskräfte ausreichend informiert, was ebenfalls von den meisten als Ressource gewertet wird, ein mangelnder Informationsfluss wird zumeist als belastend erlebt.

In den Interviews werden ein **gutes Zeitmanagement** und eine **gute Organisation und Planung** als hilfreich beschrieben. Dazu zählt die Absprache mit Kolleg*innen oder das Entwerfen von Plänen.

Eng mit einer gut funktionierenden Organisations- und Managementqualität verbunden ist eine **gute Führungsqualität** durch die Leitungskraft der Einrichtung. Eine gute Führungsqualität zeichnet sich laut der interviewten Erzieher*innen zum einen durch regelmäßiges Feedback, Lob und Anerkennung der Leitungskraft gegenüber den pädagogischen Fachkräften und der damit einhergehenden Wertschätzung der Arbeit aus. Neben der Anerkennung durch die Leitung/durch Vorgesetzte wird als Ressource wahrgenommen, wenn die Führung den Erzieher*innen Ratschläge und Unterstützung anbietet, eine aufmerksame Zuhörerin bzw. ein aufmerksamer Zuhörer ist, den Mitarbeitenden tiefes Vertrauen entgegenbringt und transparent arbeitet. Zum anderen zählt hier auch dazu, dass sich die Führungskraft die Zeit nimmt, in die Gruppen zu gehen, um im Austausch mit den Mitarbeiter*innen zu stehen und schauen zu können, ob die jeweiligen Anforderungen auch bewältigbar sind und wo eventuell Hilfe benötigt wird. Eine **schlechte Führungsqualität** wird hingegen als Belastung wahrgenommen, worunter Probleme bei der Kommunikation fallen, wenn der/ die Erzieher*in beispielsweise weiß, dass ihre Leitung schlecht über sie redet oder über mangelnde Durchsetzungskraft verfügt. In den Interviews werden weiterhin mangelnde Akzeptanz von Krankheiten oder Kuren, unfaire Behandlung, die Übertragung der eigenen schlechten Launen auf das Team oder auch die fehlende Anerkennung von Seiten der Leitung als Belastungen genannt. 72,3% der schriftlich befragten Erzieher*innen fühlen sich von ihrer Leitung anerkannt und wertgeschätzt und sieht das als Ressource in ihrer Arbeit. Für die Leitungskräfte selbst ist diese Bilanz etwas weniger gut: hier können nur insgesamt 64,5% der Leitungskräfte auf die Ressource in ihrer Arbeit zurückgreifen. Entsprechend benennen auch 24,1% der Leitungskräfte die mangelnde Anerkennung durch Vorgesetzte als eine Belastung, was insgesamt von 13,2% der Fachkräfte ebenfalls als eine Belastung angegeben wird. Verlässlichkeit seitens der Leitung bei Schwierigkeiten bei der Arbeit benennen 82,1% aller Fachkräfte in NRW als Ressource. Eine wichtige Ressource stellt zudem dar, wenn die Leitung die Ideen ihrer Mitarbeiter*innen berücksichtigt (für 84,9% der Fachkräfte eine Ressource) und wenn diese ihre Mitarbeiter*innen fair und gerecht behandelt. Dies stellt für 76,8% der Fachkräfte eine Ressource dar.

Außerdem sind eine **gute Zusammenarbeit im Team und ein gutes Teamklima** wesentliche Aspekte für das Wohlfühlen am Arbeitsplatz und werden als unterstützend und bestärkend beschrieben. Dabei geht es um eine gemeinsame Arbeitsteilung und die damit einhergehende Entlastung der Erzieher*innen, um eine Kommunikationskultur, die es möglich macht, über alles offen zu reden, die Kolleg*innen dabei in ihrer Arbeit zu loben, einander zuzuhören und sich regelmäßig auszutauschen. Eine gelingende Kommunikation scheint ein angenehmes Arbeiten möglich zu machen und zu einer positiven Gestaltung und Organisation des Berufsalltags beizutragen. Auch das Entstehen eines „familiären Miteinanders" wird als wohltuend empfunden. Dieses entsteht u.a. durch die teilweise jahrelange Zusammenarbeit mit den Kolleg*innen.

Bei den befragten Fach- und Leitungskräften sind ein **guter Austausch im Team** für 81,4%, die **gemeinsame Suche nach Lösungswegen** für 77,3% und **ein hoher Zusammenhalt** in der Einrichtung für 74,6% der Fachkräfte ohne Leitungsaufgaben eine Ressource. Mangelnder Austausch ist für insgesamt 8,3%, keine gemeinsame Suche nach Lösungswegen für 11,9% und kein Zusammenhalt in der Einrichtung für 13,6% der Fachkräfte eine Belastung. Bei den Leitungskräften geben ein guter Austausch im Team 83,6%, die gemeinsame Suche nach Lösungswegen 81,7% der Leitungskräfte und der hohe Zusammenhalt in ihrer Einrichtung 79,2% der Leitungskräfte Kraft für ihre Arbeit. Mangelnder Austausch stellt für insgesamt 5,4%, keine gemeinsame Suche nach Lösungswegen für 6,8% und kein Zusammenhalt in der Einrichtung für 11,3% der Leitungskräfte eine Belastung dar. **Verlass auf die Kolleg*innen** ist für 87,2% der Fach- und 86,8% der Leitungskräfte und **Anerkennung durch die Kolleg*innen** für 84,0% der Fach- und für 84,5% der Leitungskräfte eine Ressource in ihrem Arbeitsalltag. Die wenigen, die sie sich im Kollegenkreis nicht anerkannt fühlen und keinen Rückhalt im Team sehen, sind dadurch belastet.

Wird das **Teamklima als schlecht** bewertet, erleben die Fach- und Leitungskräfte dieses als starke Belastung. Dadurch sinkt ihre Motivation und leistet einem möglichen Arbeitsplatzwechsel Vorschub. Als besondere Belastung werden hier Konflikte zwischen Teilzeitkräften und Vollzeitkräften sowie zwischen jüngeren und älteren Kolleg*innen genannt, die jeweils durch die längere Anwesenheit bzw. die größere Berufserfahrung Hierarchien festschreiben würden.

Im Zusammenhang mit dem Teamklima wird auch die wachsende **Interdisziplinarität im Team** angesprochen. Der Austausch mit anderen Berufsgruppen wie Therapeut*innen, Psycholog*innen und Sozialarbeiter*innen erweitert auf der einen Seite das eigene Blickfeld, auch die eigene Befindlichkeit kann thematisiert werden. Auf der anderen Seite wird jedoch diese Interdisziplinarität auch als belastend empfunden, da es immer wieder zu Reibereien zwischen den Fachdisziplinen komme, so die Befragten. Zudem ergebe sich eine weitere organisatorische Herausforderung, da es gelte, die physio-, logo- und ergotherapeutischen Angebote bei der Planung zu berücksichtigen.

Neben einem positiven Teamklima und einem interdisziplinären Team wird auch eine **gut funktionierende Elternarbeit** als Ressource wahrgenommen. Das entgegengebrachte Vertrauen und die Dankbarkeit der Eltern, aber auch ein regelmäßiger Austausch mit und das Interesse von den Eltern sowie ein familiärer Umgang lassen die **Zusammenarbeit mit den Eltern** (gesundheits-)fördernd wirken. Dabei werden Organe wie ein Förderverein oder ein Elternrat sowie regelmäßige Treffen in Form eines Elternstammtisches oder eines Elternabends als förderlich empfunden, sodass Eltern auch als „(…) *Experten für ihre Kinder*" (3:8,363) optimal in die Arbeit integriert werden können und ein konstruktives Miteinander ermöglicht wird.

Die Perspektive auf die Integration der Eltern als eine Ressource stellt sich in der schriftlichen Befragung nicht ganz so eindeutig dar. 87,9% der Fach- und 90,4% der Leitungskräfte beziehen die Eltern in die Planung von Aktivitäten mit ein; als Ressource sehen das insgesamt jedoch lediglich 57,3% der Fach- und 55,4% der Leitungskräfte, und 11,1% der Fach- und 20,1% der Leitungskräfte empfinden dies als Belastung. Noch ambivalenter gestaltet sich der Blick auf die **Ansprüche der Eltern an die pädagogische Arbeit**: für 35,7% der Fach- und 31,1% der Leitungskräfte sind die hohen Ansprüche der Eltern eine Ressource, für 33,1% der Fachkräfte und 39,7% der Leitungskräfte bedeuten sie jedoch Belastung und Stress. Eine **hohe Bereitschaft der Eltern zur Zusammenarbeit** sowie die **Anerkennung der Arbeit durch die Eltern** werden wiederum als eine klare Ressource eingestuft, wenn diese nicht vorhanden sind belastet dies die Fach- und Leitungskräfte.

> Die direkte Arbeit mit den Kindern ist eine starke Ressource für die meisten Fachkräfte, auf die Leitungskräfte etwas seltener zurückgreifen können. Auch der Gestaltungsspielraum, die Teamatmosphäre und die Qualität der Zusammenarbeit, die von der Leitung gewährte Unterstützung und Anerkennung und das Verhältnis zu den Eltern der betreuten Kinder werden insgesamt sehr positiv bewertet und als Ressourcen geschätzt. Schwierig wird es dort, wo ein schlechtes Teamklima, mangelnde Führungsqualität und wenig Anerkennung vorherrschen – von den betroffenen Fach- und Leitungskräfte wird dies als starke Belastung erlebt.

4.4.5 Gesellschaftliche Faktoren

Neben den regulären Betreuungs- und Erziehungsaufgaben sind pädagogische Fachkräfte nach Einschätzung von Thinschmidt u.a. (2008) mit vielfachen zusätzlichen Anforderungen konfrontiert, die teilweise als inhaltliche Überforderung erlebt werden. Diese resultieren sowohl aus der veränderten Marktsituation (z.B. erhöhter Wettbewerb, Zertifizierungen für Qualitätssicherung, eigenständiges Management) als auch aus erhöhten pädagogischen Anforderungen, wie sie u.a. in den bundeslandspezifischen Bildungsplänen niedergelegt sind, und daraus erwachsenden Fort- und Weiterbildungserfordernissen.

Anforderungen an die Kindertageseinrichtungen und deren Bildungsauftrag steigen ständig an. „Die Kita soll neben der frühkindlichen Bildung, Erziehung und Betreuung der Mädchen und Jungen auch noch individuelle Förderung unter der Prämisse der sozialen Chancengleichheit verfolgen und zu den Eltern eine partnerschaftliche Beziehung aufbauen. Trotz dieser hohen Ansprüche wird vom pädagogischen Personal in Kindertagesstätten die allgemeine Wahrnehmung der Berufsgruppe in der Öffentlichkeit als bloßes ‚Beaufsichtigungspersonal' und die damit einhergehende Geringschätzung der Profession beklagt. In diesem Zusammenhang bemängeln viele Erzieherinnen und Erzieher die Bezahlung pädagogischer Berufsgruppen in Kindertagesstätten, die von der Mehrzahl der Beschäftigten im Verhältnis zu Anforderungen und Verantwortung als zu gering angesehen wird" (Thinschmidt, 2010b). Der DGB-Index Gute Arbeit (Fuchs & Trischler, 2009) zeigt auf, dass sich die Rahmenbedingungen am Arbeitsplatz und die Arbeits- und Einkommensbedingungen von Erzieher*innen am unteren Mittelmaß dessen bewegen, was Fachkräfte anderer Branchen mit vergleichbaren Qualifikationen vorfinden. „Insgesamt bewerten nur 8% der Erzieher*innen ihre Arbeits- und Einkommensbedingungen als umfassend gut, 63% als mittelmäßig und 29% berichten von Arbeits- und Einkommensbedingungen, die auf Grund fehlender Ressourcen und vielfältiger Belastungen als „schlecht" bezeichnet werden. Insbesondere die vielfach fehlende Leistungs- und Bedürfnisgerechtigkeit des Einkommens und mangelnde berufliche Zukunftssicherheit belasten viele Erzieher*innen" (Fuchs & Trischler, 2009, S. 3).

Dieses Bild wird durch die Ergebnisse der STEGE-Studie bestätigt. 77,7% der Fach- und 83,3% der Leitungskräfte stimmen der Aussage zu, dass die **Aufstiegschancen in ihrem Bereich schlecht** sind, belastet fühlen sich dadurch 42,3% der Fach- und 47,7% der Leitungskräfte. 48,2% der Fach- und 58,8% der Leitungskräfte erwarten eine **Verschlechterung ihrer Arbeitssituation**, belastet fühlen sich dadurch 42,4% der Fach- und 53,6% der Leitungskräfte. Die mangelnde Anerkennung ihrer Arbeit, der eigenen Bemühungen, Leistungen und Anstrengungen wird dadurch deutlich, dass 41,4% der Fachkräfte und 57,0% der Leitungskräfte die **erfahrene Anerkennung für ihre Leistungen und Anstrengungen als nicht angemessen erlebt**, der Großteil von ihnen ist auch dadurch belastet. 43,0% der Fach- und 52,8% der Leitungskräfte sehen die **Chancen für ihr berufliches Fortkommen als unangemessen** für ihre Arbeit, belastet sind dadurch 29,1 % der Fach- und 37,3 % der Leitungskräfte. Ihr Gehalt bewerten nur 18,5 % der Fach- und 13,1 % der Leitungskräfte als angemessen. Von einer **zu niedrigen Bezahlung** sind insgesamt 70,9 % der Fachkräfte und 73,9 % der Leitungskräfte belastet. Insgesamt ist bei den Leitungskräften eine höhere Belastung wegen der zu geringen Gratifikation ihrer Arbeit vorhanden. Krause-Girth unterstreicht, dass die in der Regel hohe Arbeitszufriedenheit pädagogischer Fachkräfte mit einer „überwiegend kritischen Sicht auf die Rahmenbedingungen, wie die geringe gesellschaftlicher Anerkennung, unangemessene Vergütung und vielfältige Belastungen" (Krause-Girth, 2011, S. 3) einhergeht.

> Fach- und Leitungskräfte empfinden, dass ihre Leistungen insgesamt zu wenig gesellschaftliche Anerkennung erfahren, was sich für sie auch in geringen Aufstiegsoptionen und einer zu geringen Bezahlung manifestiert. Dies wird von einem hohen Anteil der Befragten als Belastung erlebt.

4.5 Zum Verhältnis von Anstrengung und Belohnung

Die schriftliche und mündliche Befragung zu Ressourcen und Belastungen am Arbeitsplatz Kita hat vielfältige Belastungsfaktoren aufgezeigt. Es wurde deutlich, dass Fach- und Leitungskräfte eine hohe Verantwortung tragen und hohe, oftmals zeitgleich auftretende Anforderungen zu bewältigen haben. Dabei erleben sie ein Missverhältnis zwischen der Menge der zu leistenden Tätigkeiten und der hierfür zur Verfügung stehenden Zeit und nicht selten auch eine nicht hinreichende finanzielle und materielle Ausstattung. Im Arbeitsalltag werden sie in der Regel durch eine gute Teamatmosphäre, funktionierende Strukturen und kompetente Leitungspersonen unterstützt, jedoch vermissen viele eine generelle Anerkennung ihrer Einsatzbereitschaft und ihrer Leistungen auf gesellschaftlicher Ebene. Fehlen solche Ressourcen, kann dies zu einem Diskrepanzerleben zwischen den Ausmaß an Arbeitsanforderungen und -belastungen und dem persönlich empfundenen Ertrag, den „Belohnungen", führen.

Indikator

Mit Hilfe des von Siegrist und Mitarbeiter*innen (2004) entwickelten *Effort-reward imbalance model* (kurz: ERI) kann empirisch ermittelt werden, ob ein solches Ungleichgewicht zwischen beruflicher Anstrengung und erhaltener Belohnung vorliegt.

Wenn geforderte Verausgabungen und die erfahrenen oder zu erwartenden Belohnungen wie Bezahlung, Wertschätzung, Aufstiegschancen etc. nicht im Gleichgewicht zueinander stehen, wird dies als *berufliche Gratifikationskrise* bezeichnet. Eine solche Gratifikationskrise bedingt den sogenannten aktiven Distress, mit dem negative Emotionen und dauerhafte oder auch immer wiederkehrende zentralnervöse Aktivierungen einhergehen. Dies erhöht das Risiko vor allem für Herz-Kreislauf-Erkrankungen, Depression oder Suchtneigung. Auch Schädigungen des Immunsystems, des Muskel-Skelett-Apparats oder des Magen-Darm-Trakts werden mit aktivem Distress in Verbindung gebracht (Peter, 2002).

Verdeutlicht wird dieses Modell in der folgenden vereinfachten Darstellung (Abb. 27, S. 91).

Abbildung 27. Modell beruflicher Gratifikationskrisen
(adaptiert nach Siegrist u.a., 2004)

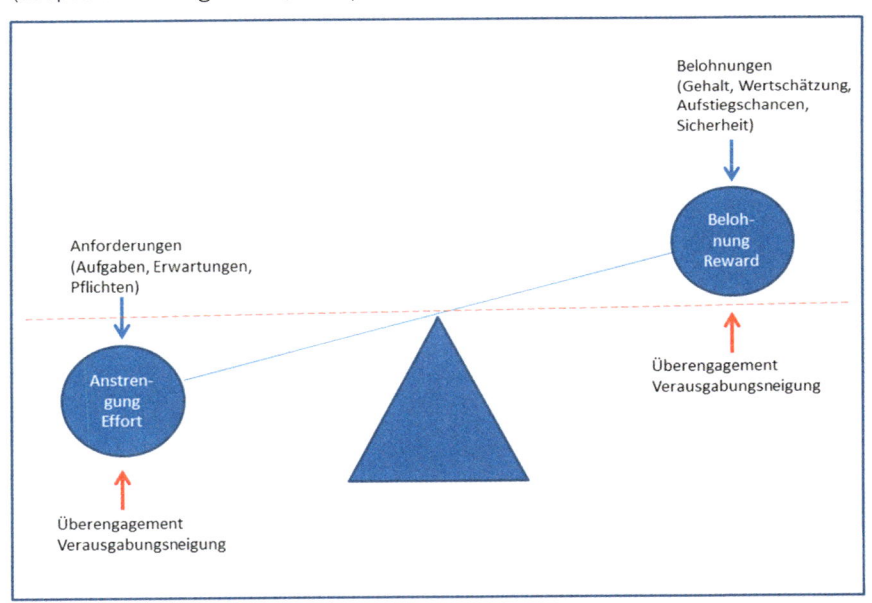

Zur Erfassung beruflicher Anstrengung und beruflicher Gratifikation existiert ein Fragebogen entweder in einer Langfassung mit 17 Einzelfragen oder in einer kurzen Version mit zehn Fragen. Dazu kann noch ein Fragebogen zur Verausgabungsneigung mit sechs Fragen eingesetzt werden. Die Fragen bilden drei Bereiche ab: Anstrengung, Belohnung sowie Überengagement/Verausgabungsneigung.

Aus den Bereichen Anstrengung/Verausgabung und Belohnung wird der Effort-Reward-Quotient berechnet, der als Indikator für eine berufliche

Gratifikationskrise gilt, wenn er Werte größer als Eins annimmt. Bei Werten zwischen Null und Eins gilt das Verhältnis zwischen Anstrengung und Belohnung als ausgeglichen.

In der STEGE-Studie wurden alle zehn Items des Kurzfragebogens zur Erfassung beruflicher Gratifikationskrisen (ERI) in die Fragebatterie zu Ressourcen und Belastungen am Arbeitsplatz aufgenommen. Dadurch wurde das ursprüngliche vierstufige Antwortschema in Anlehnung an die Langfassung des ERI in ein fünfstufiges Format überführt; pro Frage können also bis zu 5 Punkte vergeben werden. Die Fragen ERI1 bis ERI 3 repräsentieren das Ausmaß der Anstrengung, die Fragen ERI 4 bis ERI 10 das Ausmaß erfahrener Belohnungen.

Tabelle 5. Fragebogen zur Erfassung beruflicher Gratifikationskrisen: Abgewandeltes Antwortschema und Kodierung der Antworten

	Frage	Antwortschema für alle Fragen und Score		
	Frageformulierungen sind identisch	Antwort im ERI	Zugeordnete Antwort im Fragebogen	Punkte
ERI1	Aufgrund des hohen Arbeitsaufkommens besteht häufig großer Zeitdruck. Ja = Belastung – Nein = Ressource	Ja/Nein	Ja/Nein	1
ERI2	Bei meiner Arbeit werde ich häufig unterbrochen und gestört. Ja = Belastung – Nein = Ressource			
ERI3	Im Laufe der letzten Jahre ist meine Arbeit immer mehr geworden. Ja = Belastung – Nein = Ressource	Ja/Nein, aber das belastet mich gar nicht	Ja/Nein, und das ist für mich neutral oder eine geringe, mittlere oder starke Ressource	2
ERI4	Ich erhalte von meinem Vorgesetzten bzw. einer entsprechenden wichtigen Person die Anerkennung, die ich verdiene. Ja = Ressource – Nein = Belastung			
ERI5	Die Aufstiegschancen in meinem Bereich sind schlecht. Ja = Belastung – Nein = Ressource	Ja/Nein, und das belastet mich mäßig	Ja/Nein, und das belastet mich mäßig	3
ERI6	Ich erfahre – oder erwarte – eine Verschlechterung meiner Arbeitssituation. Ja = Belastung – Nein = Ressource			
ERI7	Mein eigener Arbeitsplatz ist gefährdet. Ja = Belastung – Nein = Ressource	Ja/Nein, und das belastet mich stark	Ja/Nein, und das belastet mich stark	4
ERI8	Wenn ich an all die erbrachten Leistungen und Anstrengungen denke, halte ich die erfahrene Anerkennung für angemessen. Ja = Ressource – Nein = Belastung			
ERI9	Wenn ich an all die erbrachten Leistungen und Anstrengungen denke, halte ich meine persönlichen Chancen des beruflichen Fortkommens für angemessen.	Ja/Nein, und das belastet mich sehr	Ja/Nein, und das belastet mich sehr stark	5

	Frage	Antwortschema für alle Fragen und Score		
	Frageformulierungen sind identisch	Antwort im ERI	Zugeordnete Antwort im Fragebogen	Punkte
	Ja = Ressource – Nein = Belastung	stark		
ERI10	Wenn ich an all die erbrachten Leistungen denke, halte ich mein Gehalt /meinen Lohn für angemessen. Ja = Ressource – Nein = Belastung			

Der Effort-Reward-Quotient wird nach folgender Formel berechnet:
Rohwert Anstrengungsskala / (Rohwerte Belohnungsskala * Korrekturfaktor)[35]

Ergebnisse

Es liegen keine Unterschiede in der beruflichen Gratifikation von pädagogischen Fach- und Leitungskräften in Einrichtungen verschiedener Trägerformen vor.

35,8 % der pädagogischen Fachkräfte (Gesamt-n=1.435) erleben die Anforderungen und Belohnungen ihrer beruflichen Tätigkeit im Gleichgewicht; bei 64,2 % liegt eine berufliche Gratifikationskrise in unterschiedlich starkem Ausmaß vor. Der Mittelwert über alle pädagogischen Fachkräfte liegt bei einem Effort-Reward-Quotienten von 1,32.

Abbildung 28. Verteilung der Effort-Reward-Quotienten von Fach- und Leitungskräften (in den farbigen Boxen liegen 50 % der Fälle)

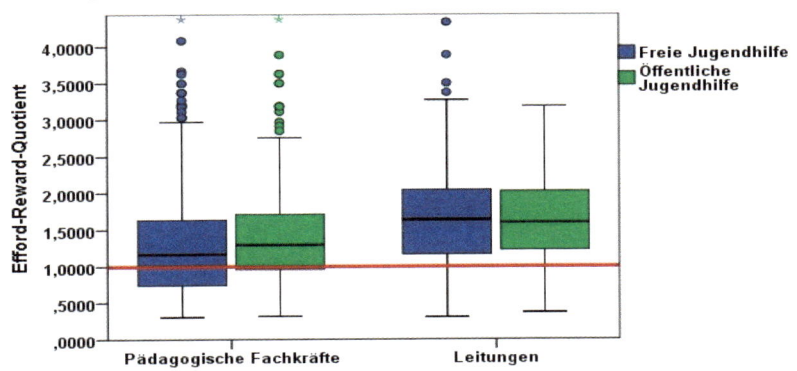

Berufliche Gratifikationskrise: bei Werten unterhalb 1,000 ist keine berufliche Gratifikationskrise vorhanden, oberhalb von 1,000 beginnt die Gratifikationskrise und wird stärker bei höheren Werten.

---

35 Der Korrekturfaktor setzt sich aus dem Verhältnis der Itemanzahl zusammen und dient der Adjustierung der ungleichen Anzahl von Items. In der Kurzform des ERI-Fragebogens ist der Korrekturfaktor 0,4286 (3/7).

Bei den Leitungskräften findet sich ein noch stärker ausgeprägtes Ungleichgewicht[36]: Bei insgesamt 82,9% der Leitungskräfte in den Kindertageseinrichtungen in NRW findet sich eine berufliche Gratifikationskrise. Nur 17,1% der Leitungen erleben ihre Tätigkeit als ausgeglichen hinsichtlich dessen, was sie in diese hineingeben und was an sie zurückgegeben wird. Dabei weisen Leitungskräfte mit einem durchschnittlichen Effort-Reward-Quotienten von 1,75 auch einen höheren Wert als die stellvertretenden Leitungen mit einem durchschnittlichen Effort-Reward-Quotienten von 1,48 auf. Sowohl Leitungen als auch stellvertretende Leitungen wiederum zeigen einen höheren durchschnittlichen Wert als pädagogische Fachkräfte mit einem Effort-Reward-Quotienten von 1,32[37]. Freigestellte Leitungskräfte haben einen höheren Effort-Reward-Quotienten als Leitungskräfte, die in der pädagogischen Gruppenarbeit tätig sind.

Die Werte für berufliche Gratifikationskrisen steigen mit zunehmendem Alter[38] an. Der Zusammenhang zum Alter ist deutlicher ausgeprägt als zur Berufserfahrung als pädagogische Fachkraft oder als Leitungskraft.

> Zwei Drittel der pädagogischen Fachkräfte und über 80% der Leitungskräfte weisen eine berufliche Gratifikationskrise auf. Leitungskräfte sind häufiger betroffen als pädagogische Fachkräfte ohne Leitungsaufgaben oder als stellvertretende Leitungen.

Strukturelle Rahmenbedingungen und das Erleben beruflicher Gratifikationskrisen hängen eng miteinander zusammen. Nur bei pädagogischen Fachkräften ohne Leitungsfunktion unter guten strukturellen Rahmenbedingungen ist das Verhältnis von beruflicher Anstrengung/Verausgabung mit den erhaltenen Belohnungen im Gleichgewicht (durchschnittlicher Effort-Reward-Quotient von 0,80).

Pädagogische Fachkräfte, die unter mittleren oder schlechten strukturellen Rahmenbedingungen arbeiten, weisen im Durchschnitt Effort-Reward-Quotienten auf, die ein Ungleichgewicht zwischen Anstrengung und Belohnung im Beruf, also eine Gratifikationskrise, anzeigen. Leitungskräfte, die unter guten strukturellen Rahmenbedingungen arbeiten, haben mit knapp 1,0 einen grenzwertigen Effort-Reward-Quotienten. Die Korrelationskoeffizienten zwischen den Indexwerten für die strukturellen Rahmenbedingungen und den Effort-Reward-Quotienten liegen bei -0.546 bei den pädagogischen Fachkräften und bei -0,475 bei den Leitungskräften.

---

36 $p<.01$, t-Test im Vergleich mit pädagogischen Fachkräften ohne Leitungsfunktion
37 $p<.01$, t-Test
38 Korrelationskoeffizent nach Pearson: 0.245

Abbildung 29. Mittelwerte des Effort-Reward-Quotienten von Fach- und Leitungskräften nach strukturellen Rahmenbedingungen

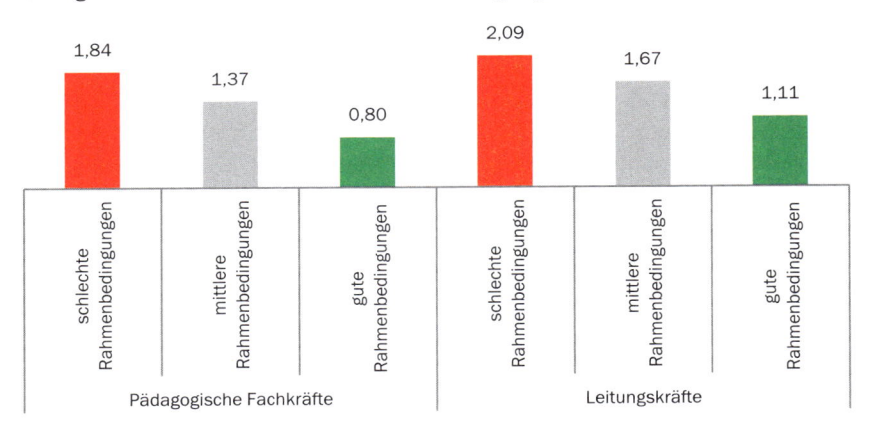

Pädagogische Fachkräfte			Leitungskräfte		
schlechte Rahmenbedingungen	mittlere Rahmenbedingungen	gute Rahmenbedingungen	schlechte Rahmenbedingungen	mittlere Rahmenbedingungen	gute Rahmenbedingungen
1,84	1,37	0,80	2,09	1,67	1,11

Der Vergleich der Effort-Reward-Quotienten von Fach- und Leitungskräften, die unter verschiedenen strukturellen Rahmenbedingungen arbeiten, zeigt, dass sich das Risiko einer beruflichen Gratifikationskrise bei schlechteren Rahmenbedingungen deutlich erhöht.

4.6 Zusammenfassung

Kindertageseinrichtungen in Nordrhein-Westfalen haben sich in den vergangenen Jahren zu Ganztagsangeboten mit entsprechenden personellen und räumlichen Kapazitäten entwickelt. Die Betreuung wird dabei sowohl in festen Gruppenstrukturen als auch in teiloffener oder offener Arbeit realisiert. Fach- und Leitungskräfte finden am Arbeitsplatz jedoch zum Teil sehr unterschiedliche Bedingungen vor. In der STEGE-Studie wurden zum einen die strukturellen Rahmenbedingungen genauer untersucht, zum anderen Aspekte der Leitungs- und Teamkultur. Für die Analyse von Zusammenhängen zwischen der Gesundheit und Arbeitsfähigkeit der Fach- und Leitungskräfte und den Arbeitsbedingungen wurden ausgewählte Einzelmerkmale zu verschiedenen Indizes zusammengefasst.

Zu den strukturellen Rahmenbedingungen gehören räumliche und finanzielle Gegebenheiten. Die Anzahl der verfügbaren Räume und der Raumzustand werden nur von einem Teil der Fach- und Leitungskräfte als gut beurteilt; in kleinen Einrichtungen fehlt häufig ein Pausenraum. Die finanzielle Ausstattung der Einrichtung bewerten die Beschäftigten in Einrichtungen freier Trägerschaft besser die Beschäftigten in Einrichtungen öffentlicher Trägerschaft.

Zwar wird der rein rechnerische Personalschlüssel von zwei Drittel der Befragten als gut bewertet; es zeigt sich aber, dass die Fachkraft-Kind-Relationen in der direkten Arbeit mit den Kindern häufig wissenschaftlich empfohlene Standards unterschreiten, vor allem in den Kernzeiten am Vormittag. Generell fallen die Fachkraft-Kind-Relationen für Drei- bis Sechsjährige angemessener aus als für die null- bis dreijährigen Kinder. Eine hohe Personalfluktuation und die Wiederbesetzung frei werdender Personalstellen stellen nur in Ausnahmefällen größere Problemfelder dar.

Einen zentralen Aspekt der strukturellen Rahmenbedingungen stellen die zeitlichen Ressourcen dar. 32,5% der Leitungskräfte und 18,5% der pädagogischen Fachkräfte würden gerne ihre Wochenarbeitszeit reduzieren. Überwiegend negativ wird die Ausgestaltung der Arbeitszeit bzw. die zur Verfügung stehende Zeit für Arbeitsaufgaben und auch Pausen, bewertet. Die meisten der Fach- und Leitungskräfte (je nach Trägerschaft und Position zwischen 78,7 und 91%) arbeiten aufgrund des hohen Arbeitsaufkommens unter hohem und ständigem Zeitdruck. Viele bemängeln, zu wenig Zeit für die Arbeit mit den Kindern, aber vor allem für die Erledigung mittelbarer pädagogischer Arbeitsaufgaben zu haben.

Regelmäßige Teamsitzungen und pädagogische Konzeptarbeit gehören in fast allen Kindertageseinrichtungen zum Standard. Deutlich seltener können Fach- und Leitungskräfte auf Supervisionsangebote zurückgreifen. Leitungscoaching können ca. 40% der Leitungskräfte in Anspruch nehmen; kollegiale Beratung und Intervision, Maßnahmen im Kontext von Organisationsentwicklungsprozessen und Evaluationen finden jeweils in ungefähr zwei Drittel der Einrichtungen statt.

In den nordrhein-westfälischen Kindertageseinrichtungen werden vielfältige bauliche und organisatorische Lärmschutzmaßnahmen umgesetzt, wobei pädagogisch-organisatorische und preisgünstig umzusetzende Maßnahmen deutlich weiter verbreitet sind als aufwändige und teure bauliche Maßnahmen. Beratungen von Expertenseite werden noch unregelmäßig in Anspruch genommen. Die Ausstattung mit rückenschonendem Mobiliar ist noch nicht in allen Einrichtungen zum Standard geworden; tendenziell sind Einrichtungen in öffentlicher Trägerschaft besser ausgestattet als solche in freier Trägerschaft.

Neun von zehn Leitungskräften und ca. 75% der pädagogischen Fachkräfte haben einen unbefristeten Arbeitsvertrag. In der freien Jugendhilfe sorgt sich trotzdem jede fünfte Fach- und Leitungskraft um die Sicherheit des eigenen Arbeitsplatzes. Überstunden fallen für einen Teil der Fach- und Leitungskräfte regelmäßig an, wobei nur in Ausnahmefällen keine Ausgleichsmöglichkeit vorgesehen ist. Ein kleinerer Teil der Leitungskräfte in der freien Jugendhilfe kann diese aus Zeitmangel jedoch nicht in Anspruch nehmen.

Der Index der strukturellen Rahmenbedingungen enthält insgesamt 13 Einzelmerkmale, von denen jedes, sofern es positiv ausgeprägt ist, einen Punkt erhält. Die Verteilung der Indexwerte entspricht einer Normalverteilung. Diese wurde in eine dreistufige Bewertung (schlechte – mittlere – gute Rahmenbedingungen) überführt.

In den untersuchten Kindertageseinrichtungen herrscht überwiegend eine positive Leitungs- und Teamkultur. Die Mehrzahl der Fach- und Leitungskräfte berichten von einem Teamklima, das durch regelmäßigen Austausch, ein gefestigtes „Wir-Gefühl", verlässlichen Zusammenhalt, wechselseitige Anerkennung und der gemeinsamen Suche nach produktiven Wegen in der pädagogischen Arbeit gekennzeichnet ist. Jede siebte pädagogische Fachkraft vermisst jedoch einen guten Zusammenhalt im Team und die gemeinsame Suche nach Lösungswegen.

Neun von zehn Befragten bestätigen, dass in der pädagogischen Arbeit und der Leitungstätigkeit in Kindertageseinrichtungen ein hoher Handlungs- und Entscheidungsspielraum vorhanden ist. Leitungskräfte schätzen ihre Spielräume noch höher ein als pädagogische Fachkräfte ohne Leitungsfunktion, dafür ist die Vereinbarkeit von Beruf und Privatleben für diese besser gegeben. Auf dem Index zur Führungsqualität der Leitungskräfte geben neun von zehn Fachkräften mindestens drei von maximal vier erreichbaren Punkten mit Bezug auf Verlässlichkeit, Offenheit, Fairness und Anerkennung.

Ebenso viele Fachkräfte schätzen die Verlässlichkeit und Offenheit ihrer Leitungskraft; etwas weniger erfahren von ihr Anerkennung. 88,6 % der Fachkräfte in der freien Jugendhilfe und 90,1 % der Fachkräfte in der öffentlichen Jugendhilfe erreichen auf dem Index zur Führungsqualität ihrer Leitungskräfte drei und mehr von maximal vier erreichbaren Punkte.

Eine systematische Abfrage von insgesamt 60 Bedingungen am Arbeitsplatz Kita und ihrer Wahrnehmung durch die Fach- und Leitungskräfte entweder als Ressource oder als Belastung in ihrer täglichen Arbeit ergab ein differenziertes Bild. Als belastende physikalisch-technische Bedingungen erwiesen sich vor allem der hohe Geräuschpegel, eine schlechte finanzielle und materielle Ausstattung, das hohe Infektionsrisiko und ergonomisch ungünstige Ausstattungsgegenstände bzw. Arbeitserfordernisse. Gute finanzielle Ausstattung und Rückzugsmöglichkeiten während der Pausen wurden als Ressourcen betrachtet.

Ein sehr starkes und weit verbreitetes Belastungsmoment am Arbeitsplatz Kita ist der als eklatant wahrgenommene Mangel an genügend Zeit für die anspruchsvollen und wachsenden Arbeitsaufgaben. Die Arbeit nach einem pädagogischen Konzept und die Profilbildung der Einrichtung werden dagegen als Ressourcen betrachtet, ebenso ein guter Personalschlüssel. Ein sicherer Arbeitsplatz ist ebenfalls eine starke Ressource, fehlende Arbeitsplatzsicherheit erlebt ca. 1/5 der Fach- und Leitungskräfte und fühlt sich dadurch stark belastet.

Pädagogische Fachkräfte schätzen den Abwechslungsreichtum, die Flexibilität und Kreativität, Weiterentwicklungspotenziale und die viele Bewegung im Beruf als Ressourcen ein, ebenso breite und verlässliche Unterstützungsstrukturen und -angebote wie regelmäßige Teambesprechungen, Supervision und Weiterbildung. Dagegen belasten die Gleichzeitigkeit der Arbeitsanforderungen und die zu gewährleistende Dauerpräsenz sowie fehlende Kommunikationsstrukturen. Die hohe Verantwortung und aktuelle Herausforderungen wie das Führen von Entwicklungsgesprächen und Bildungsdokumentationen können sowohl als Ressourcen als auch als Belastungen erlebt werden.

Die direkte Arbeit mit den Kindern ist eine starke Ressource für die meisten Fachkräfte, auf die Leitungskräfte etwas seltener zurückgreifen können. Auch der Gestaltungsspielraum, die Teamatmosphäre und die Qualität der Zusammenarbeit, die von der Leitung gewährte Unterstützung und Anerkennung und das Verhältnis zu den Eltern der betreuten Kinder werden insgesamt sehr positiv bewertet und als Ressourcen geschätzt. Schwierig wird es dort, wo ein schlechtes Teamklima, mangelnde Führungsqualität und wenig Anerkennung vorherrschen – von den betroffenen Fach- und Leitungskräften wird dies als starke Belastung erlebt.

Fach- und Leitungskräfte empfinden, dass ihre Leistungen insgesamt zu wenig gesellschaftliche Anerkennung erfahren, was sich für sie auch in geringen Aufstiegsoptionen und einer zu geringen Bezahlung manifestiert. Dies wird von einem hohen Anteil der Befragten als Belastung erlebt.

Stehen geforderte Verausgabungen und die erfahrenen oder zu erwartenden Belohnungen wie Bezahlung, Wertschätzung, Aufstiegschancen etc. nicht in einem ausgewogenen Verhältnis, wird dies als berufliche Gratifikationskrise bezeichnet. Diese gilt als ein gesundheitlicher Risikofaktor. In der STEGE-Studie erleben zwei Drittel der pädagogischen Fachkräfte und über 80% der Leitungskräfte eine solche berufliche Gratifikationskrise. Nur bei pädagogischen Fachkräften ohne Leitungsfunktion unter guten strukturellen Rahmenbedingungen ist das Verhältnis von beruflicher Anstrengung und erhaltenen Belohnungen im Gleichgewicht. Der Anteil von Fach- und Leitungskräften mit beruflichen Gratifikationskrisen steigt mit schlechteren Rahmenbedingungen an.

5 Gesundheit und Arbeitsfähigkeit im Kontext der Arbeitswelt Kita

In der STEGE-Studie wurde der Gesundheitszustand von Erzieher*innen mittels vielfältiger Indikatoren untersucht. Diese erlauben die Abbildung von Gesundheit und Wohlbefinden in einer komplexen Sichtweise, in der ein Kontinuum von Gesundheit und Krankheit angenommen wird. Neben subjektiver Gesundheit, erlebten Beschwerden und Beeinträchtigungen wurden diagnostizierte Krankheiten, Arbeitsunfälle und Fehltage erhoben. Gesundheit sowie körperliche und zum Teil auch mentale Leistungsfähigkeit sind stark mit dem Alter assoziiert, je älter ein Mensch ist, desto größer ist dessen Risiko, chronisch erkrankt und gesundheitlich eingeschränkt zu sein. Vor diesem Hintergrund sind alle Analysen zu gesundheitlichen Indikatoren unter Berücksichtigung des Lebensalters dargestellt.

Für alle Indikatoren erfolgt die Zusammenhangsanalyse mit strukturellen Rahmenbedingungen anhand des Indexes, wie er in Kapitel 4.2.6 dargestellt ist. Dadurch findet erstmalig die wissenschaftliche Klärung statt, ob Unterschiede in strukturellen Rahmenbedingungen von Kindertageseinrichtungen tatsächlich in einem Zusammenhang mit differentiellem Belastungserleben und der Gesundheit der dort tätigen Fachkräfte stehen und welche spezifischen Faktoren hier ggf. eine entscheidende Rolle spielen.

5.1 Gesundheitsstatus und Erkrankungen

Im Folgenden wird der Gesundheitszustand von pädagogischen Fach- und Leitungskräften in Nordrhein-Westfalen anhand von acht Indikatoren aufgezeigt. Die Indikatoren wurden wenn möglich analog der für die deutsche Bevölkerung repräsentativen Gesundheitssurveys erhoben, wie sie im Rahmen des Gesundheitsmonitorings am Robert Koch-Institut im Auftrag des Bundesministeriums für Gesundheit durchgeführt werden (Kurth, 2012). Dadurch wird ein Vergleich[39] der weiblichen pädagogischen Fach- und

---

[39] Der Vergleich beinhaltet keine vergleichende Gegenüberstellung von Konfidenzintervallen und ist damit nicht statistisch abgesichert.

Leitungskräfte[40] mit ihrer Referenzgruppe in der deutschen Bevölkerung möglich, d.h. mit den Angaben von gleichaltrigen Frauen mit mittlerer Bildung, die ungefähr im gleichen Zeitraum befragt wurden.

5.1.1 Subjektive Gesundheit

Indikator

Mit der subjektiven Gesundheit ist der selbst eingeschätzte eigene Gesundheitszustand gemeint, der sich in mehreren Längsschnittstudien als aussagekräftiger Vorhersagewert für das Auftreten diverser chronischer Erkrankungen, für die Inanspruchnahme des Gesundheitssystems sowie der Mortalität gezeigt hat. Zudem zeigen sich Zusammenhänge zu gesundheitlich riskanten Verhaltensweisen und zur Veränderungsmotivation derselben oder zur aktiven Teilhabe am gesellschaftlichen Leben (DeSalvo u.a., 2006; Erhart u.a., 2009; Scheidt-Nave, 2010).

Zur Erfassung des subjektiven Gesundheitszustandes als Indikator für den objektiven Gesundheitszustand wird den Befragten folgende Frage gestellt: Wie ist Ihr Gesundheitszustand im Allgemeinen? Ist er sehr gut, gut, mittelmäßig, schlecht oder sehr schlecht? Diese Frage ist ein Teil des Minimum European Health Modules (De Palma & Crialesi, 2003), das international und national vergleichbar in großen Surveys wie z.B. bei der Erhebung „Leben in Europa" EU-SILC, im europäischen Gesundheitssurvey EHIS (Nosikov & Gudex, 2003) oder den deutschen Gesundheitsmonitoringstudien (Kurth, 2012) eingesetzt wird.

Zur Auswertung der subjektiven Gesundheit werden zwei Gruppen gebildet: diejenigen, die ihren Gesundheitszustand als gut oder sehr gut einschätzen und diejenigen mit mittlerem, schlechtem oder sehr schlechtem subjektiven Gesundheitszustand.

Ergebnisse

Weibliche pädagogische Fach- und Leitungskräfte in NRW weisen einen schlechteren subjektiv eingeschätzten Gesundheitszustand auf als ihre Vergleichsgruppe in der deutschen Bevölkerung. Altersunabhängig ist der Anteil an pädagogischen Fachkräften, die ihren Gesundheitszustand als gut

---

40 Männliche pädagogische Fach- und Leitungskräfte sind aufgrund der geringen Fallzahl in der STEGE Studie nicht vergleichbar

oder sehr gut einschätzen, ungefähr 14% geringer als in der Referenzgruppe in der deutschen Bevölkerung.[41]

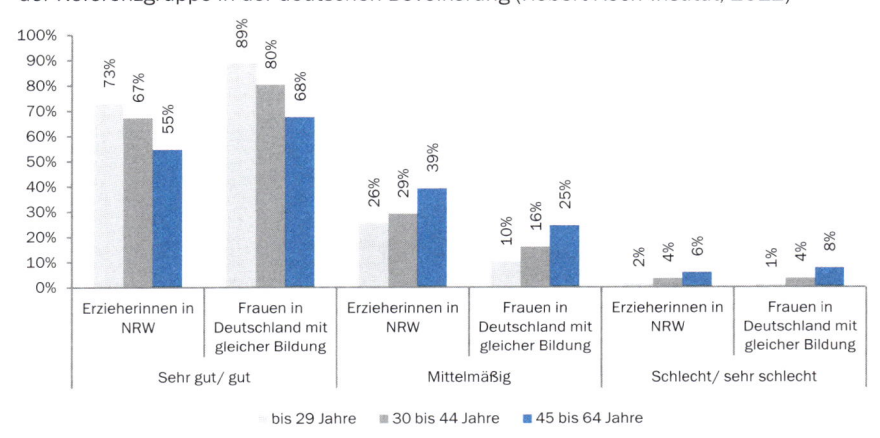

Abbildung 30. Subjektive Gesundheit von Erzieherinnen im Vergleich mit der Referenzgruppe in der deutschen Bevölkerung (Robert Koch-Institut, 2012)

	Sehr gut/ gut				Mittelmäßig				Schlecht/ sehr schlecht		
	Erzieherinnen in NRW			Frauen in Deutschland mit gleicher Bildung			Erzieherinnen in NRW			Frauen in Deutschland mit gleicher Bildung		
bis 29 Jahre	73%			89%			26%			10%		
30 bis 44 Jahre	67%			80%			29%			16%		
45 bis 64 Jahre	55%			68%			39%			25%		

(Erzieherinnen in NRW – Schlecht: 2%, 4%, 6%; Frauen in Deutschland mit gleicher Bildung – Schlecht: 1%, 4%, 8%)

Leitungskräfte haben mit 60% seltener eine sehr gute oder gute subjektive Gesundheit als pädagogische Fachkräfte mit 65%.[42] Vor allem Leitungskräfte, die nicht in der pädagogischen Gruppenarbeit tätig sind, berichten mit 58%[43] seltener von einem guten oder sehr guten Gesundheitszustand. Der Anteil derjenigen mit guter oder sehr guter subjektiver Gesundheit nimmt mit zunehmendem Alter ab, was der Hintergrund für die Differenz zwischen Fach- und Leitungskräften sein könnte.

Stellt man die subjektive Gesundheit in Zusammenhang mit den strukturellen Rahmenbedingungen der Fach- und Leitungskräfte, zeigt sich, dass eine gute und sehr gute subjektive Gesundheit mit schlechteren Rahmenbedingungen abnimmt: 77,1% der pädagogischen Fach- und Leitungskräfte mit guten strukturellen Rahmenbedingungen, 63,9% derjenigen mit mittleren strukturellen Rahmenbedingungen und nur noch 51,9% der Beschäftigten mit schlechten Rahmenbedingungen berichten von einer guten oder sehr guten subjektiven Gesundheit.[44] Je schlechter die Rahmenbedingungen sind, desto schlechter ist auch die subjektive Gesundheit.[45] Damit ist das Risiko für eine schlechtere subjektive Gesundheit für Fach- und

---

41 Ohne statistische Absicherung
42 $p<0.05$, Chi²-Test
43 $p<0.05$, Chi²-Test
44 $p<0.05$, Chi²-Test
45 Korrelationskoeffizent nach Spearman: -0.205

Leitungskräfte mit schlechten strukturellen Rahmenbedingungen um annäherd 3,5-fach höher als für diejenigen gleichen Alters, die unter guten strukturellen Rahmenbedingungen arbeiten.[46]

Abbildung 31. Subjektive Gesundheit der Fach- und Leitungskräfte unter verschiedenen strukturellen Rahmenbedingungen

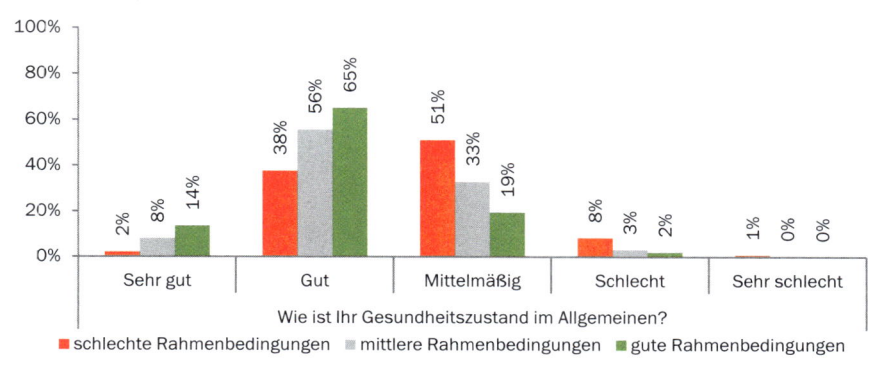

	Sehr gut	Gut	Mittelmäßig	Schlecht	Sehr schlecht
schlechte Rahmenbedingungen	2%	38%	51%	8%	1%
mittlere Rahmenbedingungen	8%	56%	33%	3%	0%
gute Rahmenbedingungen	14%	65%	19%	2%	0%

Wie ist Ihr Gesundheitszustand im Allgemeinen?

> Erzieherinnen haben eine schlechtere subjektive Gesundheit als ihre Vergleichsgruppe in der deutschen Bevölkerung. Je schlechter die strukturellen Rahmenbedingungen in den Kindertageseinrichtungen sind, desto geringer ist die subjektive Gesundheit.

5.1.2 Chronisches Kranksein

Indikator

Chronische Krankheiten sind nicht vollständig heilbare und lang andauernde Erkrankungen, wie beispielsweise Herz-Kreislauferkrankungen, Diabetes, Krebs oder auch manche psychischen Störungen. Sie dominieren weltweit die Todesursachenstatistik und verursachen häufig verlorene Lebensjahre, Arbeitsunfähigkeit, krankheitsbedingte Fehlzeiten und Pflegebedürftigkeit (World Health Organization, 2005; Reiss u. a., 2015).

Um chronisches Kranksein zu erfassen, wurde den Befragten die zweite Frage des Minimal European Health Modules (De Palma & Crialesi, 2003) zum Vorhandensein von chronischen Erkrankungen gestellt: „Haben Sie eine oder mehrere lang andauernde, chronische Erkrankungen? Hinweis: Chronische Krankheiten sind langandauernde Erkrankungen, die ständiger Behandlung und Kontrolle bedürfen, z. B. Diabetes oder Herzerkrankun-

---

[46] Binäre logistische Regression, alle $p<0.05$

gen". Die Antwortmöglichkeiten sind „Ja", „Nein" und „Weiß nicht", wobei „weiß nicht" nicht in die Analysen einbezogen wird.

Ergebnisse

Jüngere weibliche pädagogische Fach- und Leitungskräfte weisen im Vergleich mit ihrer Referenzgruppe in der deutschen Bevölkerung eine niedrigere Prävalenz chronischen Krankseins auf, die sich in der mittleren Altersgruppe nivelliert und sich dann in der Altersgruppe ab 45 Jahren ins Gegenteil verwandelt: Hier weisen weibliche pädagogische Fachkräfte und Leitungskräfte zu einem höheren Anteil chronische Erkrankungen auf als ihre Referenzgruppe.

Abbildung 32. Prävalenz chronischen Krankseins von Erzieherinnen im Vergleich zur Referenzgruppe in der deutschen Bevölkerung (Robert Koch-Institut, 2012)

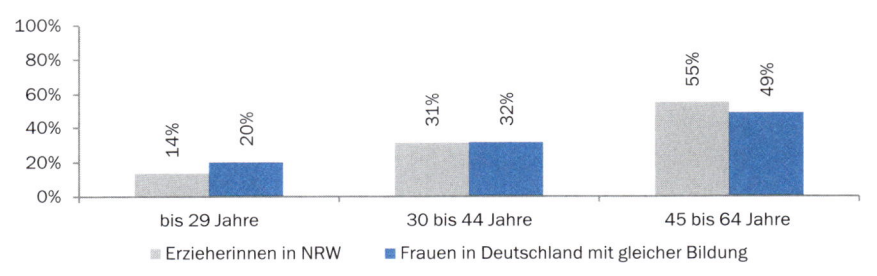

Altersgruppe	Erzieherinnen in NRW	Frauen in Deutschland mit gleicher Bildung
bis 29 Jahre	14%	20%
30 bis 44 Jahre	31%	32%
45 bis 64 Jahre	55%	49%

Fast ein Drittel der pädagogischen Fachkräfte und 36% der Leitungskräfte leiden unter einer oder mehreren chronischen Erkrankungen. Damit weisen Leitungskräfte zu einem höheren Anteil als die Fachkräfte chronische Erkrankungen auf.[47]

Abbildung 33. Vorliegen einer oder mehrerer chronischer Erkrankungen nach strukturellen Rahmenbedingungen

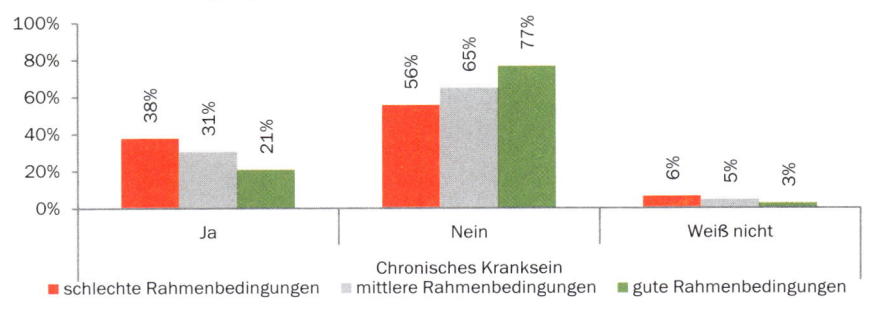

Chronisches Kranksein	schlechte Rahmenbedingungen	mittlere Rahmenbedingungen	gute Rahmenbedingungen
Ja	38%	31%	21%
Nein	56%	65%	77%
Weiß nicht	6%	5%	3%

---

[47] $p<0.05$, Chi^2-Test

Erzieher*innen und Leitungskräfte mit schlechten strukturellen Rahmenbedingungen leiden mit 37,7% häufiger unter einer oder mehreren chronischen Krankheiten als ihre Kolleg*innen mit mittleren (30,5%) oder guten strukturellen Rahmenbedingungen (20,8%).[48] Damit ist das Risiko für chronisches Kranksein unter schlechten strukturellen Rahmenbedingungen um mehr als doppelt so hoch wie unter guten strukturellen Rahmenbedingungen, unabhängig vom Alter der Fach- und Leitungskräfte.[49]

> Über 45-jährige Erzieherinnen sind häufiger von chronischem Kranksein betroffen als gleichaltrige Frauen mit gleich hohem Bildungsstand in der deutschen Bevölkerung. Bei schlechten strukturellen Rahmenbedingungen ist das Risiko für chronisches Kranksein unabhängig vom Alter mehr als doppelt so hoch wie bei guten Rahmenbedingungen.

5.1.3 Prävalenz verschiedener Erkrankungen

Indikator

Die Abfrage von ärztlich diagnostizierten und nicht diagnostizierten Erkrankungen erfolgte im Rahmen der Kurzfassung des Work Ability Index (WAI-Netzwerk, 2012). In einem Teilbereich des Instrumentes wird nach verschiedenen Oberkategorien von Erkrankungen gefragt. Die Befragten sollen jeweils angeben, ob sie von einer Erkrankung aus dem Symptomkomplex innerhalb der letzten 12 Monate betroffen waren, ob die Erkrankung auch aktuell vorhanden ist und ob eine ärztliche Diagnose vorliegt.

Ergebnisse

Am häufigsten sind Erzieher*innen von Muskel-Skelett-Erkrankungen betroffen (fast 60% der befragten pädagogischen Fach- und Leitungskräfte ohne ärztliche Diagnose und 52% mit ärztlicher Diagnose). Leitungskräfte sind mit 63% häufiger von Muskel-Skelett-Erkrankungen betroffen als pädagogische Fachkräfte mit 58%. Mit zunehmendem Alter steigt die Prävalenz von Muskel-Skelett-Erkrankungen sowohl bei Fach- als auch bei Leitungskräften an.

Am zweithäufigsten berichten Fach- und Leitungskräfte von Erkrankungen der Atemwege und von neurologischen und sensorischen Erkran-

---

48 $p<0.05$, Chi²-Test
49 Binäre logistische Regression, alle $p<0.05$

kungen. Dabei bestehen keine Unterschiede zwischen pädagogischen Fachkräften und Leitungskräften oder nach Alter der Befragten.

Bei einem Viertel der pädagogischen Fach- und Leitungskräfte sind Erkrankungen des Verdauungssystems ohne ärztliche Diagnose vorhanden, bei einem Fünftel mit ärztlicher Diagnose. Von Magen-Darm-Erkrankungen sind die jüngeren Fachkräfte häufiger betroffen als ihre älteren Kolleg*innen.[50]

Die psychische Gesundheit der Fach- und Leitungskräfte zeigt sich ebenfalls als deutlich beeinträchtigt. 26 % der Leitungskräfte fühlten sich in den letzten 12 Monaten ausgebrannt und erschöpft, bei 14 % wurde ein Psychovegetatives Erschöpfungssyndrom/Burnout ärztlich diagnostiziert. Seltener[51], aber immer noch häufig (17 % ohne ärztliche, 9 % mit ärztlicher Diagnose), berichten auch die pädagogischen Fachkräfte von Burnout. Kein signifikanter Unterschied zwischen Fach- und Leitungskräften findet sich bei nicht diagnostizierten Depressionen (8 % der Leitungskräfte und 6 % der Fachkräfte). Bei ärztlich diagnostizierten Depressionen sind erneut die Leitungskräfte mit 7 % häufiger betroffen als die Fachkräfte mit 5 %.[52] Es zeigt sich ein Altersgradient[53] bei allen Indikatoren psychischer Störungen: Mit zunehmendem Alter sind sowohl Fach- als auch Leitungskräfte häufiger von psychischen Beeinträchtigungen und deren abgefragten Unterformen Depression und Psychovegetativem Erschöpfungssyndrom/Burnout betroffen.

Die weiteren Krankheitsbilder, z.B. Hormon- und Stoffwechselerkrankungen, Haut- oder Herz-Kreislauf-Erkrankungen, liegen insgesamt seltener – und mit jeweils leicht höheren Prävalenzraten bei den Leitungskräften – vor. Immerhin 14 % der Fach- und Leitungskräfte ohne ärztliche und 12 % mit ärztlicher Diagnose waren in den letzten 12 Monaten aufgrund von Unfällen erkrankt.

> Pädagogische Fach- und Leitungskräfte berichten besonders häufig von Erkrankungen des Muskel-Skelett-Apparates, von neurologischen oder sensorischen Störungen sowie von einer beeinträchtigten psychischen Gesundheit in Form eines psychovegetativen Erschöpfungssyndroms oder einer Depression.

---

50 $p<0.05$, Chi^2-Test
51 $p<0.05$, Chi^2-Test
52 $p<0.05$, Chi^2-Test
53 $p<0.01$, Chi^2-Test mit drei Altersgruppen

Abbildung 34. 12-Monats-Prävalenzen der häufigsten Erkrankungen von pädagogischen Fach- und Leitungskräften (mit und ohne ärztliche Diagnose)

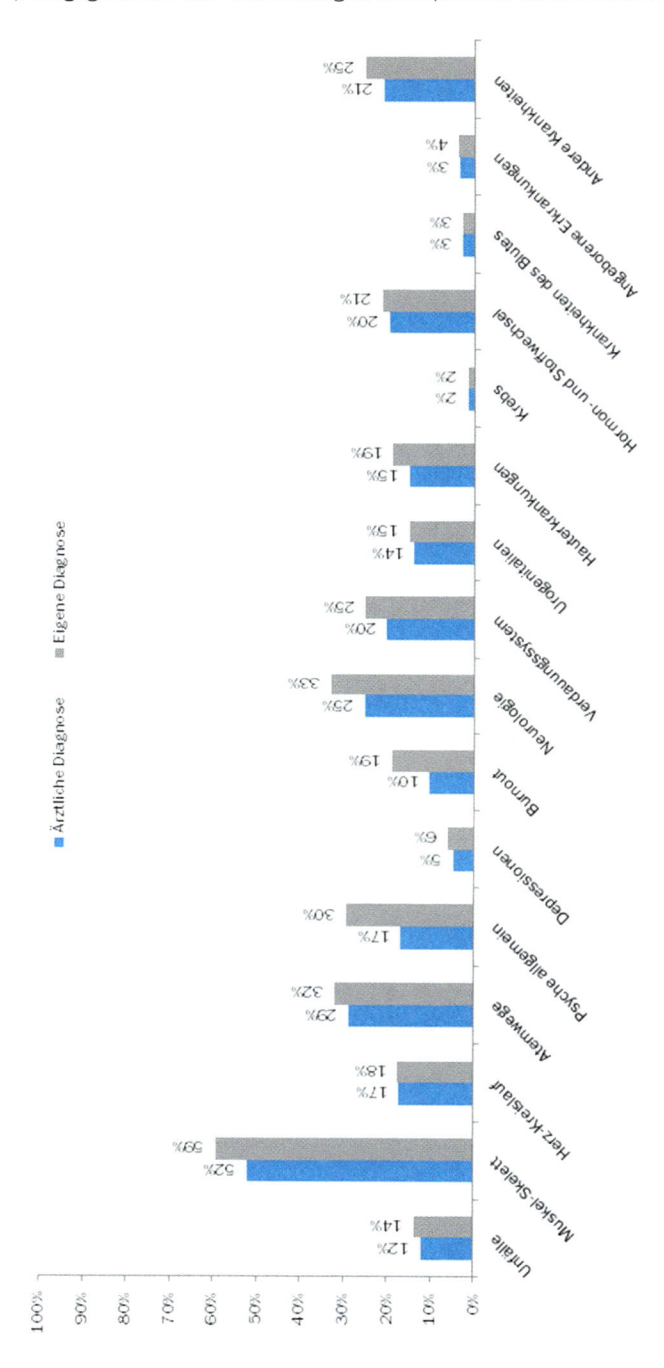

Erkrankung	Ärztliche Diagnose	Eigene Diagnose
Unfälle	12%	14%
Muskel-Skelett	52%	59%
Herz-Kreislauf	17%	18%
Atemwege	29%	32%
Psyche allgemein	17%	30%
Depressionen	5%	6%
Burnout	10%	19%
Neurologie	25%	33%
Verdauungssystem	20%	25%
Urogenitalien	14%	15%
Hauterkrankungen	15%	19%
Krebs	2%	2%
Hormon- und Stoffwechselkrankheiten des Blutes	20%	21%
Angeborene Erkrankungen	3%	3%
Andere Krankheiten	3%	4%
	21%	25%

106

Abbildung 35. 12-Monats-Prävalenzen verschiedener körperlicher und psychischer Erkrankungen (nicht diagnostiziert) unter verschiedenen strukturellen Rahmenbedingungen am Arbeitsplatz Kita

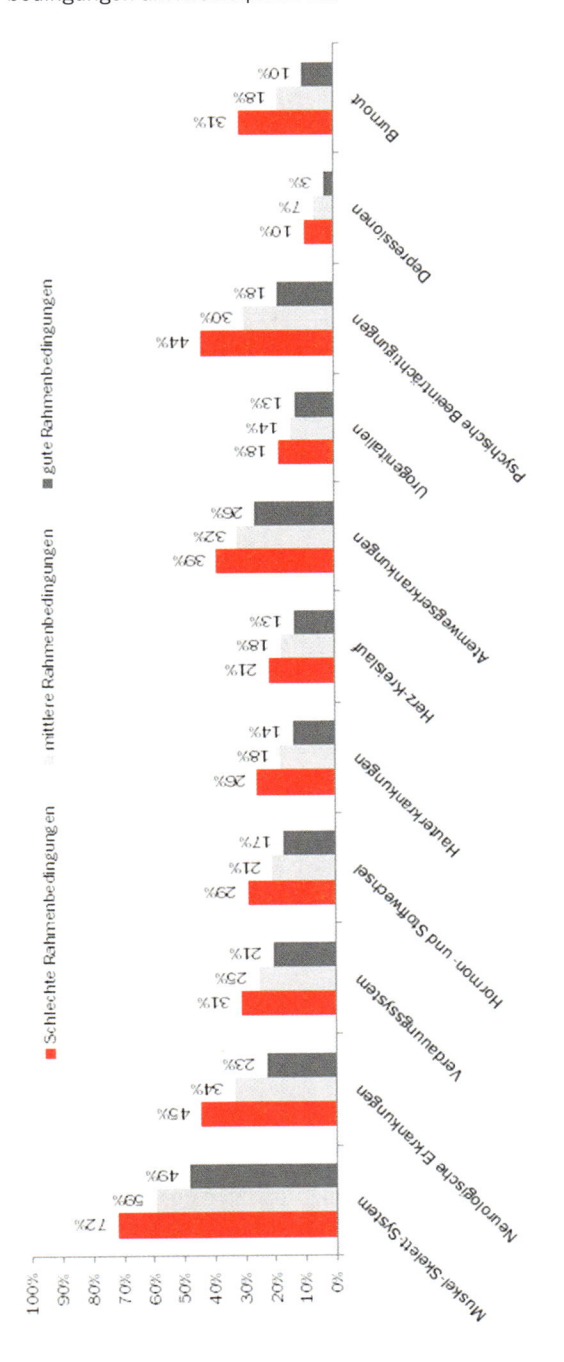

Erkrankung	Schlechte Rahmenbedingungen	mittlere Rahmenbedingungen	gute Rahmenbedingungen
Muskel-Skelett-System	72%	58%	49%
Neurologische Erkrankungen	45%	34%	23%
Verdauungssystem	31%	25%	21%
Hormon- und Stoffwechsel	29%	21%	17%
Hauterkrankungen	26%	18%	14%
Herz-Kreislauf	21%	18%	13%
Atemwegserkrankungen	39%	32%	26%
Urogenitalien	18%	14%	13%
psychische Beeinträchtigungen	44%	30%	18%
Depressionen	10%	7%	3%
Burnout	31%	18%	10%

Fast alle körperlichen und psychischen Erkrankungen liegen bei Fach- und Leitungskräften mit schlechten strukturellen Rahmenbedingungen deutlich häufiger vor als bei denjenigen mit mittleren oder guten strukturellen Rahmenbedingungen (siehe Abb. 35, S. 107). Von Erkrankungen des Muskel-Skelett-Systems berichten beispielsweise ungefähr 72% derjenigen mit schlechten im Vergleich zu 60% derjenigen mit mittleren und 45% derjenigen mit guten strukturellen Rahmenbedingungen. Von einem psychovegetativen Erschöpfungssyndrom sind 31% der Fach- und Leitungskräfte unter schlechten, 18% unter mittleren und 10% unter guten strukturellen Rahmenbedingungen betroffen.[54]

Wie bereits beschrieben berichten ältere Fach- und Leitungskräfte häufiger von allen Erkrankungsgruppen als ihre jüngeren Kolleg*innen. Um auszuschließen, dass sich höhere Krankheitsgeschehen unter schlechten strukturellen Rahmenbedingungen nicht auf eine möglicherweise unterschiedliche Alterszusammensetzung in verschiedenen Arbeitskontexten zurückführen lässt, statt auf die Rahmenbedingungen selbst, wurden altersstandardisierte logistische Regressionsmodelle berechnet:

Schlechte strukturelle Rahmenbedingungen erhöhen das Risiko auf annähernd alle psychischen Störungen sowie alle körperlichen Erkrankungen bis auf Krebserkrankungen. Letztere zeigen sich als unabhängig von strukturellen Rahmenbedingungen am Arbeitsplatz. Beispielsweise haben Fach- und Leitungskräfte mit schlechten Rahmenbedingungen unabhängig von ihrem Alter ein mehr als doppelt so hohes Risiko für Muskel-Skelett-Erkrankungen, ein dreifach erhöhtes Risiko für eine Depression und ein fast 3,5-fach höheres Risiko für ein Burnout als ihre Kolleg*innen mit guten strukturellen Rahmenbedingungen.[55]

> Es besteht ein starker Zusammenhang zwischen schlechten strukturellen Rahmenbedingungen und körperlichen und psychischen Beeinträchtigungen, vor allem in Bezug auf das psychovegetative Erschöpfungssyndrom/ Burnout

5.1.4 Gesundheitsbeschwerden und psychische Beeinträchtigung

Indikator

Ein weiteres Element zur Beschreibung des Gesundheitszustandes sind neben konkreten diagnostizierten (und nicht diagnostizierten) Krankheiten

---

54 $p<0.05$, Chi²-Test
55 Binäre logistische Regression, stratifiziert nach Alter, alle $p<0.05$

einzelne Symptome subjektiv erlebter Beschwerden und Schmerzen, die noch nicht den Diagnosekriterien einzelner Erkrankungen entsprechen.

In der Studie wurde die Zerssen-Skala (Zerssen, 1976) eingesetzt, deren 24 enthaltene Gesundheitsbeschwerden um sieben weitere Items erweitert wurden, die in anderen Studien zur Gesundheit von Erzieher*innen besonders häufig berichtet wurden (Thinschmidt, 2010a). Das Antwortschema der Zerssen-Skala mit den Antwortkategorien „gar nicht" (0 Punkte), „kaum" (1 Punkt), „mäßig" (2 Punkte) bis „stark" (3 Punkte) wurde für alle aufgenommenen Beschwerden von der Beschwerdeliste übernommen.

Mit Hilfe der Zerssen-Skala lässt sich ein Indikator für psychische Beeinträchtigungen bilden. Dafür werden die Punktezahlen über alle 24 Merkmale addiert. Der maximal erreichbare Summenscore liegt bei 72 Punkten, wobei ein hoher Summenscore als Gradmesser einer starken psychischen Überforderung gewertet wird (Eis u.a., 2005, S. 30). Dieser Summenwert wird in die drei Gruppen „unauffällig" (Werte bis 21), „Grenzbereich" (Werte zwischen 22 und 28) und „auffällig" (Werte höher 28) eingeteilt. Für die Beschwerdenliste nach Zerssen liegen Normwerte und Vergleichsdaten für die deutsche Bevölkerung aus dem Bundesgesundheitssurvey 1998 vor (Bellach, 1999).

Als weiteres Anzeichen für Schlafstörungen und eine psychosomatische Belastung wurde darüber hinaus nach der Einnahme von Schlaf- und Beruhigungsmitteln in den letzten Jahren gefragt.

Gesundheitsbeschwerden von pädagogischen Fach- und Leitungskräften

Der Vergleich des Summenwertes der Zerssen-Skala zeigt, dass pädagogische Fach- und Leitungskräfte keinen Unterschied hinsichtlich ihrer psychischen Beeinträchtigung aufgrund diverser Beschwerden im Vergleich zu Referenzwerten aus der deutschen Bevölkerung (Daten des Bundesgesundheitssurveys 1998, eigene Berechnungen) aufweisen. Während 62 % der weiblichen Fach- und Leitungskräfte eine normale Befindlichkeit zeigen, weisen 21 % eine auffällige Befindlichkeit auf und rund 17 % liegen im Grenzbereich.

Die häufigsten Beschwerden von Fach- und Leitungskräften sind Kreuz- und Rückenschmerzen (22 % stark und 37 % mäßig), Nacken- und Schulterschmerzen (25 % stark und 34 % mäßig), Grübelei (19 % stark und 31 % mäßig), innere Unruhe (14 % stark und 28 % mäßig) sowie ein übermäßiges Schlafbedürfnis (17 % stark und 26 % mäßig).

10 % der Leitungskräfte sowie 8 % der pädagogischen Fachkräfte haben innerhalb der letzten vier Wochen vor der Befragung Schlaf- oder Beruhigungsmittel eingenommen, was als Indiz für Schlafstörungen und psychosomatische Probleme gewertet werden kann.

Abbildung 36. Die häufigsten Beschwerden von pädagogischen Fach- und Leitungskräften

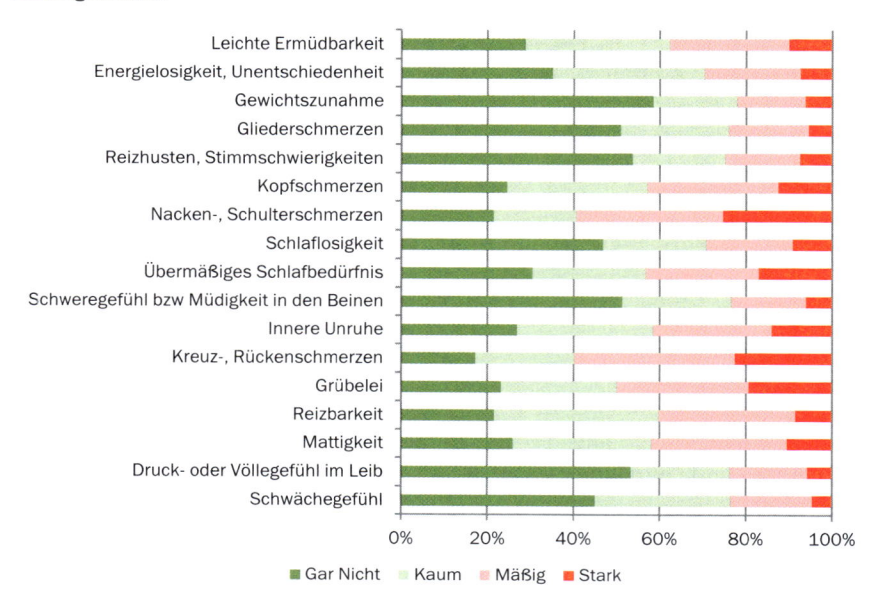

Dieser Befund entspricht anderen Erhebungen zur Erzieher*innengesundheit. Im BGW-DAK-Stress-Monitoring sind die fünf häufigsten Beschwerden von insgesamt 622 pädagogischen Fachkräften ebenfalls Kreuz- oder Rückenschmerzen, Nacken- oder Schulterschmerzen, Grübelei, innere Unruhe und Mattigkeit (Berger u. a., 2001). In Baden-Württemberg berichten die Erzieher*innen in erster Linie von Kopfschmerzen, leichter Ermüdbarkeit, Rückenschmerzen, Nackenschmerzen und erhöhter Reizbarkeit (Rudow, 2004b). Auch die Erhebungen an Erzieherinnen und Erziehern in Sachsen wiesen als die fünf häufigsten Beschwerden Nacken-, Rücken- und Kreuzschmerzen, Kopfschmerzen, Erschöpfung/Müdigkeit, Angst vor unheilbaren Krankheiten oder Tod sowie Gliederschmerzen aus (Thinschmidt, 2010a). Die Studie von Krause-Girth (2011) kommt mit demselben Erhebungsinstrument ebenfalls zu ähnlichen Ergebnissen.

Das Risiko für ein reduziertes psychisches Befinden sowie eine erhöhte Anzahl verschiedener Beschwerden ist unabhängig von ihrem Alter für Fach- und Leitungskräfte mit schlechten strukturellen Rahmenbedingungen annähernd vier Mal und mit mittleren Rahmenbedingungen annähernd doppelt so hoch wie bei Fach- und Leitungskräften, die unter guten Rahmenbedingungen arbeiten.[56] Während bei guten strukturellen Rahmenbe-

---

[56] Binäre logistische Regression, alle $p<0.05$

dingungen die Fach- und Leitungskräfte zu 76% keine Auffälligkeiten zeigen, sind dies bei mittleren Rahmenbedingungen nur noch 63% und bei schlechten Rahmenbedingungen nur 43% der pädagogisch Arbeitenden.[57] Dieser Unterschied wird weiter dadurch untermauert, dass mit knapp 14% ein höherer Anteil der Fach- und Leitungskräfte mit schlechten Rahmenbedingungen im Vergleich zu 5% derjenigen mit guten Rahmenbedingungen Schlaf- und Beruhigungsmittel innerhalb der letzten 4 Wochen konsumiert hat.[58]

Abbildung 37. Psychische Beeinträchtigung (gemessen mit Beschwerdenliste nach Zerssen) und strukturelle Rahmenbedingungen

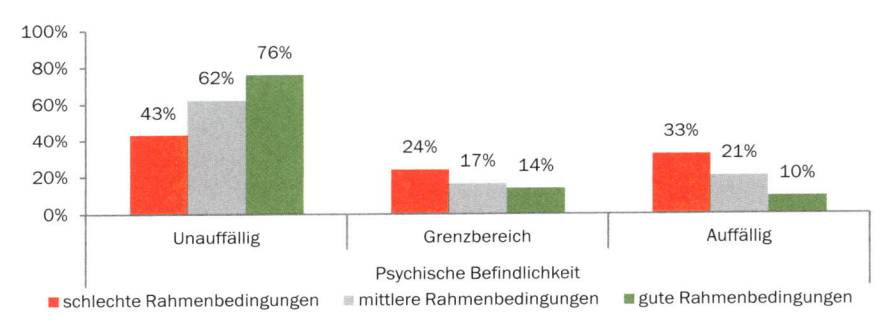

Psychische Befindlichkeit	schlechte Rahmenbedingungen	mittlere Rahmenbedingungen	gute Rahmenbedingungen
Unauffällig	43%	62%	76%
Grenzbereich	24%	17%	14%
Auffällig	33%	21%	10%

Die häufigsten Gesundheitsbeschwerden von Fach- und Leitungskräften sind Kreuz- und Rückenschmerzen, Nacken- und Schulterschmerzen, Grübelei, innere Unruhe sowie ein übermäßiges Schlafbedürfnis.
Je schlechter die strukturellen Rahmenbedingungen sind, desto eingeschränkter ist das psychische Allgemeinbefinden.

5.1.5 Dauerhafte gesundheitliche Einschränkungen

Indikator

Die Erfassung der alltäglichen Einschränkung aufgrund dauerhafter gesundheitlicher Probleme und Krankheiten erfolgte in der STEGE-Studie mit der dritten Frage des Minimal European Health Modules (De Palma & Crialesi, 2003). Hier schätzen die Befragten das Vorhandensein und Ausmaß alltäglicher Einschränkungen selbst ein: „In welchem Ausmaß sind Sie durch

---

57 $p<0.01$, Chi^2-Test
58 $p<0.01$, Chi^2-Test

Krankheit in der Ausübung ihrer alltäglichen Tätigkeiten dauerhaft eingeschränkt? Mit dauerhaft meinen wir seit mindestens einem halben Jahr." Die drei möglichen Antwortkategorien lauten „erheblich eingeschränkt", „eingeschränkt, aber nicht erheblich" sowie „nicht eingeschränkt".

Ergebnisse

Pädagogische Fach- und Leitungskräfte in NRW weisen in allen Altersgruppen im Vergleich mit ihrer Referenzgruppe in der deutschen Bevölkerung häufiger dauerhafte gesundheitliche Einschränkungen auf[59]. In der Altersgruppe von 18 bis 29 Jahren sind 18% der Erzieherinnen gesundheitlich eingeschränkt im Vergleich zu 12% der gleichaltrigen Frauen in Deutschland, in der Altersgruppe von 30 bis 44 Jahren 27% der Erzieherinnen im Vergleich zu 18% der gleichaltrigen Frauen und in der Altersgruppe der 45 bis 64-Jährigen 40% der Fach- und Leitungskräfte im Vergleich zu 34% der gleichaltrigen Frauen in Deutschland.

Abbildung 38. Anteil von weiblichen Fach- und Leitungskräften mit dauerhafter gesundheitlicher Einschränkung im Vergleich zur Referenzgruppe in der deutschen Bevölkerung (Robert Koch-Institut, 2012)

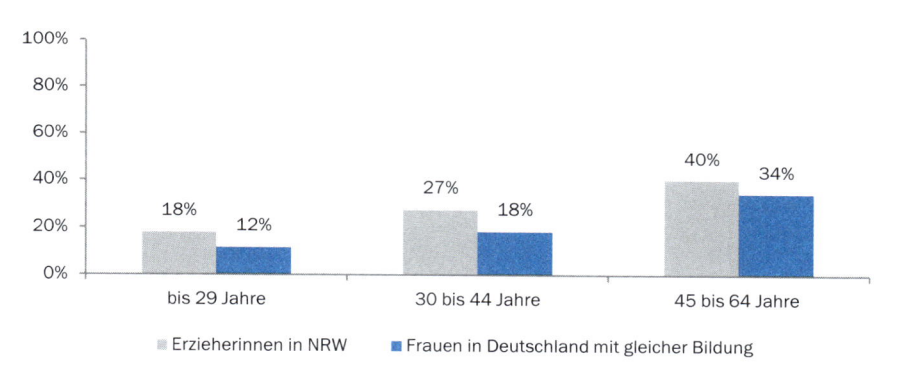

	bis 29 Jahre	30 bis 44 Jahre	45 bis 64 Jahre
Erzieherinnen in NRW	18%	27%	40%
Frauen in Deutschland mit gleicher Bildung	12%	18%	34%

71% der pädagogischen Fachkräfte sind gesundheitlich nicht eingeschränkt, 27% eingeschränkt (aber nicht erheblich) und 2% erheblich eingeschränkt. Leitungskräfte sind häufiger gesundheitlich eingeschränkt: 3% sind erheblich eingeschränkt, 32% eingeschränkt (aber nicht erheblich) und 65% nicht eingeschränkt.

---

59 Ohne statistische Absicherung der Unterschiede

Abbildung 39. Dauerhafte gesundheitliche Einschränkungen von Fach- und Leitungskräften unter schlechten, mittleren und guten strukturellen Rahmenbedingungen

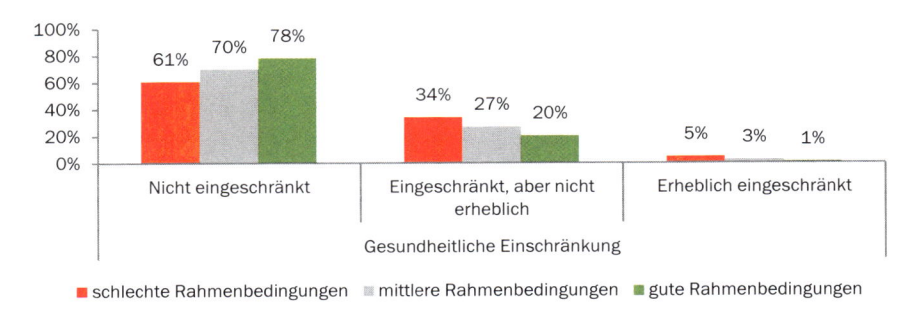

Gesundheitliche Einschränkung	schlechte Rahmenbedingungen	mittlere Rahmenbedingungen	gute Rahmenbedingungen
Nicht eingeschränkt	61%	70%	78%
Eingeschränkt, aber nicht erheblich	34%	27%	20%
Erheblich eingeschränkt	5%	3%	1%

Die Analyse gesundheitlicher Einschränkungen im Kontext struktureller Rahmenbedingungen am Arbeitsplatz Kindertageseinrichtung zeigt, dass dauerhafte gesundheitliche Einschränkungen häufiger von Fach- und Leitungskräften mit mittleren und schlechten strukturellen Rahmenbedingungen angegeben werden. 39% der Fach- und Leitungskräfte mit schlechten Rahmenbedingungen, knappe 30% mit mittleren Rahmenbedingungen und 21,6% mit guten strukturellen Rahmenbedingungen sind von dauerhaften gesundheitlichen Einschränkungen betroffen.

Unabhängig vom Alter ist das Risiko für eine gesundheitliche Beeinträchtigung für Fach- und Leitungskräfte mit schlechten strukturellen Rahmenbedingungen mehr als doppelt so hoch wie bei ihren Kolleg*innen mit guten strukturellen Rahmenbedingungen.[60]

> Das Risiko für dauerhafte gesundheitliche Einschränkungen ist unabhängig von ihrem Alter für Fach- und Leitungskräfte mit schlechten strukturellen Rahmenbedingungen mehr als doppelt so hoch wie bei ihren Kolleg*innen mit guten strukturellen Rahmenbedingungen.

5.1.6 Arbeitsunfälle

Indikator

In der STEGE-Studie erfolgte auf der Einrichtungsebene einer jeden teilnehmenden Kita die Abfrage der Anzahl sowie der Art der erfolgten Arbeitsunfälle innerhalb der letzten 12 Monate. Auf der Ebene der Fach- und

---

60 Binäre logistische Regression, alle $p<0.05$

Leitungskräfte wurden ebenfalls für die letzten 12 Monate die Anzahl von Arbeitsunfällen sowie die daraus resultierende Arbeitsunfähigkeit erhoben.

Ergebnisse

In 69% der öffentlichen Einrichtungen und in 77% der freien Einrichtungen in NRW lagen während der letzten 12 Monate keine Arbeitsunfälle auf Einrichtungsebene vor. Wenn Arbeitsunfälle berichtet werden, wird als häufigste Unfallursache Stolpern genannt, gefolgt von Wegeunfällen und durch Kinder verursachte Verletzungen. Durchschnittlich hatten 11% der Fach- und Leitungskräfte einen Arbeitsunfall in den letzten 12 Monaten. Der weitaus größte Anteil der Arbeitsunfälle hatte keine Arbeitsunfähigkeit zur Folge.

5.1.7 Krankenstand und Fehltage

Indikator

Der Krankenstand wurde in der Studie auf Einrichtungs- und auf Fachkraftebene erfragt.

Der Krankenstand einer Einrichtung definiert den Anteil der im Auswertungszeitraum angefallenen Arbeitsunfähigkeits-Tage (AU-Tage) im Kalenderjahr pro Einrichtung (Badura u.a., 2012). Er wird errechnet, indem die Gesamtanzahl der AU-Tage (Fehltage aus gesundheitlichen Gründen aller pädagogischen Fachkräfte aus 2010) durch die Summe der Soll-Arbeitstage[61] der Beschäftigten im Jahr 2010 dividiert wird.

Weiterhin wurde jede Fachkraft danach gefragt, wie oft und an wie vielen Tagen insgesamt sie innerhalb der letzten 12 Monate aufgrund einer Erkrankung nicht zur Arbeit gehen konnte und welche Erkrankungen dabei vorlagen.

Ergebnisse

Im Jahr 2010 lag der Krankenstand auf der Einrichtungsebene in den Einrichtungen der freien Jugendhilfe bei durchschnittlich 4%, in den Einrichtungen der öffentlichen Jugendhilfe bei durchschnittlich 6%.[62]

---

61 Es werden als Referenzgröße die Soll-Arbeitstage veranschlagt, da im Fragebogen explizit nach der Anzahl von Ausfalltagen oder Dauer der Arbeitsunfähigkeit in Arbeitstagen gefragt wurde und damit die Wochenendtage nicht mit eingerechnet sind.
62 Im Fehlzeiten-Report 2012 liegt die Krankenquote in der Branche Erziehung und Unterricht für Gesamtdeutschland bei 5,3% und für NRW bei 5,7%.

Der höhere Krankenstand der öffentlichen Jugendhilfe im Vergleich zur freien Jugendhilfe zeigt sich auch bei der Betrachtung verschiedener Indikatoren der Arbeitsunfähigkeit auf der individuellen Ebene von Fach- und Leitungskräften:

So war in Einrichtungen in öffentlicher Trägerschaft eine höhere Anzahl von Fach- und Leitungskräften in den letzten 12 Monaten arbeitsunfähig erkrankt (siehe Abbildung 40).

Abbildung 40. Prävalenz von Arbeitsunfähigkeit in den letzten 12 Monaten bei Fach- und Leitungskräften der freien und öffentlichen Jugendhilfe

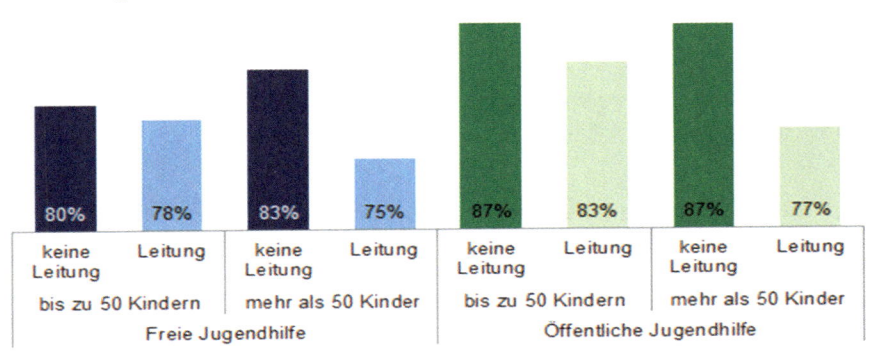

	Freie Jugendhilfe			Öffentliche Jugendhilfe			
keine Leitung	Leitung	keine Leitung	Leitung	keine Leitung	Leitung	keine Leitung	Leitung
80%	78%	83%	75%	87%	83%	87%	77%
bis zu 50 Kindern		mehr als 50 Kinder		bis zu 50 Kindern		mehr als 50 Kinder	

Zudem variiert die die Häufigkeit von Arbeitsunfähigkeiten ebenfalls zwischen Einrichtungen öffentlicher und freier Trägerschaft: Beschäftigte in öffentlichen Einrichtungen waren in den letzten 12 Monaten mit durchschnittlich 2,2 Mal häufiger arbeitsunfähig erkrankt als ihre Kolleg*innen der freien Jugendhilfe mit durchschnittlich 1,9 Mal.[63] Pädagogische Fachkräfte sind mit durchschnittlich 2,1-maliger Arbeitsunfähigkeit häufiger arbeitsunfähig erkrankt als Leitungskräfte mit 1,8 Arbeitsunfähigkeitszeiten pro Arbeitsjahr.[64]

Die Krankenquote der einzelnen Mitarbeiter*innen (definiert als Anteil von AU-Tagen bezogen auf das Arbeitsjahr mit 254 Arbeitstagen) liegt im Bereich von Null bis 100%. Durchschnittlich sind die Fach- und Leitungskräfte an 5% ihrer Soll-Arbeitstage arbeitsunfähig erkrankt, dabei ist eine tendenziell erhöhte Quote von Arbeitsunfähigkeitstagen bei den öffentlichen Einrichtungen mit 5 Tagen im Vergleich zu den freien Einrichtungen mit 4,4 Tagen zu konstatieren.[65]

---

63 $p<0.05$, t-Test
64 $p<0.05$, t-Test
65 $P=0.053$, t-Test

Bei den pädagogischen Fachkräften ohne Leitungsfunktion steigen sowohl die Häufigkeit als auch die Dauer der Arbeitsunfähigkeit von den guten über die mittleren zu den schlechten Rahmenbedingungen konstant an. Bei den Leitungskräften besteht kein Unterschied in der Häufigkeit der Arbeitsunfähigkeiten, die Dauer steigt mit schlechteren Rahmenbedingungen ebenfalls an.

Als häufigste AU-verursachende Erkrankungen werden von den Fachkräften Krankheiten des Atmungssystems mit 37,9%, bestimmte infektiöse und parasitäre Erkrankungen mit 19,5%, Krankheiten des Muskel-Skelett-Systems mit 11,9% sowie Krankheiten des Nervensystems mit 6,0% genannt.

> In Einrichtungen mit öffentlicher Trägerschaft liegt ein höherer Krankenstand der Mitarbeitenden vor als in Einrichtungen mit freier Trägerschaft.

Für die verschiedenen Kennziffern von Arbeitsunfähigkeit der pädagogischen Fach- und Leitungskräfte in den Kindertageseinrichtungen in Nordrhein-Westfalen erfolgte ein Benchmarking anhand der Daten von Versicherten zweier großer deutschen Krankenkassen im gleichen Zeitraum.

TK-Versicherte aus Sozial- und Erziehungsberufen waren im Jahr 2011 durchschnittlich 1,37 Mal arbeitsunfähig erkrankt mit einer durchschnittlichen Anzahl von 15,7 AU-Tagen. Damit liegen sie im oberen Bereich verschiedener Berufszweige der TK-Versicherten (Techniker Krankenkasse, 2012). Im Fehlzeitenreport 2012 wird der Krankenstand von Kindergärtnerinnen und Kinderpflegerinnen für 2011 mit 4,5% angegeben. Die durchschnittliche Anzahl der Arbeitsunfähigkeiten beträgt 2,06 Mal mit einer durchschnittlichen Anzahl von 16,3 Arbeitstagen (Badura u.a., 2012). Der Vergleich mit den Krankenkassendaten zeigt also eine höhere Anzahl von Arbeitsunfähigkeitszeiten sowie eine geringere Anzahl von Arbeitsunfähigkeitstagen in der STEGE-Studie.

Diese Ergebnisse sind plausibel, da in die Krankenkassenstatistiken nur gemeldete AU-Zeiten eingehen können (also mit einer Dauer von mehr als drei Tagen), während die Krankenstandberechnungen der STEGE-Studie auch kürzere Arbeitsunfähigkeitszeiten einbeziehen. Zudem gehen aufgrund des Befragungsdesigns am Arbeitsplatz Kita in die STEGE-Studie langfristig erkrankte Mitarbeiter*innen nicht mit ein, wodurch vermutlich eine Unterschätzung der Dauer von Arbeitsunfähigkeiten entsteht.

5.1.8 Zusammenfassung

Die Gesundheit und das Wohlbefinden von pädagogischen Fach- und Leitungskräften zeigt sich bei diversen Indikatoren als schlechter im Vergleich zur Referenzgruppe der deutschen Bevölkerung (Robert Koch-Institut, 2012), wobei einschränkend einbezogen werden muss, dass keine Prüfung auf statistisch signifikante Unterschiede erfolgen konnte. Sie berichten von einer schlechteren subjektiven Gesundheit und weisen häufiger eine dauerhafte Einschränkung aufgrund gesundheitlicher Probleme auf. Das Benchmarking im Bereich der Arbeitsunfähigkeit stützt die Ergebnisse anderer Studien, dass Erzieher*innen häufiger und länger arbeitsunfähig erkrankt sind als viele andere Berufsgruppen (Badura u. a., 2012).

Es ist davon auszugehen, dass in der STEGE-Studie die Prävalenzen von Krankheiten und gesundheitlichen Einschränkungen aufgrund des Studiendesigns unterschätzt werden. Die Befragung fand am Arbeitsplatz Kita statt, wodurch längerfristig erkrankte Erzieher*innen nicht mit in die Studie aufgenommen worden sind.

Zusammenhänge zwischen strukturellen Rahmenbedingungen am Arbeitsplatz Kita und der Gesundheit sowie dem Wohlbefinden von pädagogischen Fach- und Leitungskräften haben sich auf vielfältige Weise gezeigt. Fach- und Leitungskräfte mit schlechten strukturellen Rahmenbedingungen bewerten ihre Gesundheit als schlechter, haben mehr körperliche Krankheiten und psychische Störungen, sowohl mit eigener als auch ärztlicher Diagnose – unabhängig von ihrem Alter. Das psychische Befinden ist eingeschränkter und sie weisen häufiger dauerhafte gesundheitliche Beeinträchtigungen auf.

In der Studie wurde eine multivariate Analyse zur Klärung der Frage durchgeführt ob strukturelle Rahmenbedingungen auch unter Kontrolle von individuellen Faktoren der einzelnen Fachkräfte sowie anderen arbeitsbezogenen Aspekten im Zusammenhang mit einem schlechteren Gesundheitszustand oder Wohlbefinden stehen. Vor der Darstellung dieser Ergebnisse in Kapitel 5.3 erfolgt die Beschreibung individueller Merkmale der Erzieher*innen.

5.2 Individuelle Merkmale der Erzieher*innen

Zu den individuellen Einflussfaktoren auf Gesundheit und Wohlbefinden zählt das Gesundheitsverhalten der pädagogischen Fach- und Leitungskräfte. Zu einer gesunden Lebensweise gehören verschiedene Lebensstilfaktoren wie eine gute und vielseitige Ernährung, ausreichende körperliche Bewegung, ein gesundes Gewicht, kein aktueller und bestenfalls auch kein früherer Nikotinkonsum sowie kein oder moderater Alkoholkonsum (siehe Busch u.a., 2011). In Studien zum Zusammenhang zwischen diesen Lebensstilfaktoren und der Gesundheit zeigt sich, dass sich das Risiko für eine Vielzahl von Erkrankungen mit einer gesunden Lebensweise, also dem kombinierten Einfluss der Lebensstilfaktoren, deutlich verringern kann (Ford u.a., 2009). Aufgrund dieses Zusammenhangs einer gesunden Lebensweise mit einer Vielzahl von körperlichen und auch psychischen Störungen (Yusuf u.a., 2004; Buttery u.a., 2014) wurden die genannten Lebensstilfaktoren in der Studie ausführlich berücksichtigt.

Neben arbeitsbedingten Ressourcen und Belastungen spielen auch persönliche Ressourcen und Belastungen eine Rolle für die Gesundheit und das Wohlbefinden eines Menschen. Mit Blick auf die Ressourcen kann zwischen personalen Ressourcen und sozialen Ressourcen differenziert werden. Zu den personalen Ressourcen zählen individuelle Merkmale bzw. Persönlichkeitsmerkmale, wie bestimmte Bewältigungsstrategien. Unter soziale Ressourcen lassen sich z.B. soziale Kontakte fassen, die im Privatleben einer Person anzutreffen sind und für die Bewältigung von Belastungen mobilisiert werden können. Ebenso existieren jedoch auch personale Belastungsfaktoren, also beispielsweise Persönlichkeitsmerkmale, die sich negativ auf die Gesunderhaltung auswirken können. Thinschmidt u.a. (2008) konstatieren für den Beruf der Erzieher*innen berufliche Kompetenz und Selbstwirksamkeitsüberzeugung (Weinert, 1998; Khan, 2000) sowie die Identifikation mit dem Beruf (van Dick & Wagner, 2001) als wichtige persönliche Ressourcen für lösungsorientiertes Handeln. Zu den persönlichen Belastungsfaktoren gehören bspw. die Anforderungen aus der Kindererziehung oder der Pflege von Angehörigen oder auch Partnerschaftskonflikte, die in Form von Stressoren den Gesundheitszustand und das Wohlbefinden beeinträchtigen können. Auch ein Mangel an privaten sozialen Kontakten gilt als Risiko für die Krankheitsentstehung (Hurrelmann, 2006).

5.2.1 Gesundheitsverhalten und gesunde Lebensweise

Indikatoren

Die Erfassung einer gesunden Lebensweise erfolgt mittels verschiedener Fragen zu den beschriebenen fünf Lebensstilfaktoren:

(1) Gesunde und vielseitige Ernährung. Eine gesunde und vielseitige Ernährung mit hohem Obst- und Gemüsekonsum steht im Zusammenhang mit einer Vielzahl reduzierter Gesundheitsrisiken wie weniger koronaren Herzerkrankungen, Schlaganfällen, einigen Krebserkrankungen oder auch von Demenz, Asthma oder Osteoporose und ist unterstützend für die Erhaltung eines gesunden Körpergewichts (Boeing u.a., 2012).

Die Operationalisierung erfolgte anhand von zwei Fragen, die zu einem Index zusammengefasst wurden. Die Befragten sollten zum einen angeben, wie viele Portionen Obst und Gemüse sie pro Tag konsumieren, um die Befolgung der in vielen Ländern propagierten Richtlinie „5 a day" abzubilden, also mindestens fünf Portionen Obst und Gemüse pro Tag zu konsumieren. Zum anderen sollte auf einer Likert-Skala von Null (gar nicht) bis Vier (sehr stark) angegeben werden, wie stark auf eine gesunde Ernährung geachtet wird. In dem additiven Index über die beiden Fragen hinweg konnten Werte im Bereich von Null bis acht erreicht werden, die wiederum in vier Kategorien von Eins bis Vier eingeteilt wurden.

(2) Gesundes Körpergewicht. Übergewicht, insbesondere Adipositas, ist ein Risikofaktor für eine Vielzahl von Erkrankungen. Insbesondere Diabetes, Herz-Kreislauf-Erkrankungen und Muskel-Skelett-Beschwerden stehen im Zusammenhang mit einem zu hohen Körpergewicht. Psychische Beschwerden und eine reduzierte Lebensqualität lassen sich ebenfalls gehäuft beobachten. Aufgrund der mit Adipositas in Zusammenhang stehenden Folgeerkrankungen entstehen hohe Fehlzeiten am Arbeitsplatz, es lässt sich sogar eine höhere Mortalität empirisch nachweisen (McGee, 2005). Übergewicht und Adipositas sind weltweit für 5% der Sterblichkeit verantwortlich (World Health Organization, 2010).

Unter gesundem Körpergewicht wird Normalgewicht im Gegensatz zu Übergewicht oder Adipositas verstanden. Der Begriff »Übergewicht« wird oft für eine leichtere Erhöhung des Körpergewichts gebraucht. Unter Adipositas (Fettsucht) versteht man dagegen eine ausgeprägte Form des Übergewichts. Sie wird in drei Schweregrade (Adipositas Grad I bis III) unterteilt (Robert Koch-Institut, 2012). Die Einteilung in Normalgewicht, Übergewicht und Adipositas erfolgt anhand des Body-Mass-Indexes, der aus Körpergröße und Gewicht berechnet wird. Die Formel für den BMI lautet: Gewicht in Kilogramm geteilt durch die quadrierte Größe in Meter. Die Angaben sind Selbstangaben im Fragebogen. Eine Einteilung erfolgt nach Kriterien der WHO in Untergewichtig (BMI<18,5), Normalgewichtig (BMI 18,5 bis 24,9) Übergewichtig (BMI 25,0 bis 29,9) und Adipös (BMI ab 30).

(3) Körperliche Aktivität. Körperliche Inaktivität wurde weltweit als der vierthöchste Risikofaktor für die allgemeine Sterblichkeit identifiziert und steht in einem ursächlichen Zusammenhang mit Herz-Kreislauf-Erkrankungen, Krebs und Diabetes und deren Risikofaktoren wie erhöhtem Blutdruck, Blutzucker und Übergewicht (World Health Organization, 2010).

Zur Erfassung der körperlichen Aktivität wurden die Angaben zur gesundheitsförderlichen körperlichen Aktivität analog der WHO-Empfehlungen, zur Sporthäufigkeit und zu Bewegung und körperlicher Anstrengung am Arbeitsplatz Kita herangezogen. Gesundheitsfördernde körperliche Aktivität für Erwachsene besteht nach Empfehlungen der WHO und dem US-amerikanischen Centers of Disease Control and Prevention (CDC) aus mindestens 30 Minuten mäßig anstrengender körperlicher Aktivität an mindestens 5 Tagen die Woche (World Health Organization, 2010). Die Operationalisierung erfolgte über die Abfrage von Anzahl von Tagen pro Woche sowie der durchschnittlichen Dauer pro Tag, in denen die Befragten körperlich so aktiv sind, dass sie ins Schwitzen oder außer Atem geraten. Diese gesundheitsförderliche körperliche Aktivität kann unterteilt werden in freizeitbezogene körperliche Aktivität und arbeitsbezogene körperliche Aktivität, als Indikatoren werden Sport in der Freizeit sowie Bewegung am Arbeitsplatz Kita herangezogen. Die Sporthäufigkeit wurde in der Einteilung „sportlich inaktiv", „bis zu 2 Stunden Sport pro Woche" und „mehr als 2 Stunden Sport pro Woche" über die letzten drei Monate erhoben. Zur Analyse von bewegungsbezogenen Ressourcen oder Belastungen am Arbeitsplatz Kita wurden die subjektiven Angaben der Befragten herangezogen (dichotom ja/nein), ob sie sich viel an ihrem Arbeitsplatz bewegen und ob ihre Arbeit körperlich anstrengend ist.

(4) Tabakkonsum. Tabakkonsum ist einer der bedeutsamsten Risikofaktoren für zahlreiche schwerwiegende und potenziell tödlich verlaufende Krankheiten, wie z.B. Herz-Kreislauf-, Atemwegs- und Krebserkrankungen und steht in der Liste der vermeidbaren Todesursachen auf dem zweiten Platz mit einer Verursachung von 9% der weltweiten Todesfälle. Daneben kann Tabakkonsum die Augen, den Zahnhalteapparat, das Muskel- und Skelettsystem und den Verdauungstrakt schädigen (World Health Organization, 2010; Vohra u.a., 2015).

(5) Alkoholkonsum. Alkoholkonsum kann in Form riskanten Konsums von mehr als 12 Gramm reinen Alkohols bei Frauen und 20-24 Gramm bei Männern als Gesundheitsrisiko begriffen werden. Chronische Folgeerkrankungen wie Leber- oder Bauchspeicheldrüsenerkrankungen stellen sich meist erst nach langjährigem Konsum ein, während sich insbesondere beim gelegentlichen oder chronischen Rauschkonsum das Risiko für Verletzungen oder Unfälle jederzeit erhöht. Bei Männern verursacht Alkoholkonsum knapp 13% aller durch Behinderungen, Verletzungen oder Krankheiten verlorenen oder beeinträchtigten Lebensjahre (vgl. Hapke u.a., 2013).

Vor diesem Hintergrund stellt kein riskanter Alkoholkonsum einen weiteren Indikator für eine gesunde Lebensweise dar. Dieser wurde mit dem AUDIT-C-Screening-Test erhoben, einer Kurzform des AUDIT-Fragebogens aus nur drei Fragen. Mit dem Instrument lassen sich Menschen identifizieren, deren Angaben auf einen riskanten Alkoholkonsum hinweisen können. Dafür werden die Punktwerte der Fragen zum Alkoholkonsum addiert bis zu einer maximalen Summenscore von 12 Punkten. Werte in Höhe von ≥ 4 bei Frauen und ≥ 5 bei Männern wurden als Risikokonsum gewertet. Ein Summenwert von 1 bis 3 bei Frauen und 1 bis 4 bei Männern gilt als moderater Alkoholkonsum und der Wert von Null als Nie-Trinker*innen (Reinert & Allen, 2007).

Gesundheitsbezogene Lebensstilfaktoren von Erzieher*innen

Die Analysen der verschiedenen Lebensstilfaktoren von Erzieher*innen weisen im Allgemeinen keine Unterschiede zu ihrer Referenzgruppe innerhalb der deutschen Bevölkerung auf (Robert Koch-Institut, 2012), womit sich kein erhöhtes Gesundheitsrisiko im Sinne eines schlechteren Gesundheitsverhalten zeigt.

Ungefähr 2/3 der Fach- und Leitungskräfte ernährt sich zufriedenstellend, während 1/3 der Befragten eher ein ungünstiges Ernährungsmuster zeigt. Ein gesundes Körpergewicht wird von annähernd 60% erreicht, während 26% übergewichtig, 13% adipös und 2% untergewichtig sind. Die Hälfte der pädagogischen Fach- und Leitungskräfte haben noch nie geraucht, 24% rauchten früher aber heute nicht mehr, 7% rauchen gelegentlich und 19% rauchen täglich. Zwischen Leitungs- und Fachkräften besteht kein Unterschied. Der Anteil an Raucherinnen und Ex-Raucherinnen ist bei pädagogischen Fach- und Leitungskräften mit insgesamt knapp 48% geringer als bei gleichaltrigen Frauen mit gleicher Bildung innerhalb der deutschen Bevölkerung mit 56%. Im Alkoholkonsum zeigen sich keine Unterschiede zu gleichaltrigen Frauen mit gleicher Bildung in der deutschen Bevölkerung oder zwischen Leitungs- und Fachkräften: 16% der pädagogischen Fachkräfte trinken nie Alkohol, 58,6% weisen einen moderaten Alkoholkonsum und 25,5% einen riskanten Alkoholkonsum auf.

Der Vergleich mit Referenzgruppen der deutschen Bevölkerung zeigt (Robert Koch-Institut, 2012), dass sich weibliche pädagogische Fachkräfte und Leitungskräfte[66] häufiger gesundheitsförderlich bewegen als gleichaltrige Frauen mit gleich hoher, d.h. mittlerer Bildung. Hingegen besteht kein Unterschied zwischen pädagogischen Fachkräften und Leitungskräften oder zwischen Beschäftigen von öffentlichen und freien Einrichtungen.[67]

---

66 Männliche Fachkräfte sind aufgrund der niedrigen Fallzahl nicht zu bewerten.
67 $p<0.05$, Chi^2-Test

Abbildung 41. Vergleich der gesundheitsförderlichen körperlichen Aktivität und der Sporthäufigkeit pädagogischer Fach- und Leitungskräfte mit der deutschen Bevölkerung

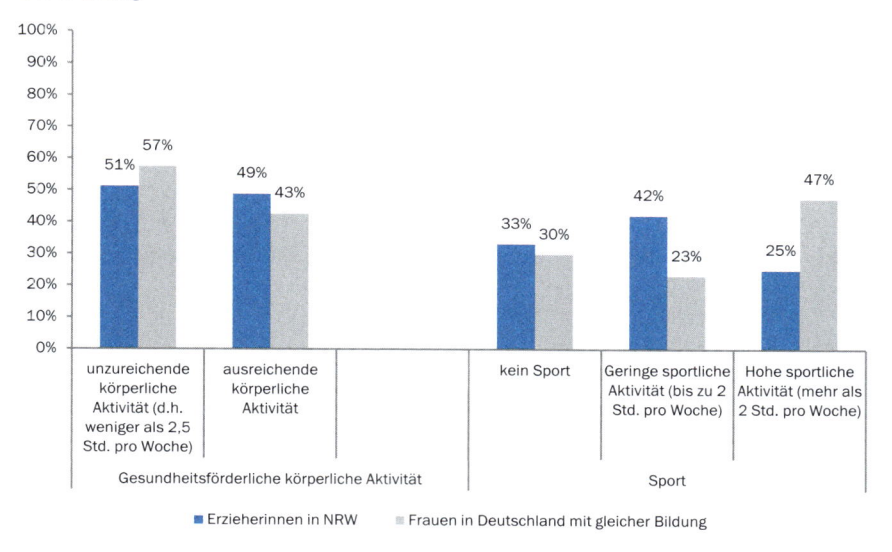

	Erzieherinnen in NRW	Frauen in Deutschland mit gleicher Bildung
Gesundheitsförderliche körperliche Aktivität		
unzureichende körperliche Aktivität (d.h. weniger als 2,5 Std. pro Woche)	51%	57%
ausreichende körperliche Aktivität	49%	43%
Sport		
kein Sport	33%	30%
Geringe sportliche Aktivität (bis zu 2 Std. pro Woche)	42%	23%
Hohe sportliche Aktivität (mehr als 2 Std. pro Woche)	25%	47%

Diese gesundheitsförderliche körperliche Aktivität kann unterteilt werden in arbeitsbezogene und freizeitbezogene körperliche Aktivität. Als Indikatoren werden Sport in der Freizeit sowie die subjektive Einschätzung der Befragten hinsichtlich der Häufigkeit von Bewegung am Arbeitsplatz Kita herangezogen.

Es zeigt sich, dass sich 90 % der pädagogischen Fachkräfte und 71 % der Leitungskräfte viel auf der Arbeit bewegen und dies als starke Ressource ihrer Arbeit wahrnehmen. Auf der anderen Seite bewerten mehr als 70 % der Fach- und fast 60 % der Leitungskräfte ihre Arbeit als körperlich anstrengend und erleben dies vielfach als Belastung. Im Vergleich der freizeitbezogenen Aktivität von weiblichen pädagogischen Fachkräften mit ihrer Referenzgruppe der deutschen Bevölkerung erweisen sich Erzieherinnen häufiger als sportlich inaktiv bzw. treiben weniger Sport, ebenfalls ohne Unterschied zwischen Fach- und Leitungskräften oder hinsichtlich Trägerform. Vermutlich ist der höhere Anteil derjenigen mit gesundheitsförderlicher Aktivität unter pädagogischen Fach- und Leitungskräften über das Bewegungsprofil am Arbeitsplatz Kita und nicht über ein höheres Maß freizeitbezogener körperlicher Aktivität zu erklären.

Die Unterschiedlichkeit zwischen Leitungen und Erzieher*innen lässt sich in erster Linie auf die pädagogische Gruppenarbeit zurückführen (siehe Abbildung 42): Freigestellte Leitungskräfte bewegen sich deutlich weniger als diejenigen, die in der pädagogischen Gruppenarbeit tätig sind.

Abbildung 42. Bewegung und körperliche Anstrengung am Arbeitsplatz Kita nach Funktion in der pädagogischen Arbeit

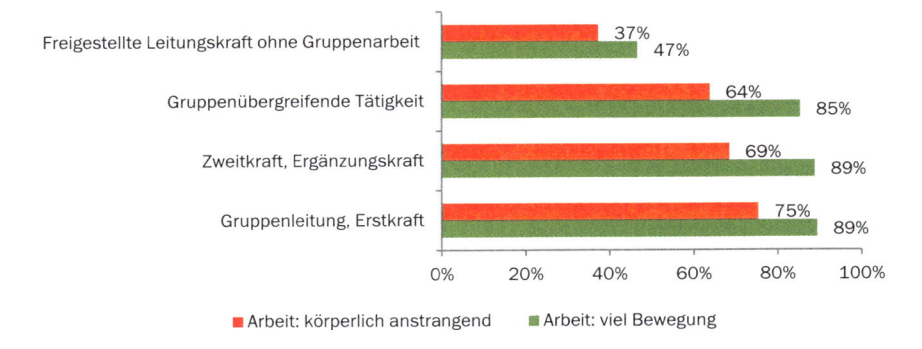

Funktion	Arbeit: körperlich anstrengend	Arbeit: viel Bewegung
Freigestellte Leitungskraft ohne Gruppenarbeit	37%	47%
Gruppenübergreifende Tätigkeit	64%	85%
Zweitkraft, Ergänzungskraft	69%	89%
Gruppenleitung, Erstkraft	75%	89%

Beim Vergleich zwischen Bewegung und körperlicher Anstrengung im Beruf mit der Sporthäufigkeit in der Freizeit zeigt sich zudem, dass sich Fach- und Leitungskräfte, die in der Freizeit viel Sport treiben, auch im Beruf häufiger viel bewegen[68] und somit eine persönliche Bewegungsaffinität auch in der Gestaltung des Arbeitsalltages in der Kita von Bedeutung ist. Kein Unterschied besteht hinsichtlich der Bewertung der Arbeit als körperlich anstrengend.

Es bestehen keine Zusammenhänge zwischen den analysierten Lebensstilfaktoren, also individuellen Ernährungsmustern, körperlicher und sportlicher Aktivität, Tabak- und Alkoholkonsum oder Adipositas mit den strukturellen Rahmenbedingungen am Arbeitsplatz Kita.

5.2.2 Arbeitsbezogene Verhaltens- und Erlebensmuster

Zu den personalen Ressourcen und Belastungen zählen individuelle Merkmale bzw. Persönlichkeitsmerkmale, wie bspw. bestimmte Bewältigungsstrategien oder im Kontext der Arbeitswelt arbeitsbezogene Verhaltens- und Erlebensmuster, die sich negativ oder protektiv auf die Gesunderhaltung auswirken können.

Indikator

Arbeitsbezogene Verhaltens- und Erlebensmuster sind „Haltungen und Einstellungen, erlebte Kompetenzen und Gefühle" (Schaarschmidt & Fischer, 2008, S. 7) eines Menschen in Bezug auf seine Arbeit und deren Anforde-

---

68 $p<0.05$, Chi²-Test

rungen. Es sind sozusagen die persönlichen Voraussetzungen, mit denen eine Person auf die Bedingungen in der Arbeitswelt trifft und diesen begegnen und sie bewältigen kann. Sie sind keine festen Persönlichkeitsmerkmale, sondern entstehen und entwickeln sich in der Auseinandersetzung mit beruflichen Anforderungen. Die Arbeitsbedingungen bieten den strukturellen Rahmen, in dem sich die persönlichen Ressourcen entwickeln und entfalten können. „… die mittels AVEM erzielten Ergebnisse informieren sowohl über die personalen Voraussetzungen, die in die Auseinandersetzung mit beruflichen Anforderungen eingebracht werden, als auch über die Folgen der bisherigen Beanspruchung. Beides ist nicht voneinander zu trennen" (Schaarschmidt & Fischer, 2008, S. 8).

Der in der Studie eingesetzte AVEM (Schaarschmidt & Fischer, 1996) ist ein Fragebogen zur Erfassung dieser arbeitsbezogenen Verhaltens- und Erlebensmusters. Er erfragt in verschiedenen Items die Einstellungen, Verhaltensweisen und Emotionen zu verschiedenen Arbeitsanforderungen. Auf der Grundlage der Beantwortung von 44 Items (bei der hier eingesetzten Kurzform) auf einer Likert-Skala von trifft überhaupt nicht zu (1) bis trifft völlig zu (5) werden Summenscores für 11 verschiedene Dimensionen arbeitsbezogener Verhaltens- und Erlebensmuster berechnet:

- die **subjektive Bedeutsamkeit der Arbeit**, also der Stellenwert der Arbeit im persönlichen Leben,
- den **beruflichen Ehrgeiz**, also dem Streben nach beruflichem Aufstieg und Erfolg,
- die **Verausgabungsbereitschaft**, also die Bereitschaft, die persönliche Kraft für die Erfüllung einer Arbeitsaufgabe einzusetzen,
- das **Perfektionsstreben**, also der Anspruch auf Güte und Zuverlässigkeit der eigenen Arbeitsleistung,
- die **Distanzierungsfähigkeit**, also die Fähigkeit zur psychischen Erholung von der Arbeit,
- die **Resignationstendenz** (bei Misserfolgen), also die Neigung, sich mit Misserfolgen abzugeben und aufzugeben,
- die **offensive Problembewältigung**, also die aktive und optimistische Haltung gegenüber Herausforderungen und auftretenden Problemen,
- die **innere Ruhe/Ausgeglichenheit**, also das Erleben psychischer Stabilität und inneren Gleichgewichts,
- das **Erfolgserleben im Beruf**, also die Zufriedenheit mit beruflich Erreichtem,
- die **Lebenszufriedenheit**, also die Zufriedenheit mit der gesamten, auch über die Arbeit hinausgehenden Lebenssituation sowie
- das **Erleben sozialer Unterstützung**, also das Vertrauen in die Unterstützung durch nahestehende Menschen, das Gefühl sozialer Geborgenheit.

Aus einem spezifischen Zusammenspiel der 11 Dimensionen und den daraus resultierenden drei Bereichen Arbeitsengagement, psychische Widerstandskraft und berufsbegleitende Emotionen lassen sich vier Muster des Verhaltens und Erlebens gegenüber der Arbeit unterscheiden.

Das **Muster G** steht für Gesundheit und ein gesundheitsförderliches Verhältnis gegenüber der Arbeit. Hier ist das Arbeitsengagement (Bedeutsamkeit der Arbeit, beruflicher Ehrgeiz, Verausgabungsbereitschaft und Perfektionsstreben) deutlich aber nicht exzessiv ausgeprägt, gleichzeitig bleibt die Distanzierungsfähigkeit erhalten. Weiterhin ist eine gute Widerstandsfähigkeit gegenüber den Arbeitsbelastungen dadurch vorhanden, dass geringe Werte in der Resignationstendenz gegenüber Misserfolgen, hohe in der offensiven Problembewältigung und der inneren Ruhe und Ausgeglichenheit vorliegen. Zudem finden sich hohe Werte in den Bereichen der positiven Emotionen, also beim beruflichen Erfolgserleben, der Lebenszufriedenheit und dem Erleben sozialer Unterstützung. Zusammenfassend ergibt sich also ein Muster, das durch stärkeres (aber nicht überzogenes) Engagement, Belastbarkeit, Zufriedenheit und Wohlbefinden gekennzeichnet ist (Schaarschmidt & Fischer, 2008, S. 12).

Das **Muster S** steht für Schonung gegenüber den Anforderungen der Berufswelt. Diese Menschen haben eine geringe Ausprägung was die Bedeutsamkeit der Arbeit, den beruflichen Ehrgeiz, die Verausgabungsbereitschaft und das Perfektionsstreben betrifft und können sich sehr gut und sehr stark von ihrer Arbeit distanzieren. Sie weisen eine geringe Resignationstendenz auf und zeigen insgesamt ein positives Lebensgefühl in Form von hoher Lebenszufriedenheit, Ausgeglichenheit und erlebter sozialer Unterstützung. Dieses Muster weist in erster Linie auf eine geringe berufliche Motivation hin, die – neben dem Schonungsaspekt mittels der starken Distanzierung – auf fehlende berufliche Herausforderungen oder eine Überlastung aufgrund defizitärer Arbeitsbedingungen, emotionale Überforderung oder ein belastetes Arbeitsklima deuten kann. „Vor allem dort, wo wir das Muster S häufiger finden, ist es angebracht, die Arbeitsinhalte und Arbeitsbedingungen zu überprüfen… so ist die Schonungstendenz nicht selten als Ausdruck innerer Kündigung infolge unbefriedigender Arbeitsanforderungen und/oder konflikthaltiger sozialer Beziehungen am Arbeitsplatz zu verstehen" (Schaarschmidt & Fischer, 2008, S. 16).

Das **Risikomuster A** steht für zu hohe Anstrengung und ist gekennzeichnet durch ein überhöhtes Engagement, das mit einer sehr geringen Distanzierungsfähigkeit und einer verminderten Widerstandsfähigkeit gegenüber Belastungen einhergeht. Diese Personan können Arbeitsprobleme schwer loslassen und kommen innerlich kaum zur Ruhe und zur Entspannung, sind wenig ausgeglichen und eher resignativ. Sie erleben sich und ihre Arbeit wenig anerkannt, zeigen eine geringe Lebenszufriedenheit und erfahren wenig soziale Unterstützung. Mit dem Risikomuster A geht ein erhöhtes Krankheitsrisiko einher. Es zeigt einen hohen Zusammenhang mit dem Konzept der beruflichen Gratifikationskrisen (siehe Kapitel 4.5).

Das **Risikomuster B** steht für Burnout und zeichnet sich durch geringes Arbeitsengagement insbesondere im Bereich der subjektiven Bedeutsamkeit der Arbeit sowie des beruflichen Ehrgeizes aus. Damit geht aber eine sehr geringe Distanzierungsfähigkeit gegenüber den Belangen der Arbeit einher, es zeichnet sich eine hohe Resignationstendenz und eine geringe offensive Problembewältigung ab. Diese Menschen weisen keine innere Ruhe und Ausgeglichenheit auf, zeigen niedrige Werte im Bereich der Lebenszufriedenheit, der sozialen Unterstützung oder dem beruflichen Erfolgserleben. „Kurzum, das Bild ist vor allem durch Resignation, Erschöpfungserleben, herabgesetzter Widerstandskraft, Unzufriedenheit und weiteren negativen Emotionen bestimmt. Solche Erscheinungen zählen Freudenberger (1974), Maslach (1982) u. a. zum Kern des Burnout-Syndroms" (Schaarschmidt & Fischer, 2008, S. 13).

Ergebnisse

Der Vergleich mit anderen Berufsgruppen (Schaarschmidt & Fischer, 2008) zeigt, dass die pädagogischen Fach- und Leitungskräfte in NRW zu den belasteten Berufsgruppen gehören, die mit bspw. Lehrer*innen oder Pflegekräften vergleichbar sind, welche als belastete und burnout-gefährdete Berufsgruppen vielfach untersucht worden sind (bspw. van Dick & Wagner, 2001; Wissing, 2005; Schaarschmidt, 2006; Hillert, 2007).

Das Arbeits- und Erlebensmuster G, das sich durch ein Gleichgewicht von Arbeitsengagement und Distanzierungsfähigkeit auszeichnet, findet sich bei 17% der pädagogischen Fachkräfte und bei 20% der Leitungskräfte. Das Muster S wie Schonung als Zusammenspiel von verringertem Arbeitsengagement und hoher Distanzierungsfähigkeit ist bei 35% der Fach- und bei 31% der Leitungskräfte beobachtbar. Die beiden Risikomuster B und A finden sich insgesamt bei 48% der Fach- und bei 50% der Leitungskräfte. Es besteht kein Unterschied in den Mustern S und G zwischen Fach- und Leitungskräften, Leitungskräfte weisen aber häufiger das Risikomuster A mit hohem Arbeitsengagement gekoppelt an eine geringe Distanzierungsfähigkeit und Fachkräfte häufiger das Risikomuster B mit geringem Engagement aber auch geringer Distanzierungsfähigkeit auf.[69] Fach- und Leitungskräfte in öffentlichen Einrichtungen zeigen seltener das Risikomuster A auf als

---

69 $p<0.05$, Chi²-Test

ihre Kolleg*innen der freien Jugendhilfe, weisen dafür aber zu einem höheren Anteil das Risikomuster B wie Burnout oder Muster S wie Schonung auf.[70]

Abbildung 43. Arbeitsbezogene Verhaltens- und Erlebensmuster von pädagogischen Fach- und Leitungskräften im Vergleich mit anderen Berufsgruppen (Schaarschmidt & Fischer, 2008)

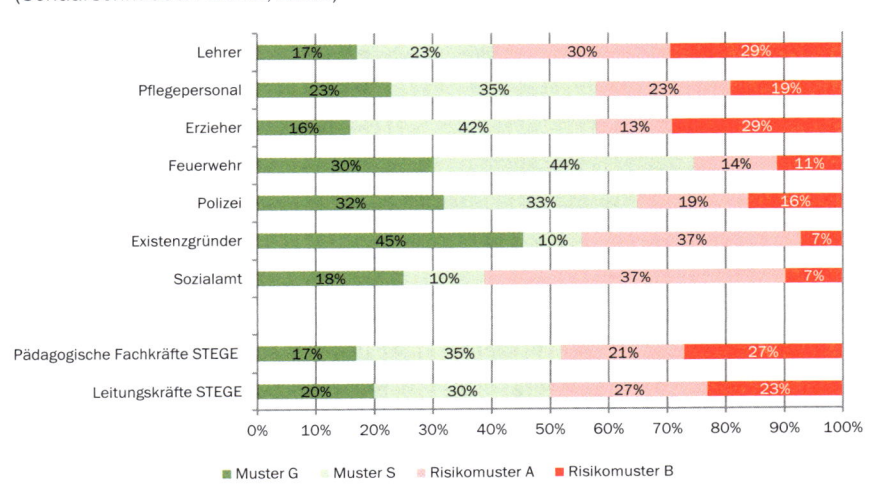

Berufsgruppe	Muster G	Muster S	Risikomuster A	Risikomuster B
Lehrer	17%	23%	30%	29%
Pflegepersonal	23%	35%	23%	19%
Erzieher	16%	42%	13%	29%
Feuerwehr	30%	44%	14%	11%
Polizei	32%	33%	19%	16%
Existenzgründer	45%	10%	37%	7%
Sozialamt	18%	10%	37%	7%
Pädagogische Fachkräfte STEGE	17%	35%	21%	27%
Leitungskräfte STEGE	20%	30%	27%	23%

Abbildung 44. Arbeitsbezogene Verhaltens- und Erlebensmuster von pädagogischen Fach- und Leitungskräften mit schlechten, mittleren und guten strukturellen Rahmenbedingungen

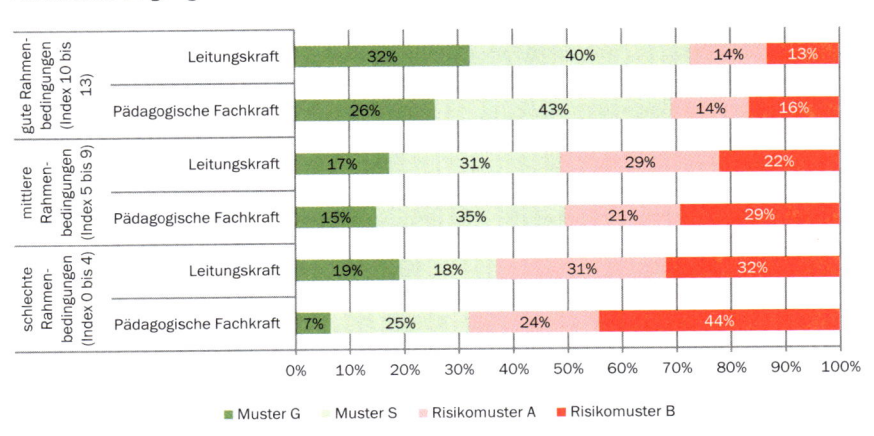

Rahmenbedingungen	Rolle	Muster G	Muster S	Risikomuster A	Risikomuster B
gute Rahmenbedingungen (Index 10 bis 13)	Leitungskraft	32%	40%	14%	13%
	Pädagogische Fachkraft	26%	43%	14%	16%
mittlere Rahmenbedingungen (Index 5 bis 9)	Leitungskraft	17%	31%	29%	22%
	Pädagogische Fachkraft	15%	35%	21%	29%
schlechte Rahmenbedingungen (Index 0 bis 4)	Leitungskraft	19%	18%	31%	32%
	Pädagogische Fachkraft	7%	25%	24%	44%

---

70 $p<0.05$, Chi²-Test

Mit Blick auf die strukturellen Rahmenbedingungen am Arbeitsplatz Kita zeigt sich, dass sich die beiden Risikomuster A und B mit einem Anteil von 64% häufiger bei Fach- und Leitungskräften mit schlechten Rahmenbedingungen finden im Vergleich zu 50% mit mittleren und 30% mit guten strukturellen Rahmenbedingungen (siehe Abbildung 44).[71]

> Fach- und Leitungskräfte mit schlechten strukturellen Rahmenbedingungen weisen häufiger die Risikomuster A und B auf als ihre Kolleg*innen mit mittleren oder guten strukturellen Rahmenbedingungen.[72]

5.2.3 Private Belastungen und soziale Unterstützung

Indikatoren

(1) Soziale Unterstützung. Unter soziale Ressourcen lassen sich z.B. soziale Kontakte fassen, die im Privatleben einer Person anzutreffen sind und für die Bewältigung von Belastungen mobilisiert werden können. Soziale Unterstützung ist ein bekannter Protektivfaktor von körperlicher und vor allem psychischer Gesundheit (Dalgard & Tambs, 1995; Huure u.a., 2007). Ein Mangel an privaten sozialen Kontakten gilt wiederum als Risiko für die Krankheitsentstehung (Hurrelmann, 2006). Soziale Unterstützung wurde in der Studie mit der »Oslo-3-Items-Social-Support-Scale« (Oslo-3) gemessen (Dalgard & Tambs, 1995; Meltzer, 2003). Hier wird gefragt, auf wie viele Menschen man sich bei ernsthaften persönlichen Problemen verlassen kann, wie viel Interesse und Anteilnahme andere Menschen an dem, was man tut, zeigen und wie leicht es ist, praktische Hilfe von Nachbarn zu erhalten. Für den Indikator werden drei Ausprägungen berechnet: Geringe, mittlere und starke Unterstützung (Kilpeläinen, 2008).

(2) Private Belastung. Den Grad ihrer privaten Belastung sollten die befragten Fach- und Leitungskräfte auf einer vierstufigen Likertskala angeben. Zudem wurde die Anzahl an Kindern, die Pflege von Angehörigen und die Familiensituation erhoben.

---

71 $p<0.05$, Chi^2-Test
72 $p<0.05$, Chi^2-Test

Ergebnisse

Knapp 44% der pädagogischen Fach- und Leitungskräfte erfahren starke und 50% mittlere soziale Unterstützung und sind damit insgesamt in ein supportives soziales Umfeld eingebunden. Es liegen keine Unterschiede zwischen Beschäftigten bei verschiedenen Trägern oder zwischen Leitungskräften und pädagogischen Fachkräften vor. Im Ausmaß der privaten Belastung zeigen sich ebenfalls keine Unterschiede zwischen Beschäftigten verschiedener Träger oder zwischen Leitungskräften und pädagogischen Fachkräften. Ungefähr 30% fühlen sich gar nicht, 55% mittel und ungefähr 15% stark bis sehr stark belastet.

Fach- und Leitungskräfte mit schlechten strukturellen Rahmenbedingungen bringen auch privat mehr Belastungsfaktoren mit als Fachkräfte mit mittleren oder guten strukturellen Rahmenbedingungen: Sie sind mit durchschnittlich 42,6 Jahren älter als ihre Kolleg*innen mit mittleren (durchschnittlich 41,4 Jahre) und guten (durchschnittlich 37,9 Jahre) strukturellen Rahmenbedingungen.[73] Sie pflegen mit 15,0% häufiger ihre pflegebedürftigen Personen als Fach- und Leitungskräfte mit mittleren strukturellen Rahmenbedingungen mit 9,9% und denjenigen mit guten Rahmenbedingungen (7,5%).[74] Ebenso betreuen Fach- und Leitungskräfte mit schlechten strukturellen Rahmenbedingungen häufiger eigene Kinder im Haushalt als ihre Kolleg*innen mit besseren Rahmenbedingungen[75]. Die Anzahl der eigenen Kinder im Haushalt unterscheidet sich nicht. Es besteht zudem kein Unterschied hinsichtlich der Lebenslage als Alleinerziehende. Entsprechend den dargestellten Unterschieden sind die Fach- und Leitungskräfte mit schlechten strukturellen Rahmenbedingungen privat stärker belastet. Weiterhin berichten sie von geringerer sozialer Unterstützung als ihre Kolleg*innen mit besseren strukturellen Rahmenbedingungen.[76]

5.2.4 Zusammenfassung

Im gesundheitsförderlichen Lebensstil der Fach- und Leitungskräfte zeigt sich weder ein Unterschied zu der Referenzgruppe in der deutschen Bevölkerung noch in Abhängigkeit von den strukturellen Rahmenbedingungen. Pädagogische Fach- und Leitungskräfte mit schlechten Rahmenbedingungen am Arbeitsplatz Kindertageseinrichtung weisen auch im privaten Be-

---

[73] $p<0.05$, ANOVA
[74] $p<0.05$, Chi²-Test
[75] $p<0.05$
[76] $p<0.05$, Chi²-Test

reich stärkere Belastungsfaktoren auf. Sie betreuen häufiger eigene Kinder im Haushalt oder pflegen pflegebedürftige Personen. Zudem berichten sie von einer geringeren sozialen Unterstützung. Weiterhin sind die beiden Risikomuster A für zu hohe Anstrengung und Risikomuster B für Burnout häufiger zu finden als bei Fach- und Leitungskräften mit mittleren und guten strukturellen Rahmenbedingungen.

5.3 Arbeitsfähigkeit im Spannungsfeld von Individuum und Arbeitsplatz Kita

5.3.1 Indikator und statistische Methoden

Arbeitsfähigkeit als Konstrukt beschreibt das Potenzial eines Menschen, eine gegebene Arbeitsaufgabe zu einem gegebenen Zeitpunkt zu bewältigen und stellt dafür die Arbeitsanforderungen den vorhandenen körperlichen und psychischen Ressourcen von Arbeitnehmer*innen gegenüber. Sie beschreibt, wie gut die speziellen Anforderungen ihres Berufs an ihrem konkreten Arbeitsplatz angesichts von Gesundheit und mentalen Ressourcen erledigt werden können (Hasselhorn & Freude, 2007; WAI-Netzwerk, 2012). Wichtig ist dabei, wie diese beiden Bedingungen – also das Kapital zur Bewältigung von Arbeitsaufgaben und die Anforderungen der Arbeit – zueinander im Verhältnis stehen.

Ein international eingesetztes Messinstrument ist der *Work Ability Index* (WAI), der vor allem die subjektive Einschätzung der Person berücksichtigt. Er greift aber auch auf die Anzahl von Arbeitsunfähigkeitstagen sowie die ärztlich diagnostizierten Krankheiten zurück. Der WAI umfasst sieben verschiedene Dimensionen, die zusammen als Gesamtscore die Arbeitsfähigkeit einer Person ergeben. Dazu gehören die aktuelle Arbeitsfähigkeit in Relation zur besten jemals erreichten Arbeitsfähigkeit, die Arbeitsfähigkeit in Relation zu den Arbeitsanforderungen, die Anzahl diagnostizierter Krankheiten[77], die subjektive Beeinträchtigung am Arbeitsplatz aufgrund der Erkrankungen, der Krankenstand im vergangenen Jahr, eine prospektive Einschätzung der eigenen Arbeitsfähigkeit in zwei Jahren sowie der persönlichen psychischen Leistungsreserven. Es werden körperliche und psychische Anforderungen sowie die körperlichen und psychischen Leistungsreserven am Arbeitsplatz einbezogen (siehe Abbildung 45).

---

77 In der Studie wurde die Kurzfassung des WAI eingesetzt, in der anstelle der 50 einzelnen Krankheiten der Langfassung insgesamt 13 Krankheitsgruppen abgefragt werden.

Abbildung 45. Dimensionen der Arbeitsfähigkeit gemessen mit dem WAI
(Bundesanstalt für Arbeitsschutz und Arbeitsmedizin, 2008, S. 8)

WAI 1	Derzeitige Arbeitsfähigkeit im Vergleich zu der besten je erreichten Arbeitsfähigkeit
	Wenn Sie Ihre beste je erreichte Arbeitsfähigkeit mit 10 Punkten bewerten: Wie viele Punkte würden Sie dann für Ihre derzeitige Arbeitsfähigkeit geben?
WAI 2	Arbeitsfähigkeit in Relation zu den Arbeitsanforderungen
	Wie schätzen Sie Ihre derzeitige Arbeitsfähigkeit in Relation zu den körperlichen Arbeitsanforderungen ein?
	Wie schätzen Sie Ihre derzeitige Arbeitsfähigkeit in Relation zu den psychischen Arbeitsanforderungen ein?
WAI 3	Anzahl der aktuellen, vom Arzt diagnostizierten Krankheiten
	(Langversion = 50, Kurzversion = 13 Krankheiten/Krankheitsgruppen)
WAI 4	Geschätzte Beeinträchtigung der Arbeitsleistung durch die Krankheiten
	Behindert Sie derzeit eine Erkrankung oder Verletzung bei der Arbeit?
WAI 5	Krankenstand im vergangenen Jahr
	(Anzahl Tage)
WAI 6	Einschätzung der eigenen Arbeitsfähigkeit in zwei Jahren
	Glauben Sie, dass Sie – ausgehend von Ihrem jetzigen Gesundheitszustand – Ihre derzeitige Arbeit auch in den nächsten zwei Jahren ausüben können?
WAI 7	Psychische Leistungsgrenzen
	Haben Sie in der letzten Zeit Ihre täglichen Aufgaben mit Freude erledigt?
	Waren Sie in letzter Zeit aktiv und rege?
	Waren Sie in der letzten Zeit zuversichtlich, was die Zukunft betrifft?

Anhand der erreichten Werte (von minimal sieben bis maximal 49 Punkte) wird die Arbeitsfähigkeit in vier Bereiche eingeteilt, die unterschiedliche Konsequenzen in der Ausrichtung von Maßnahmen haben. Die Maßnahmen setzen an der Person und an ihrem Arbeitsumfeld an und sollen die Relation zwischen Anforderungen und vorhandenen Ressourcen ins Gleichgewicht bringen. Aus den Ergebnissen können erforderliche Maßnahmen in den Handlungsfeldern individuelle Gesundheit, Kompetenz/Wissen des Beschäftigten, Arbeitsumgebung und Führung/Management abgeleitet werden (WAI-Netzwerk, 2012, S. 12).

Tabelle 6. Kategorien des WAI mit abgeleiteten Empfehlungen für Maßnahmen

Punkte	Arbeitsfähigkeit	Ziel von Maßnahmen
7 – 27	Niedrig	Arbeitsfähigkeit wiederherstellen
28 – 36	Mittelmäßig	Arbeitsfähigkeit verbessern
37 – 43	Gut	Arbeitsfähigkeit unterstützen
44 – 49	Hoch	Arbeitsfähigkeit erhalten

Mit Blick auf das Setting „Arbeitsplatz Kita" wurde in der Studie die Arbeitsfähigkeit von pädagogischen Fach- und Leitungskräften allgemein beschrieben und in den Kontext von strukturellen Rahmenbedingungen gestellt.

Nach dem forschungsleitenden Modell der Studie wirken zusätzlich zu den strukturellen Merkmalen auch die Team- und Leitungskultur der Einrichtung sowie individuelle Merkmale auf die Arbeitsfähigkeit der Erzieher*innen am Arbeitsplatz Kita. Dieser Ansatz entspricht theoretischen Modellen der Arbeitsfähigkeit, bei denen ebenfalls von einem Zusammenspiel individueller Ressourcen und verschiedener Dimensionen der Arbeit ausgegangen wird. Die individuellen Ressourcen umfassen dabei „körperliche, mentale und soziale Fähigkeiten des Beschäftigten, seine Gesundheit, Qualifikation (Bildung), Kompetenz sowie Einstellungen und Werte. Die Dimensionen der Arbeit, die zur Arbeitsfähigkeit beitragen, beinhalten die körperlichen und psychischen Arbeitsanforderungen, das Arbeitsumfeld und Aspekte der Führung" (Ilmarinen, 2004, zit. nach Hasselhorn & Freude, 2007, S. 9).

Deshalb wurde nach einer allgemeinen Beschreibung der Arbeitsfähigkeit von pädagogischen Fach- und Leitungskräften deren Arbeitsfähigkeit zunächst in einen bivariaten Zusammenhang mit verschiedenen individuellen und arbeitsplatzbezogenen Merkmalen gestellt. Für die Zusammenhangsanalysen wurden die Fach- und Leitungskräfte anhand deren Arbeitsfähigkeit in zwei Gruppen eingeteilt: Diejenigen mit guter oder hoher Arbeitsfähigkeit (also dem abgeleiteten Präventionsbedarf von Erhaltung und Unterstützung der Arbeitsfähigkeit) wurden denjenigen gegenübergestellt, deren Arbeitsfähigkeit verbessert respektive wiederhergestellt werden muss (mittelmäßige und schlechte Arbeitsfähigkeit). Diese Analysen fanden getrennt nach Leitungskräften und Fachkräften ohne Leitungsfunktion statt, da sich die Anforderungen des Arbeitsplatzes in Abhängigkeit von einer Leitungsfunktion deutlich unterscheiden.

Nachdem so statistisch signifikante Zusammenhänge identifiziert wurden, erfolgte die multivariate Analyse mittels logistischen Regressionsmodellen, um die entscheidenden Faktoren für eine gute respektive schlechte Arbeitsfähigkeit zu identifizieren.

5.3.2 Arbeitsfähigkeit von Erzieher*innen

Pädagogische Fach- und Leitungskräfte am Arbeitsplatz Kita weisen nur zu einem relativ geringen Anteil eine hinreichende Balance zwischen den Anforderungen des Arbeitsplatzes und ihren vorhandenen körperlichen und psychischen Leistungsreserven auf. Nur bei durchschnittlich 41 % der befragten pädagogischen Fachkräfte und bei 35% der Leitungskräfte kann in der Studie eine gute oder hohe Arbeitsfähigkeit gemessen werden. In der finnischen Originalstichprobe (allerdings mit Daten aus 1990) befinden sich 50% der Teilnehmenden in diesem Wertebereich (Hasselhorn & Freude, 2007). Leitungskräfte weisen häufiger eine schlechtere Arbeitsfähigkeit auf als pädagogische Fachkräfte, vor allem in der öffentlichen Jugendhilfe.[78]

> Bei fast zwei Dritteln der pädagogischen Fach- und Leitungskräfte besteht eine eingeschränkte Arbeitsfähigkeit, die mit betrieblichen Maßnahmen verbessert werden sollte.

5.3.3 Zusammenhänge zu individuellen und arbeitsplatzbezogenen Merkmalen

Im zweiten Analyseschritt wurden die Zusammenhänge verschiedener individueller Merkmale der Fach- und Leitungskräfte mit deren Arbeitsfähigkeit statistisch geprüft.

Arbeitsfähigkeit und individuelle Merkmale

Die Zusammenhangsanalysen zwischen der Arbeitsfähigkeit und individuellen Merkmalen der Fach- und Leitungskräfte zeigen, dass eine höhere Arbeitsfähigkeit häufiger bei jüngeren Fachkräften[79], bei höherer sozialer Unterstützung[80], bei niedrigerer privater Belastung[81], bei regelmäßiger sportlicher Betätigung in der Freizeit (vor allem bei mehr als 2 Stunden pro Woche)[82], bei Normalgewicht[83] sowie arbeitsbezogenen Erlebens- und Verhaltensmustern, die tendenziell dem Muster G (wie gesund) entsprechen[84], auftritt. Bei den Fachkräften ohne Leitungsfunktion unterscheiden sich alle anderen Muster in ihrer Arbeitsfähigkeit vom Muster G, während sich bei den Leitungskräften keine Unterschiede zwischen den beiden Mustern G und S (wie Schonung) zeigen.

Keine Unterschiede zeigen sich nach Geschlecht, Migrationshintergrund, Alkoholkonsum, aktuellem Rauchen oder dem Ernährungsverhalten.

---

78 $p<0.01$, Chi^2-Test
79 $p<0.05$, Mann-Whitney-U-Test
80 $p<0.05$, Mann-Whitney-U-Test
81 $p<0.05$, Mann-Whitney-U-Test
82 $p<0.05$, Mann-Whitney-U-Test
83 $p<0.05$, Chi^2-Test
84 $p<0.05$, Chi^2-Test

Arbeitsfähigkeit und die Funktion der Fachkraft in der Einrichtung

Die Analyse von Unterschieden in der Arbeitsfähigkeit nach verschiedenen Funktionen in der Einrichtung zeigt, dass Leitungskräfte weniger häufig eine gute oder hohe Arbeitsfähigkeit als stellvertretende Leitungen[85] oder als Fachkräfte ohne Leitungsfunktion[86] haben. Es bestehen keine Zusammenhänge zur Freistellung für die Leitungstätigkeit laut Vertrag. Gruppenübergreifend tätige Fachkräfte haben häufiger eine gute/hohe Arbeitsfähigkeit als diejenigen, die fest in einer Gruppe als Erst- oder Zweitkraft arbeiten[87]. Leitungskräfte, die auch fest in einer Gruppe tätig sind (als Erst- oder Zweitkräfte) haben in der Tendenz häufiger eine gute oder hohe Arbeitsfähigkeit im Vergleich zu freigestellten Leitungskräften oder gruppenübergreifend tätigen Leitungskräften[88].

Arbeitsfähigkeit und Qualifikation und Weiterbildung

Bei der Analyse von Weiterbildung und Qualifikation der Fach- und Leitungskräfte im Zusammenhang ihrer Arbeitsfähigkeit zeigen sich keine Unterschiede nach pädagogischer Ausbildung. Wichtig scheint das subjektive Erleben der eigenen Qualifikation zu sein, da diejenigen, die sich als gut ausgebildet für ihre Arbeit erleben[89], häufiger eine gute oder hohe Arbeitsfähigkeit zeigen.

Pädagogische Fachkräfte, die aktuell eine berufsbegleitende Ausbildung absolvieren, haben häufiger eine schlechte Arbeitsfähigkeit[90]. Die subjektiv erlebte Unterstützung von Weiterbildung durch die Einrichtungen[91] steht in einem positiven Zusammenhang mit einer guten oder hohen Arbeitsfähigkeit bei den pädagogischen Fachkräften, während sich bei den Leitungskräften oder bei einzelnen Maßnahmen der Unterstützung keine Zusammenhänge herstellen lassen.

Fach- und Leitungskräfte mit einer höheren Berufserfahrung – also einer längeren Dauer der Tätigkeit – haben häufiger keine gute oder hohe – und damit zu unterstützende Arbeitsfähigkeit.[92]

---

85 $p<0.05$, Chi²-Test
86 $p<0.05$, Chi²-Test
87 $p<0.05$, Chi²-Test
88 $p<0.05$, Chi²-Test
89 $p<0.05$, Chi²-Test
90 $p<0.05$, Chi²-Test
91 $p<0.05$, Chi²-Test
92 $p<0.05$, Mann-Whitney-U-Test

Arbeitsfähigkeit und physische Belastungen und Ressourcen am Arbeitsplatz

Werden physische Belastungen oder Ressourcen am Arbeitsplatz betrachtet, findet sich Lärm[93] oder hohe körperliche Anstrengung[94] häufiger bei Fach- und Leitungskräften, die keine gute oder hohe Arbeitsfähigkeit aufweisen. Viel Bewegung am Arbeitsplatz[95] hingegen wird häufiger von Fach- und Leitungskräften mit guter/hoher Arbeitsfähigkeit berichtet.

Arbeitsfähigkeit und Team- und Leitungskultur

Bezogen auf die personelle Zusammenarbeit in der Einrichtung kann gesagt werden, dass ein gutes Teamklima[96], hohe Einflussnahmemöglichkeiten und hoher Handlungsspielraum[97] sowie bei den Fachkräften eine gute Führungsqualität ihrer Leitung[98] in Verbindung mit einer guten oder hohen Arbeitsfähigkeit stehen.

Die beiden Ausprägungen von Arbeitsfähigkeit unterscheiden sich weder bei den pädagogischen Fachkräften mit noch bei denjenigen ohne Leitungsfunktion in Abhängigkeit von regelmäßigen Einrichtungsbesprechungen, Supervision oder Intervision.

Arbeitsfähigkeit und allgemeine Einrichtungsmerkmale

Die Arbeitsfähigkeit von Beschäftigten der öffentlichen oder freien Jugendhilfe unterscheidet sich nicht, auch die Größe der Einrichtung spielt keine Rolle. Die pädagogischen Fachkräfte zeigen keine Unterschiede in Abhängigkeit des Grades an sozialer und wirtschaftlicher Schwierigkeiten des Einzugsgebietes der Einrichtung, während bei den Leitungskräften eine schlechtere Sozialstruktur in Zusammenhang mit einer niedrigen Arbeitsfähigkeit[99] steht. Als eine Ressource für die Arbeitsfähigkeit, insbesondere für die Leitungskräfte, stellt sich ein pädagogischer Schwerpunkt der Einrichtung[100] dar. Für die Fachkräfte ohne Leitungsfunktion ist eine personale Konstanz bedeutsam, da

---

93   $p<0.05$, Chi²-Test
94   $p<0.05$, Chi²-Test
95   $p<0.05$, Chi²-Test
96   $p<0.05$, Mann-Whitney-U-Test
97   $p<0.05$, Mann-Whitney-U-Test
98   $p<0.05$, Mann-Whitney-U-Test
99   $p<0.05$, Mann-Whitney-U-Test
100 $p<0.05$, Chi²-Test

eine höhere Fluktuationsquote mit einer geringeren Arbeitsfähigkeit des pädagogischen[101] – aber nicht des Leitungspersonals – einhergeht.

Als bedeutsam zeigen sich die materiellen Rahmenbedingungen der Einrichtung: eine gute oder hohe Arbeitsfähigkeit steht im Zusammenhang mit einer besseren räumlichen und finanziellen Situation.[102] Die Anzahl von Arbeitsschutzmaßnahmen spielt im Kontext der Arbeitsfähigkeit nur bei den Leitungskräften eine Rolle, die bei einer höheren Anzahl von Lärmschutzmaßnahmen[103] aber nicht von Rückenschutzmaßnahmen häufiger eine gute oder hohe Arbeitsfähigkeit haben.

Arbeitsfähigkeit und strukturelle Rahmenbedingungen

Je schlechter die strukturellen Rahmenbedingungen der Fach- und Leitungskräfte am Arbeitsplatz Kindertageseinrichtung sind[104], desto schlechter ist auch deren Arbeitsfähigkeit.[105] Während insgesamt nur bei 21 % der Fach- und Leitungskräfte mit schlechten strukturellen Rahmenbedingungen eine gute oder hohe Arbeitsfähigkeit gemessen wird, steigt dieser Anteil auf 37 % derjenigen mit mittleren und sogar 60 % derjenigen mit guten strukturellen Rahmenbedingungen an.[106]

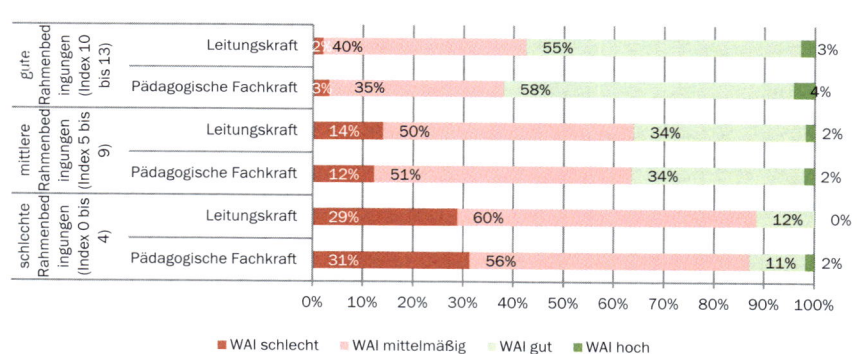

Abbildung 46. Arbeitsfähigkeit von pädagogischen Fach- und Leitungskräften mit schlechten, mittleren und guten strukturellen Rahmenbedingungen

Rahmenbedingungen	Rolle	WAI schlecht	WAI mittelmäßig	WAI gut	WAI hoch
gute Rahmenbedingungen (Index 10 bis 13)	Leitungskraft	2%	40%	55%	3%
	Pädagogische Fachkraft	3%	35%	58%	4%
mittlere Rahmenbedingungen (Index 5 bis 9)	Leitungskraft	14%	50%	34%	2%
	Pädagogische Fachkraft	12%	51%	34%	2%
schlechte Rahmenbedingungen (Index 0 bis 4)	Leitungskraft	29%	60%	12%	0%
	Pädagogische Fachkraft	31%	56%	11%	2%

---

101 $p<0.05$, Mann-Whitney-U-Test
102 $p<0.05$, Mann-Whitney-U-Test
103 $p<0.05$, Mann-Whitney-U-Test
104 Gemessen mit dem Index für strukturelle Rahmenbedingungen, wie er in Kapitel 4.2.6 beschrieben ist.
105 Korrelationskoeffizient nach Spearman: 0.293 mit $p<0.01$
106 $p<0.01$, Chi²-Test

Arbeitsfähigkeit und Zeit am Arbeitsplatz, Fachkraft-Kind-Relation sowie Gruppenorganisation

Ein wichtiges Element struktureller Rahmenbedingungen sind die zeitlichen Ressourcen am Arbeitsplatz. Die verschiedenen Facetten von Zeit am Arbeitsplatz[107] erweisen sich als sehr bedeutsam: Gute oder hohe Arbeitsfähigkeit steht sowohl bei Fach- als auch bei Leitungskräften im Zusammenhang mit mehr zur Verfügung stehender Zeit im Arbeitsalltag[108] und mit einer geringeren Anzahl von Überstunden[109], unabhängig davon, ob ein Überstundenausgleich vorhanden ist oder nicht. Die Fach- und Leitungskräfte, die mit ihrer Arbeitszeit unzufrieden sind und eher weniger/kürzer arbeiten möchten[110], haben häufiger eine eingeschränkte Arbeitsfähigkeit als diejenigen, die mit ihrer Arbeitszeit zufrieden sind oder mehr arbeiten möchten. Je mehr vertragliche Arbeitszeit für mittelbare Arbeit festgelegt ist, desto besser ist die Arbeitsfähigkeit der Fach- und Leitungskräfte.[111]

Ausschlaggebend für vorhandene Zeit am Arbeitsplatz ist die Fachkraft-Kind-Relation/der Personalschlüssel. So zeigen sich die Zusammenhänge zur Arbeitsfähigkeit zum Teil auch an dieser Stelle. Die subjektive Bewertung des Personalschlüssels als gut findet sich häufiger bei Personen mit guter und hoher Arbeitsfähigkeit[112], eine bessere Fachkraft-Kind-Relation findet sich nur bei Leitungskräften in der pädagogischen Gruppenarbeit häufiger bei denjenigen mit hoher und guter Arbeitsfähigkeit[113], bei den Fachkräften ohne Leitungsaufgaben ist nur in der Tendenz ein Unterschied feststellbar. Es zeigen sich keine Unterschiede nach Gruppenorganisation oder Gruppengröße.

Arbeitsfähigkeit und berufliche Gratifikation

Berufliche Gratifikation ist als wichtiger Faktor für die Arbeitsfähigkeit zu betrachten. Der Effort-Reward-Quotient bei Fach- und Leitungskräften mit guter oder hoher Arbeitsfähigkeit ist niedriger – und damit ausgewogener – als bei denen mit mittelmäßiger oder schlechter Arbeitsfähigkeit.[114] Aller-

---

107 Index aus vier Arbeitsbedingungen zum Thema Zeit: wir haben ausreichend Zeit für die Kinder; wir haben ausreichend Zeit für Vor- und Nachbereitungen; wir haben keinen Zeitdruck; wir haben immer wieder Zeit für kleinere Erholungspausen.
108 $p<0.05$, Mann-Whitney-U-Test
109 $p<0.05$, Mann-Whitney-U-Test
110 $p<0.05$, Chi²-Test
111 $p<0.05$, Korrelationskoeffizient nach Pearson (0.114)
112 $p<0.05$, Chi²-Test
113 $p<0.05$, Mann-Whitney-U-Test
114 $p<0.05$, Mann-Whitney-U-Test

dings muss an dieser Stelle einbezogen werden, dass der durchschnittliche Effort-Reward-Quotient beider Gruppen im Bereich der beruflichen Gratifikationskrise liegt.

Erstaunlicherweise zeigen die Zusammenhänge bei der Betrachtung einzelner Komponenten von Gratifikation teilweise in die andere Richtung: So weisen Fach- und Leitungskräfte mit guter oder hoher Arbeitsfähigkeit einen niedrigeren Brutto-Stundenlohn[115] und eine geringere Arbeitsplatzsicherheit[116] auf. Nur bei den Leitungskräften zeigt sich dieser Zusammenhang in der Einschätzung, ob der eigene Arbeitsplatz gefährdet ist, nicht[117].

Gerade auch die letztgenannten Befunde zur beruflichen Gratifikation verweisen auf die Notwendigkeit für multivariate Analysen, um andere Einflussfaktoren zu kontrollieren und damit adjustierte Zusammenhänge zu identifizieren. Eine mögliche Erklärung für die unerwarteten bivariaten Befunde könnte in der Hintergrundvariable „Alter" liegen; so dürfte ein höheres Lebensalter mit geringerer Arbeitsfähigkeit im Sinne reduzierter gesundheitlicher Ressourcen und gleichzeitig auch mit einer höheren Bezahlung und einem unbefristeten Arbeitsverhältnis einhergehen.

Die Ergebnisse der multivariaten Analysen werden im folgenden Kapitel dargestellt.

5.3.4 Arbeitsfähigkeit im Spannungsfeld zwischen Individuum und Arbeitsplatz

In einem umfassenderen statistischen Modell wurde geklärt, wie hoch der Zusammenhang zwischen strukturellen Rahmenbedingungen am Arbeitsplatz Kita und einer eingeschränkten Arbeitsfähigkeit ist, wenn zusätzliche Faktoren der Arbeitswelt Kita und individuell-persönliche Aspekte in die Analyse einbezogen werden. Leitungs- und Fachkräfte wurden ebenfalls getrennt betrachtet, um differenziert Unterschiede in Einflussgrößen auf die Arbeitsfähigkeit des pädagogischen Personals in Kindertageseinrichtungen herausarbeiten zu können.

Methodik

Die statistische Kontrolle dieser Einflussfaktoren auf eine eingeschränkte Arbeitsfähigkeit (also auf eine zu verbessernde, d.h. mittelmäßige bzw. eine

---

115 $p<0.05$, Mann-Whitney-U-Test
116 $p<0.05$, Chi^2-Test
117 $p<0.05$, Chi^2-Test

wiederherzustellende, d.h. schlechte Arbeitsfähigkeit) erfolgte mit multiplen logistischen Regressionsmodellen.

Ein logistisches Modell ist so zu interpretieren, dass das Risiko für jeden einbezogenen Faktor berechnet wird, der um den Einfluss aller anderen Faktoren im Modell bereinigt ist. Dafür werden sogenannte Odds Ratios (OR) als Risikomaßzahlen berechnet. Bei einem OR gleich Eins besteht kein Zusammenhang zwischen dem analysierten Einflussfaktor und der Arbeitsfähigkeit, bei einem OR kleiner Eins hat der analysierte Indikator einen protektiven Zusammenhang und bei einem OR größer Eins ist das Risiko für eine schlechtere Arbeitsfähigkeit erhöht. ORs sind dann statistisch signifikant, wenn deren Konfidenzintervall die Eins nicht enthält. Sie können als Faktorwerte interpretiert werden: so verdoppelt ein Odds Ratio von 2 das Risiko für eine schlechtere Arbeitsfähigkeit.

Zunächst wurden sowohl bei den Fach- als auch bei den Leitungskräften eine Vielzahl von Merkmalen in die Modellierung einbezogen und Schritt für Schritt aus dem Modell ausgeschlossen, bis das Modell mit der größten Varianzaufklärung für das Risiko einer reduzierten Arbeitsfähigkeit gefunden war.

Es wurden die folgenden Merkmale zunächst in die Modellierung mit aufgenommen:
- **Einrichtungsmerkmale**: Träger der Einrichtung (öffentliche versus freie Trägerschaft); Einrichtungsgröße (bis zu 50 Kindern/ mehr als 50 Kinder); Art der Einrichtung; Einzugsgebiet mit schwierigen wirtschaftlichen und sozialen Verhältnissen ja/nein; pädagogischer Schwerpunkt vorhanden ja/nein; Lärmbelastung; Lärmschutzmaßnahmen; Rückenschutzmaßnahmen.
- **Individuelle Merkmale**: Geschlecht; Migrationshintergrund; Alter; Arbeitsbezogene Verhaltens- und Erlebensmuster, soziale Unterstützung (Index) und private Belastung (Index); Indikatoren eines gesunden Lebensstils (Ernährungsindex, Sport in der Freizeit, Bewegung am Arbeitsplatz, körperlich anstrengende Arbeit, Alkoholkonsum, aktuelles Rauchen, Übergewicht/Adipositas).
- **Qualifikation und Weiterbildung**: Hochschulabschluss vorhanden ja/nein; aktuelles berufsbegleitendes Studium ja/nein; subjektiv erlebte Weiterbildungsunterstützung durch die Einrichtung ja/nein; diverse Weiterbildungsmaßnahmen in den letzten 12 Monaten; Anzahl der Weiterbildungsmaßnahmen.
- **Nur bei Leitungskräften**: Arbeiten im Leitungsteam; prozentualer Anteil der Leitungstätigkeit an der Wochenarbeitszeit laut Vertrag; Art der Leitungstätigkeit (freigestellt oder in der pädagogischen Gruppenarbeit; stellvertretende Leitung oder Leitung); Berufserfahrung als Leitung.

- **Nur bei pädagogische Fachkräften ohne Leitungsfunktion**: Funktion in der Einrichtung (Erst-/Zweitkraft versus gruppenübergreifend Tätige versus keine Gruppenarbeit), Art der pädagogischen Gruppenarbeit (offen – geschlossen – halboffen), Gruppengröße.
- **Strukturelle Rahmenbedingungen**: Brutto-Stundenlohn, Anzahl der Überstunden; Bewertung der Arbeitszeit (genau richtig, würde gerne weniger arbeiten, würde gerne mehr arbeiten); Index für strukturelle Rahmenbedingungen.
- **Team- und Leitungskultur**: Teamklima; Handlungsspielraum; Führungsqualität (nur bei pädagogischen Fachkräften ohne Leitungsfunktion).

Sowohl für die Fach- als auch für die Leitungskräfte wurde in einem zweiten Modell die berufliche Anerkennung mit aufgenommen. Zur Operationalisierung wurde ein Index aus Fragen des Fragebogens zur Erfassung beruflicher Gratifikationskrisen „ERI" (siehe Kapitel 4.5) gebildet, die dort den Bereich der Anerkennung/ Gratifikation abbilden. Dabei konnte die Frage nach der Anerkennung durch Vorgesetzte nicht mit aufgenommen werden, da diese bereits Teil des Index zur Führungsqualität ist. Ebenso wurde der Bereich der Anstrengung nicht übernommen, da die Fragen teilweise in dem Index zur Operationalisierung der strukturellen Rahmenbedingungen (siehe Kapitel 4.2.6) enthalten sind. Auf dem Index für Belohnung/ Gratifikation können Werte zwischen 6 und 30 Punkten erreicht werden.

Tabelle 7. Operationalisierung der beruflichen Anerkennung.

ERI5	Die Aufstiegschancen in meinem Bereich sind schlecht.
ERI6	Ich erfahre – oder erwarte – eine Verschlechterung meiner Arbeitssituation.
ERI7	Mein eigener Arbeitsplatz ist gefährdet.
ERI8	Wenn ich an all die erbrachten Leistungen und Anstrengungen denke, halte ich die erfahrene Anerkennung für angemessen.
ERI9	Wenn ich an all die erbrachten Leistungen und Anstrengungen denke, halte ich meine persönlichen Chancen des beruflichen Fortkommens für angemessen.
ERI10	Wenn ich an all die erbrachten Leistungen denke, halte ich mein Gehalt/ meinen Lohn für angemessen.

Im Folgenden werden die beiden statistischen Modelle mit der höchsten Varianzaufklärung graphisch dargestellt. Bei beiden Gruppen ist dies jeweils das Modell, in das die berufliche Gratifikation mit einbezogen wurde.

Ergebnisse der Leitungskräfte

Im abschließenden Modell für die Leitungskräfte erbringen relativ wenige einbezogene Faktoren eine relevante Varianzaufklärung von fast 30%, d.h. dass diese Faktoren die Unterschiedlichkeit in der analysierten Arbeitsfähigkeit erklären können. Der Zusammenhang dieser Faktoren verändert sich nicht in Abhängigkeit von der beruflichen Gratifikation.

Die Zusammenhänge zwischen strukturellen Rahmenbedingungen am Arbeitsplatz Kita (also mit den in den Index aufgenommenen Merkmalen von vorhandener Zeit am Arbeitsplatz, Arbeitsplatzsicherheit, regelmäßige Arbeitsbesprechungen, Überstundenausgleich und Personalschlüssel) und der Arbeitsfähigkeit von pädagogischen Leitungskräften bestätigt sich auch, wenn individuelle Faktoren oder andere Arbeitsbedingungen in die Analysen mit aufgenommen werden. Das Risiko für eine eingeschränkte und damit unterstützungsbedürftige Arbeitsfähigkeit ist für Leitungskräfte mit schlechten Rahmenbedingungen um das 2,5-fache im Vergleich zu ihren Kolleg*innen mit guten Rahmenbedingungen erhöht. Bei den Leitungskräften ist kein Unterschied zwischen guten und mittleren Rahmenbedingungen vorhanden.

Bei Leitungskräften (siehe Abbildung 47) sind höhere Wochenarbeitsstunden als gewollt ein weiterer starker Risikofaktor, während ein hohes Ausmaß an Handlungsspielraum sowie ein adäquates Verhältnis zwischen Anforderungen und Gratifikationen der Arbeit in einem protektiven Zusammenhang stehen. Ein interessanter Befund ist, dass die beste Arbeitsfähigkeit bei den Leitungskräften nicht das gesunde Muster (= Muster G) der arbeitsbezogenen Verhaltens- und Erlebensmuster darstellt, sondern das Muster S (wie Schonung) und damit ein gewisses Abstumpfen und Resignieren am Arbeitsplatz Kita. Die Einstellungen und Verhaltensweisen in Form der Risikomuster A und B sind auch bei den Leitungskräften mit einer schlechteren Arbeitsfähigkeit verbunden, allerdings zeichnet sich die Risikoerhöhung nur im Vergleich zum Muster S ab: beim Risikomuster A um das 2,3-fache und beim Risikomuster B um das über 3-fache. Im Vergleich zum Muster G ist keine statistisch bedeutsame Risikoerhöhung nachweisbar. Das besonders häufige Antreffen des Musters Schonung in einem Arbeitskontext oder einem Berufsfeld deutet darauf hin, dass sich „im S-Muster das Erleben nicht (mehr) ausreichender beruflicher Herausforderung niederschlagen (…) dass der Schonungshaltung eine Schutzfunktion zukommen kann) (Schutz vor Überforderung durch defizitäre Arbeitsbedingungen, durch zu hohe emotionale Belastungen oder auch durch ein belastendes Arbeitsklima" (Schaarschmidt & Fischer, 2008, S.12). Mit Blick auf weitere individuelle Aspekte zeigen sich nur das Alter der Leitungskräfte und das Ausmaß ihrer privaten Belastung von Bedeutung.

Abbildung 47. Risiko- und Schutzfaktoren der Arbeitsfähigkeit von Leitungskräften (Odds Ratio mit 95%-Konfidenzintervall)

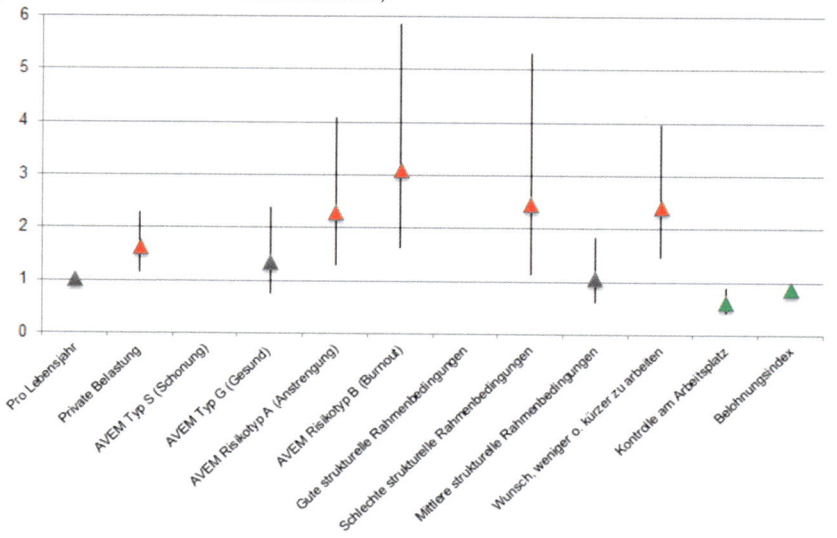

Ergebnisse bei den pädagogischen Fachkräften ohne Leitungsfunktion

Strukturelle Rahmenbedingungen am Arbeitsplatz Kita stehen auch bei den pädagogischen Fachkräften ohne Leitungsfunktion in einem deutlichen Zusammenhang mit deren Arbeitsfähigkeit, wenn individuelle Faktoren oder andere Arbeitsbedingungen in die Analysen mit aufgenommen werden (siehe Abbildung 48). Das Risiko für eine eingeschränkte und damit unterstützungsbedürftige Arbeitsfähigkeit ist für pädagogische Fachkräfte ohne Leitungsfunktion mit schlechten als auch mit mittleren Rahmenbedingungen um das doppelte im Vergleich zu ihren Kolleg*innen mit guten Rahmenbedingungen erhöht.

Zusätzlich zu den strukturellen Rahmenbedingungen kommt dem adäquaten Verhältnis zwischen Anforderungen und Belohnungen bei der Arbeit eine hohe Bedeutung zu. Pro Indexpunkt für berufliche Gratifikation bei einem Range von 25 sinkt das Risiko für eine schlechte Arbeitsfähigkeit um 12%. Dieser Faktor scheint bei den pädagogischen Fachkräften im Hintergrund für diverse Zusammenhänge verantwortlich zu zeichnen, die sich ohne dessen Berücksichtigung zur eingeschränkten Arbeitsfähigkeit zeigen.

Pädagogische Fachkräfte mit Hochschulabschluss weisen ohne Berücksichtigung des Gratifikationsindexes ein höheres Risiko für eine eingeschränkte Arbeitsfähigkeit auf, die unter Einbeziehen der Anerkennungskomponente nicht mehr bedeutsam ist. Dies könnte darauf hindeuten, dass eine höhere Qualifikation mit einer stärkeren Beeinträchtigung aufgrund be-

Abbildung 48. Risiko- und Schutzfaktoren einer guten Arbeitsfähigkeit pädagogischer Fachkräfte ohne Leitungsfunktion (Odds-Ratio mit 95%-Konfidenzintervall)

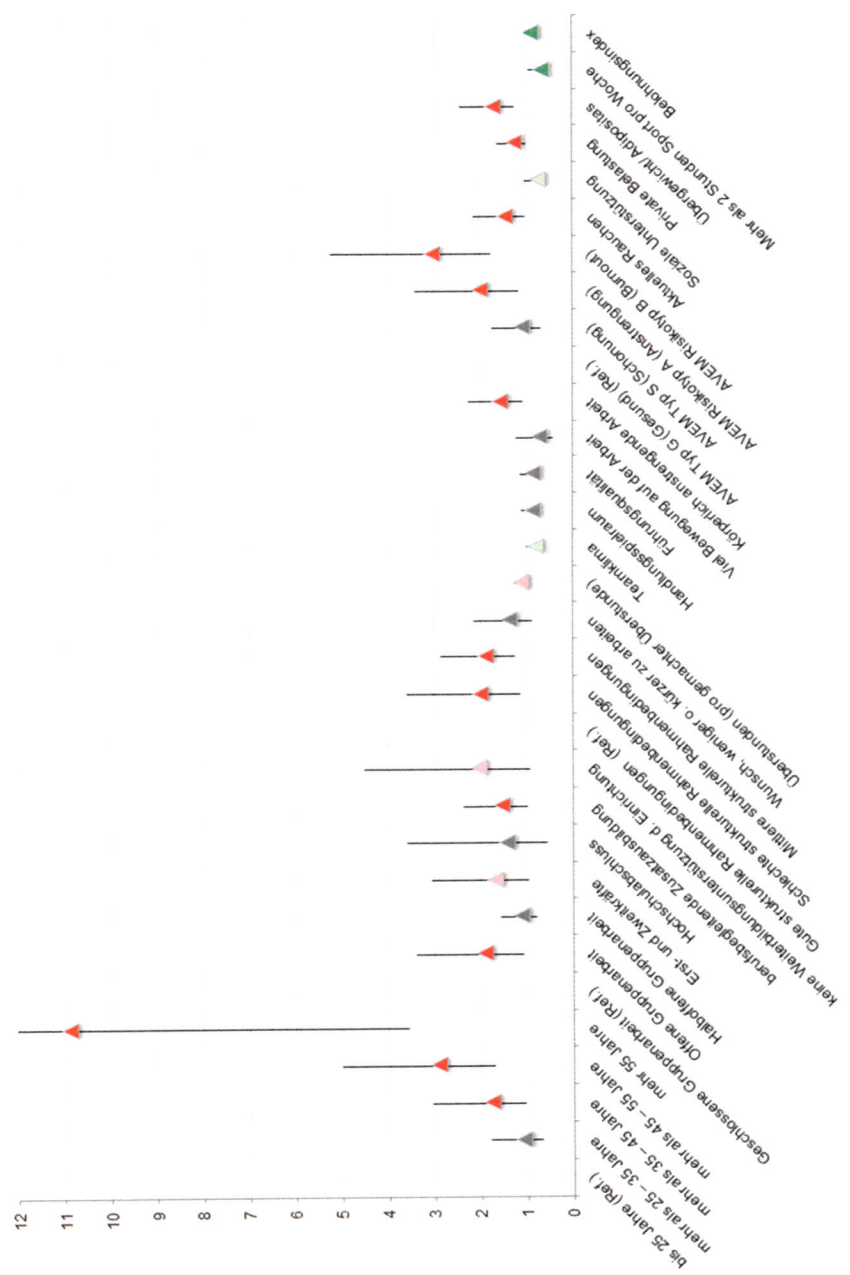

ruflicher Gratifikationskrisen zusammenhängt. Weiterhin weisen Erst- und Zweitkräfte im Vergleich zu gruppenübergreifend tätigen Fachkräften ohne die Berücksichtigung der Gratifikation ein höheres Risiko auf, das dann nur noch tendenziell nachzuweisen ist. Ebenso ist eine vorher vorhandene Risikoerhöhung pro gemachte Überstunde nur noch tendenziell zu beobachten, der Wunsch, weniger oder kürzer zu arbeiten spielt keine risikoerhöhende Rolle mehr. Ebenso ist ein gutes Teamklima nur noch tendenziell protektiv, Handlungsspielraum am Arbeitsplatz – ebenfalls ohne Berücksichtigung der beruflichen Anerkennung ein statistisch signifikanter Faktor –, verliert seine protektive Bedeutung, während die Führungsqualität in keinem der Modelle einen statistisch signifikanten Zusammenhang zur Arbeitsfähigkeit aufweist. Auch die private Belastung – vormals in einem signifikant risikoerhöhenden Zusammenhang – ist nunmehr nur noch mit p<0.10 tendenziell signifikant. In beiden Modellen zeigt sich soziale Unterstützung in der Tendenz protektiv.

Vor allem ein höheres Alter, aber auch körperlich anstrengende Arbeit, aktuelles Rauchen, Übergewicht/ Adipositas, arbeitsbezogene Verhaltens- und Erlebensmuster der Risikotypen A und B sowie die berufliche Doppelbelastung einer berufsbegleitenden Weiterbildung und in der Tendenz geleistete Überstunden zeigen risikoerhöhende Zusammenhänge mit einer reduzierten Arbeitsfähigkeit. Besonders gefährdet sind Fach- und Leitungskräfte über 55 Jahre. Häufiger und regelmäßiger Sport steht in einem protektiven Zusammenhang, während die Bewegung am Arbeitsplatz nur ohne die Berücksichtigung beruflicher Anerkennung einen protektiven Zusammenhang mit Arbeitsfähigkeit hat.

5.4 Besonders belastete Gruppen im Setting Kindertageseinrichtung

Basierend auf den Ergebnissen der qualitativen als auch quantitativen Untersuchung lassen sich unter verschiedenen Gesichtspunkten besonders belastete Zielgruppen für ein betriebliches Gesundheitsmanagement (BGM) im Setting Kindertageseinrichtung identifizieren. Dazu zählen pädagogische Fach- und Leitungskräfte, die eine besondere Funktion am Arbeitsplatz einnehmen, die unter bestimmten strukturellen Rahmenbedingungen, besonderen Belastungsfaktoren oder mit bestimmten Verhaltens- und Erlebensmustern arbeiten. Mit Hilfe der Identifizierung belasteter Gruppen kann das BGM mit Blick auf die Gesundheitskommunikation, die Interventionen sowie die zu verändernden Strukturen zielgruppenspezifisch ausgerichtet werden. Nur so wird die Chance erhöht, dass sich die pädagogischen Fach- und Leitungskräfte angesprochen fühlen, die Interventionen als bedürfnisorientiert und passend angesehen werden und schließlich eine positive (Organisations-)Entwicklung in Gang gesetzt werden kann.

Arbeiten unter schlechten strukturellen Rahmenbedingungen

Die vorliegende Studie zeigt, dass Fachkräfte mit schlechten strukturellen Rahmenbedingungen stärker hinsichtlich diverser Gesundheitsindikatoren belastet sind als diejenigen, die gute strukturelle Rahmenbedingungen aufweisen. Sie bewerten ihre Gesundheit schlechter, haben mehr körperliche Krankheiten und psychische Störungen, weisen mehr dauerhafte gesundheitliche Beeinträchtigungen auf und haben ein eingeschränkteres psychisches Allgemeinbefinden.

Besonders gravierend zeigt sich die Beeinträchtigung bei Fach- und Leitungskräften, die an ihrem Arbeitsplatz einer hohen zeitlichen Belastung ausgesetzt sind. Haben die Erzieher*innen zu wenig Zeit für die Kinder, für die mittelbare Arbeit oder für Pausen und arbeiten sie unter häufigem Zeitdruck mit dem Erfordernis von regelmäßigen Überstunden oder einer höheren Wochenarbeitszeit als gewollt, kann von einer hohen gesundheitlichen Belastung ausgegangen werden.

Arbeiten in besonderen Funktionen am Arbeitsplatz

Wird die Funktion der Befragten in der Einrichtung im Zusammenhang mit dem Belastungserleben betrachtet, so fällt auf, dass Leitungen im Vergleich zu Fachkräften ohne Leitungsfunktion gesundheitlich stärker belastet sind. Dazu zählen neben stellvertretenden Leitungen insbesondere die Einrichtungsleitungen.

Eine weitere Risikogruppe sind pädagogische Fachkräfte in der offenen Gruppenarbeit, die in den multivariaten Analysen zur Arbeitsfähigkeit eine eingeschränktere und unterstützungsbedürftigere Arbeitsfähigkeit zeigen als ihre Kolleg*innen, die in geschlossenen Gruppen arbeiten.

Weiterhin kristallisieren sich ebenfalls in multivariaten Analysen zur Arbeitsfähigkeit die Erst- und Zweitkräfte im Vergleich zu gruppenübergreifend tätigen Fachkräften als stärker belastet heraus, vermutlich da ihnen eine höhere Verantwortung für die eigene Gruppe und somit auch eine erhöhte Aufgabenübernahme zuteil kommt.

Außerdem zeigen hochqualifizierte pädagogische Fachkräfte mit Hochschulabschluss eine eingeschränktere Arbeitsfähigkeit als pädagogische Fachkräfte mit einem Fachschulabschluss. Dies steht im Zusammenhang mit der mangelnden Anerkennung, sodass sie schließlich ein größeres Risiko für berufliche Gratifikationskrisen mit einhergehend stärkerer Gesundheitsgefährdung tragen.

Arbeiten unter besonderen arbeitsbezogenen Belastungsfaktoren

Weiterhin gibt es bestimmte arbeitsbedingte Umstände, die sich negativ auf die Gesundheit der Erzieher*innen auswirken. So scheint die Arbeit mit Kindern mit Förderbedarf eine besondere Herausforderung darzustellen – die Fachkräfte sind hier zum Teil stärkeren, aber insbesondere anderen Belastungen ausgesetzt. So berichtet beispielsweise eine Erzieherin, da „(...) wir auch Kinder mit Förderbedarf haben und auch Kinder im Rollstuhl und schwerstmehrfach behinderte Kinder die wir auch äh wickeln und heben müssen (da) ist die körperliche Anstrengung die Belastung für den Rücken natürlich auch viel größer" (3:1,24-27). Hinzu kommt u. a. die erhöhte Koordinierung mit dem doch stark interdisziplinären Team, was teilweise eine organisatorische Herausforderung darstellt.

Als letzte besondere Belastung gilt in dieser Kategorie der Zielgruppen die Zusatzausbildung. Fachkräfte, die sich per Zusatzausbildung weiterbilden, weisen eine schlechtere Gesundheit auf, wahrscheinlich weil neben der eigentlichen Tätigkeit in der Einrichtung weitere Stunden hinzukommen, die für die Zusatzausbildung aufgebracht werden müssen und von der Freizeit verloren gehen. Daher scheint es besonders schwerwiegend, wenn die Zusatz- bzw. Weiterbildung durch die Einrichtung weder finanziell noch durch zeitliche Freistellung unterstützt wird. Grundsätzlich gilt dennoch eine höhere Belastung durch zusätzliche neue Anforderungen und Druck, auch dieser Rolle gerecht werden zu können.

Arbeiten mit besonderen persönlichen Faktoren

Das zunehmende Alter der Fach- und Leitungskräfte stellt eine erhebliche Belastung dar, mit den arbeitsbedingten Anforderungen umzugehen. Die Arbeit im Alter scheint insbesondere mit Blick auf die technisch-physischen Faktoren eine Belastung zu sein. Die Fachkräfte klagen über das lange Sitzen auf dem Boden und das Heben und Tragen, welches mit zunehmendem Alter eine noch größere Herausforderung als in jungen Jahren darstellt und vermehrt zu Rücken-, Gelenk- und Knieproblemen führt.

Ein weiterer, in der Fachkraft selbst liegender Belastungsfaktor stellen hohe private Belastungen dar. Privat stark belastete Fachkräfte – so beispielsweise Alleinerziehende bzw. Mütter in Familien, die das Gefühl haben (...) du bist jetzt eine schlechte Mutter du lässt deinen Sohn hier alleine" (7:5,199-200) oder sich überfordert fühlen, da sie mit der Hausarbeit nicht hinterher kommen. Sie sind am ständigen „(...) jonglieren (und) da ist der Spagat halt auch immer sehr groß" (7:18,858-859), den die Erzieher*innen meistern müssen, um das Privat- und Berufsleben miteinander zu vereinbaren. Hier gilt es, familienfreundliches Arbeiten hinsichtlich der Arbeitszeit und ihrer Ausgestaltung in den Fokus zu nehmen, um einer privaten Belastung den entsprechenden Ausgleich bieten zu können.

Zudem zeigen sich bestimmte arbeitsbezogene Erlebens- und Verhaltensmuster als starke Risikofaktoren für eine eingeschränkte körperliche und psychische Gesundheit. Dies betrifft Fach- und Leitungskräfte, die mit einem überhöhten Engagement in Kombination mit mangelnder Distanzierungsfähigkeit, exzessiver Verausgabung und verminderter Erholungsfähigkeit (= Risikomuster A, Selbstüberforderung) oder mit einer Reaktion auf Überforderung, die sich in einem reduzierten Engagement, geringer Erholungs- und Widerstandsfähigkeit sowie umfassender Resignation manifestiert (= Risikomuster B wie Burnout), an ihrem Arbeitsplatz agieren. Allerdings sollte hier unbedingt mit einbezogen werden, dass diese arbeitsbezogenen Verhaltens- und Erlebensmuster sich auch in Abhängigkeit von strukturellen Rahmenbedingungen entwickeln und kein ausschließlich individuelles Persönlichkeitsmerkmal darstellen (Schaarschmidt & Fischer, 2008).

Zusammenfassung

Die Zahlen belegen den belasteten Gesundheitszustand von pädagogischen Fach- und Leitungskräften in Kindertageseinrichtungen. Diese weisen im Vergleich zu gleichaltrigen Frauen mit gleicher Bildung in der deutschen Bevölkerung eine schlechtere subjektive Gesundheit auf und sind häufiger dauerhaft in ihrem Alltag aufgrund gesundheitlicher Probleme eingeschränkt. Als häufigste Erkrankungen zeichnen sich Muskel-Skelett-Erkrankungen, Erkrankungen der Atemwege, neurologische Erkrankungen sowie psychische Beeinträchtigungen ab. Bei jeder zehnten der pädagogischen Fach- und Leitungskräfte in NRW wurde ein psychovegetatives Erschöpfungssyndrom, also ein Burnout, ärztlich diagnostiziert. Die häufigsten Beschwerden von Fach- und Leitungskräften sind Kreuz- und Rückenschmerzen, Nacken- und Schulterschmerzen, Grübelei, innere Unruhe sowie leichte Ermüdbarkeit, Mattigkeit und ein übermäßiges Schlafbedürfnis.

Das Benchmarking im Bereich der Arbeitsunfähigkeit stützt die Ergebnisse anderer Studien, dass Erzieher*innen häufiger und länger arbeitsunfähig erkrankt sind als Angehörige vieler anderer Berufsgruppen (Badura u. a., 2012). Es ist davon auszugehen, dass in der STEGE-Studie aufgrund des Befragungsdesigns am Arbeitsplatz die Krankheitsprävalenzen sowie Arbeitsunfähigkeitszeiten unterschätzt werden, da längerfristig erkrankte Personen nicht teilnehmen konnten.

Zusammenhänge zwischen strukturellen Rahmenbedingungen, der Gesundheit und dem Wohlbefinden von pädagogischen Fach- und Leitungskräften haben sich auf vielfältige Weise gezeigt: Fach- und Leitungskräfte mit schlechten strukturellen Rahmenbedingungen bewerten ihre Gesundheit als schlechter, haben mehr körperliche Krankheiten und psychische Störungen, sowohl mit eigener als auch ärztlicher Diagnose – unabhängig von ihrem Alter. Das psychische Befinden ist eingeschränkter und sie weisen häufiger dauerhafte gesundheitliche Beeinträchtigungen auf. Zudem steigen mit schlechteren strukturellen Rahmenbedingungen der Effort-Reward-Quotient und damit das Ausmaß beruflicher Gratifikationskrisen. Die Fach- und Leitungskräfte beurteilen ihre Arbeit häufiger als gesundheitsgefährdend. Weiterhin sind die beiden Risikomuster A für zu hohen Anstrengung und Risikomuster B für Burnout häufiger zu finden.

Besonders gravierend zeigt sich die Beeinträchtigung bei Fach- und Leitungskräften, die auf ihrem Arbeitsplatz einer hohen zeitlichen Belastung ausgesetzt sind. Haben sie zu wenig Zeit für die Kinder, für die mittelbare Arbeit oder für Pausen und arbeiten sie unter häufigem Zeitdruck mit dem Erfordernis von regelmäßigen Überstunden oder einer höheren Wochenarbeitszeit als gewollt, kann von einer hohen gesundheitlichen Belastung ausgegangen werden.

Wird die Funktion der Befragten in der Einrichtung im Zusammenhang mit dem Belastungserleben betrachtet, so fällt auf, dass Leitungen im Vergleich zu Fachkräften ohne Leitungsfunktion gesundheitlich stärker belastet sind.

Bei den Leitungskräften ist neben schlechten strukturellen Rahmenbedingungen eine höhere Wochenarbeitszeit als risikoerhöhend für eine geringe oder mittlere Arbeitsfähigkeit anzusehen, während ein hohes Maß an Handlungsspielraum sowie ein adäquates Verhältnis zwischen Anforderungen und Gratifikationen in einem protektiven Zusammenhang stehen. An persönlichen Aspekten sind der Grad an privater Belastung sowie das Alter der Leitungskraft relevant.

Bei Fachkräften ohne Leitungsfunktion steigt das Risiko für gesundheitliche Beeinträchtigungen unabhängig von den strukturellen Rahmenbedingungen in der offenen Gruppenarbeit, für Erst- und Zweitkräfte, während einer berufsbegleitenden Weiterbildung und bei körperlich anstrengender Arbeit sowie aufgrund von Überstunden. Außerdem zeigen hochqualifizierte pädagogische Fachkräfte mit Hochschulabschluss eine eingeschränktere Arbeitsfähigkeit als pädagogische Fachkräfte mit einem Fachschulabschluss. Dies steht im Zusammenhang mit der mangelnden Anerkennung, sodass sie schließlich ein größeres Risiko für berufliche Gratifikationskrisen mit einhergehend stärkerer Gesundheitsgefährdung tragen. Persönliche Faktoren wie bestimmte Erlebens- und Verarbeitungsmuster, höheres Alter, Übergewicht/Adipositas, private Belastung und Rauchen erhöhen zusätzlich die Risiken von gesundheitlichen Beeinträchtigungen und damit einer schlechten Arbeitsfähigkeit. Es finden sich aber auch Schutzfaktoren, die die Arbeitsfähigkeit nachweislich stärken: Diese liegen in einem guten Teamklima, häufiger Bewegung bei der Arbeit und einem adäquaten Verhältnis zwischen Anforderungen und Belohnungen. Ebenso stehen soziale Unterstützung und regelmäßiger Sport in einem protektiven Zusammenhang.

Die Ergebnisse zeigen, dass bestimmte Gruppen besonders belastet sind und Gefahr laufen, Einschränkungen ihrer Gesundheit und/oder Arbeitsfähigkeit zu erleben.

Dazu gehören pädagogische Fach- und Leitungskräfte, die
- unter schlechten strukturellen Rahmenbedingungen arbeiten,
- besondere Funktionen ausüben, z.B. Leitungskräfte, pädagogische Fachkräfte in der offenen Gruppenarbeit und pädagogische Fachkräfte mit Hochschulabschluss,
- arbeitsbezogene Belastungsfaktoren aufweisen, indem sie z.B. Kinder mit Förderbedarf betreuen oder sich in einer Weiterbildung befinden,
- persönliche Risikofaktoren mitbringen, wie z.B. ein höheres Alter, hohe private Belastungen oder bestimmte arbeitsbezogene Verhaltens- und Erlebensmuster.

6 Belastungen erkennen, Gesundheit fördern

Die identifizierten Zusammenhänge zwischen den Arbeitsbedingungen und der Gesundheit und Arbeitsfähigkeit von pädagogischen Fach- und Leitungskräften münden in konzeptionelle Ansätze für ein betriebliches Arbeitsschutz- und Gesundheitsmanagement, das alle Interventionsebenen und Akteure – von der einzelnen Fachkraft bis zur Politik – einbezieht.

6.1 Betriebliches Gesundheitsmanagement in Kindertageseinrichtungen: Interventionsebenen und Akteure

Betriebliches Gesundheitsmanagement (BGM) greift die in Kapitel 2.2.1 formulierte mehrdimensionale Perspektive von Gesundheit auf und umfasst die Entwicklung betrieblicher Rahmenbedingungen, Strukturen und Prozesse innerhalb eines Betriebes, die auf die Abwehr von Gesundheitsgefahren und auf die Stärkung der Gesundheitspotenziale und des Gesundheitsstatus der Mitarbeiter*innen zielen (Slesina & Bohley, 2011). Betriebliches Gesundheitsmanagement setzt ein systematisches Vorgehen voraus und ist als ein dauerhafter Veränderungsprozess im Sinne einer „Lernenden Organisation" zu verstehen (vgl. Kap 2.2.3). An diesem Organisationsentwicklungsprozess sind die gesamte Kitaeinrichtung, das Einrichtungsumfeld und die einzelnen Mitarbeiter*innen beteiligt, und es werden beispielsweise deren Arbeitssituation und die jeweiligen Arbeitsbedingungen thematisiert. Da die Arbeitsbedingungen in einem Wechselverhältnis mit der Gesundheit von pädagogischen Fach- und Leitungskräften stehen, wird neben der Verhaltensprävention besonderer Wert auf Maßnahmen zur Verhältnisprävention gelegt. Dabei geht es um die Veränderung gesellschaftlicher Strukturen und die Gestaltung der Lebens-, Arbeits- und Umweltbedingungen, sodass Gesundheitsgefahren minimiert werden.

Für die Entwicklung konkreter Eckpunkte eines betrieblichen Gesundheitsmanagements in Kindertageseinrichtungen werden die verschiedenen Interventionsebenen und Akteure des BGM sowie die Zielgruppen benannt und voneinander abgegrenzt: Auf einer ersten, verhältnispräventiven Ebene geht es um die Gestaltung gesundheitsfördernder Arbeitsstrukturen. Hier sind zum einen **Politik und Träger** entscheidende Adressaten für die verantwortliche Umsetzung diverser Eckpunkte einer gesunden Kita. Sie sind verantwortlich für die Verfügbarkeit finanzieller Mittel und personeller Ressourcen. Da sich Gesundheit und Wohlbefinden der Fach- und Leitungskräfte aus einem Zusammenspiel struktureller, organisationaler und individuumsbezogener Faktoren ergeben, ist die Kooperation und Mitarbeit der einzelnen **Mitarbeiter*innen** mit und ohne **Leitungsverantwortung** ebenfalls von hoher Relevanz (siehe Abb. 49).

Abbildung 49. Interventionsebenen für betriebliches Gesundheitsmanagement in Kindertageseinrichtungen

Im Folgenden werden zunächst für die einzelnen Interventionsebenen Maßnahmen und Möglichkeiten für individuelle und organisatorische Veränderungen aufgezeigt, um die ermittelten Gesundheitsrisiken der pädagogischen Fach- und Leitungskräfte zu minimieren und ihre Gesundheitspotentiale zu optimieren. Anschließend werden konzeptionelle Eckpunkte für ein betriebliches Gesundheitsmanagement im Setting „Kindertageseinrichtung" beschrieben.

6.1.1 Erste Ebene: Politik und Gesellschaft

Durch die in Kapitel 2.1 beschriebenen gesellschaftlichen und politischen Veränderungen wurde einerseits die Professionalisierung elementarpädagogischer Arbeit forciert. Gleichzeitig haben sich die Arbeitsbedingungen geändert und das Anforderungsprofil der pädagogischen Fach- und Leitungskräfte ist umfangreicher und komplexer geworden. Ein notwendiger

Schritt, um der veränderten Situation zu begegnen, liegt in der **kompetenzorientierten Weiterbildung** und im weiteren **Ausbau der akademischen Ausbildung** von pädagogischen Fach- und Leitungskräften, denn professionelles Wissen und die Arbeit auf der Basis eines pädagogischen Konzeptes wirken sich gesundheitsfördernd auf die pädagogischen Fachkräfte aus. Die Politik trägt Verantwortung für die fortschreitende Professionalisierung des früh- bzw. kindheitspädagogischen Berufsfeldes und müsste neben dem weiteren Ausbau der Akademisierung auch die **verbindliche Implementierung gesundheitswissenschaftlicher Inhalte in der Aus- und Weiterbildung** vorantreiben. Auf einer bildungspolitischen Ebene herrscht seit PISA Einigkeit, dass finanzielle Ressourcen im Elementarbereich bereit gestellt werden müssen, z.B. durch **zusätzliche Investitionsleistungen** für die Träger der Kitas, durch die **Bereitstellung von Forschungsmitteln oder eine stärkere Förderung von Modellprojekten.** Ein weiterer politischer Schritt liegt in der „Entfeminisierung" des Erzieher*innenberufes, z.B. durch die Förderung von Projekten, die den Beruf auch für Männer attraktiv(er) machen oder in denen die Leistung und Effizienz von pädagogischen Fach- und Leitungskräften evident wird.

Ebenso zeigt sich, dass denjenigen pädagogischen Fachkräften, die sich gut ausgebildet fühlen, die gesellschaftliche Anerkennung fehlt. Neben der fortschreitenden Akademisierung des Berufs muss sich die gesellschaftliche Aufwertung dringend in **angemessener Entlohnung** niederschlagen. Ein politisches Signal müsste auf jeden Fall die **Neuberechnung des Personalschlüssels** sein, der sich nicht nur an Gruppengrößen, Alter und Anzahl der zu betreuenden Kinder orientieren kann, sondern mittelbare Arbeiten sowie die durch Fehlzeiten des Personals zu kompensierende Mehrarbeit einbeziehen müsste. Auch die **Installierung von Springerkräften** müsste unterstützt und ggf. mit Anreizsystemen (wie z.B. bei Lehrkräften im Schulsystem) versehen werden. Ein weiteres politisches Ziel liegt in der **Gründung eines berufsständischen Länderverbandes** als Plattform der Berufsgruppe.

Die aufgezeigten Zusammenhänge von Arbeitsbedingungen und Gesundheitszustand der pädagogischen Fach- und Leitungskräfte werfen ein neues Licht auf die Effektivität und Effizienz von Investitionen in den Bereich frühkindlicher Erziehung, Bildung und Betreuung: Neben pädagogischen und bildungspolitischen Argumentationen, die eine bessere Qualifikation und personelle Ausstattung von Kindertageseinrichtungen nahe legen, muss auch eine **volks- und betriebswirtschaftliche Kosten-Nutzen-Rechnung** erfolgen, die die durch schlechte Rahmenbedingungen ausgelösten Krankheits- und Personalausfallkosten für Gesundheitssystem und Betriebe beziffert und in Relation zu ggf. erhöhten Investitionen stellt.

Das Untersuchungsfeld der Studie bewegt sich auf dem Grat zwischen Bildung und Gesundheit, so dass eine **stärker interdisziplinär angelegte Sichtweise** auf das Problemfeld dringend empfohlen wird. Gute Anknüpfungspunkte bieten hier beispielsweise das NRW-Landesprogramm „Bildung und Gesundheit" (BuG), dessen formuliertes Ziel die Förderung der Gesundheitspotentiale aller Akteure in Kitas ist, das aber bislang primär die Kinder in den Mittelpunkt gesundheitsfördernder Aktivitäten setzt, und die Broschüre „Gute gesunde Kita. Bildung und Gesundheit in Kindertageseinrichtungen" der Unfallkasse Nordrhein-Westfalen (Voss & Viernickel, 2016). Auf einer gesundheitspolitischen Ebene müssten zudem die im **Präventionsgesetz** verankerten Schwerpunkte, wonach Krankheitsprävention und Gesundheitsförderung u.a. direkt in der Lebenswelt Kita ansetzen sollen, konsequent umgesetzt werden.

6.1.2 Zweite Ebene: Träger der Einrichtungen

Kindertageseinrichtungen werden in Deutschland in öffentlicher und freier Trägerschaft betrieben. Die Trägerlandschaft ist vielfältig. Träger sind verantwortlich für die Betriebsführung der Einrichtung, die Bereitstellung von Personal und finanziellen Mitteln; ihnen obliegen die pädagogische Schwerpunktsetzung und die fachliche Aufsicht. Träger haben je nach Finanzierungsrichtlinien und Abrechnungsmodalitäten der Länder und Kommunen unterschiedlich ausgestattete Budgets und Entscheidungsspielräume. Dennoch befinden sie sich in der Verantwortung dafür, die Bedingungen, unter denen die pädagogische Arbeit in ihren Einrichtungen geleistet wird, so zu gestalten, dass sie eine gute Prozessqualität befördern und von Fachkräften nicht als belastend, sondern als unterstützend erlebt werden.

Als zentral für das Belastungserleben und den Gesundheitsstatus der Fachkräfte haben sich in dieser Studie die strukturellen Rahmenbedingungen herausgestellt. Träger sollten nicht nur dafür sorgen, dass der gesetzlich **vorgegebene Erzieher-Kind-Schlüssel eingehalten** wird. Sie sollten auch verbindliche Zeiten für die so genannte **mittelbare pädagogische Arbeit festlegen**, die so ausgestaltet sind, dass die von den Fachkräften erwarteten Aufgaben (Dokumentationen, Entwicklungsgespräche, Teamsitzungen, Kooperationen mit Grundschulen …) in dieser Zeit bewältigt werden können. Ebenso Stress reduzierend wirken **klare Pausen- und Überstundenregelungen**. Flexibel einsetzbare, gruppenübergreifende Fachkräfte **(Springer)** sind entlastend, wenn durch Urlaub, Krankheit oder Fortbildung das reguläre Personal nicht vollständig anwesend sein kann. Im Sinne der Arbeitsplatzsicherheit sollten **Verträge möglichst unbefristet** sein.

Bei Neubau- oder Umbau- bzw. Modernisierungsmaßnahmen sind unter der Perspektive eines betrieblichen Gesundheitsmanagements **ausreichend Gruppen-** bzw. **pädagogische Arbeitsräume**, ein separater, nicht anderweitig genutzter **Pausen- und Rückzugsraum** für die Fachkräfte und **bauliche Lärmschutzmaßnahmen** von Bedeutung. Erwachsenengerechte Tische für Dokumentations- und Schreibarbeiten, rückenschonende Stühle für die pädagogischen Fachkräfte sowie Ausstattungsdetails, die schweres Heben verringern (Wickelbereiche mit Treppen für die Kinder, rollbare Tische und Raumteiler …), sind weitere trägerseitige Maßnahmen, die zu einer **gesundheitsfördernden Arbeitsumgebung** beitragen.

Ein besonderes Augenmerk sollten Träger auf **spezifische Zielgruppen** legen, v.a. auf ältere Arbeitnehmer*innen und Leitungskräfte. Mit steigendem Alter sinkt die Arbeitsfähigkeit bei Fachkräften im Gruppendienst – eine extreme Risikogruppe stellen die älteren Fachkräfte ab 55 Jahren dar. Hier besteht eine große trägerseitige Herausforderung darin, **flexible Arbeitszeitmodelle und Aufgabenzuschnitte** zu finden. Auch Leitungskräfte erweisen sich als vielfältig belastet. Hier sind Träger gefordert, **Leitungskräfte** in angemessenem Umfang für Leitungstätigkeiten von der pädagogischen Gruppenarbeit **freizustellen** und für entsprechenden personellen Ersatz zu sorgen, aber auch, ggf. neue, kreative Wege zu erproben (beispielsweise der Einsatz von zwei Leitungskräften, die in Teilzeit arbeiten), um die Arbeitsfähigkeit von Mitarbeiter*innen in Führungspositionen langfristig zu erhalten und zu stärken.

Träger haben zum einen für eine Minimierung von Risiken zu sorgen und deshalb die regelmäßige **Durchführung von Gefährdungsbeurteilungen** in den Einrichtungen zu gewährleisten. Sie können zum anderen durch das Angebot **primärpräventiver verhaltensorientierter BGM-Maßnahmen** (z.B. Stressmanagement, Rückenschulen) und durch die **Installation von Gesundheitszirkeln** zur Gesundheitsförderung ihrer Mitarbeiter*innen beitragen. Hier liegt ein wichtiges ausbaufähiges Interventionsgebiet.

Pädagogische Fach- und Leitungskräfte empfinden die gute Teamatmosphäre und ihren Handlungs- und Entscheidungsspielraum als große Ressourcen im Arbeitsalltag. Träger können diese Ressourcen durch die **Delegation von Kompetenzen und Verantwortung**, z.B. für die Verwendung des einrichtungsbezogenen Sachmittelbudgets und die Auswahl neuer Mitarbeiter*innen, unterstützen, ohne finanzielle Investitionen tätigen zu müssen.

Ebenso entscheidend sind die Organisationsstrukturen, Führungsprinzipien und der Kommunikationsstil des Trägers selbst. Der Träger ist für das fachliche Rahmenkonzept und die Formulierung der wesentlichen trägerspezifischen Schwerpunkte verantwortlich, innerhalb derer den einzelnen Einrichtungen eine **hohe Autonomie in der Ausgestaltung der eigenen**

Konzeption und Arbeitsorganisation zugestanden werden sollte. Notwendige Trägerentscheidungen sollten ebenso wie Erwartungen bzgl. ihrer operativen Umsetzung begründet und transparent kommuniziert werden. Der sich in den Daten deutlich spiegelnden Gratifikationskrise, die entsteht, weil hohe Einsatzbereitschaft aus der Perspektive der Betroffenen nicht angemessen wertgeschätzt und entlohnt wird, kann durch trägerseitige Aktivitäten und Maßnahmen zumindest teilweise begegnet werden. Hierzu gehört, dass Träger eine **Kultur der Anerkennung** pflegen, die sich in der **Kommunikation** und in besonderen Veranstaltungen (Feiern, Fachtage) ebenso wie in konkreten Gratifikationen, z.B. durch ein **trägerinternes Aufstiegssystem**, manifestiert.

Nicht zuletzt können Träger durch eine **gezielte und nachhaltige Qualifikationsstrategie** dazu beitragen, dass sich Fach- und Leitungskräfte ihren Aufgaben fachlich gewachsen fühlen und sich als kompetent und selbstwirksam erleben (vgl. Hoffmann-Steuernagel & Gigout, 2002). Dies ist vor allem für Leitungskräfte wichtig, die oftmals Aufgabengebiete im Bereich des Managements und der Mitarbeiterführung übernehmen, für die sie im Rahmen ihrer Erzieher*innenausbildung nicht qualifiziert wurden. Ergänzend zur Ermöglichung individueller Fort- und Weiterbildungsmaßnahmen sollten Träger auch die **teamspezifischen Entwicklungsprozesse** stärker als bisher durch Supervision, Fachberatung und/oder längere In-House-Weiterbildungen des gesamten Teams **unterstützen**.

6.1.3 Dritte Ebene: Kitaleitung in ihrer Funktion als Einrichtungsleitung

Einrichtungsleitungen agieren an der Schnittstelle von Trägervorgaben und konkretem Arbeitsalltag in den Einrichtungen. Sie übernehmen Verantwortung für das Management und die organisatorischen Abläufe ebenso wie für die pädagogische Profilbildung und konzeptionelle Weiterentwicklung ihrer Einrichtung und für Personalführung und Teamentwicklung. Ergänzt um konkrete Maßnahmen der Prävention und Gesundheitsförderung stehen alle diese Aufgaben auch in einem direkten oder indirekten Zusammenhang mit der Etablierung eines gesundheitsförderlichen Arbeitsumfelds.

Eine Verbesserung der strukturellen Rahmenbedingungen, denen ein starker Zusammenhang mit der Gesundheit und Arbeitsfähigkeit des Personals nachgewiesen werden konnte, liegt zwar nicht direkt, jedoch durchaus mittelbar auch im Verantwortungsbereich von Einrichtungsleitungen. Hier konnten drei wichtige Ansatzpunkte identifiziert werden.

Ein erster Ansatzpunkt liegt in der **Klarheit und Transparenz der Arbeitsorganisation. Hier geht es darum, eine sinnvolle Arbeitsstruktur über eine schriftlich niedergelegte **partizipative Dienstplanung** ebenso wie durch **regelmäßige moderierte Teambesprechungen, klare Zuständigkeitsbereiche und Verantwortlichkeiten sowie transparente Informationswege** zu etablieren. Ein zweiter Ansatzpunkt besteht darin, die vorhandenen **Räumlichkeiten und ihre Nutzung einer kritischen Analyse zu unterziehen** und ggf. Veränderungen zu erproben. In diesem Zusammenhang ist auch die Entwicklung hin zu teiloffener oder offener Arbeit mit Funktionsräumen zu bedenken. Priorität sollte die Schaffung eines **angenehmen und störungsfreien Pausen- bzw. Rückzugsbereichs für die Mitarbeiter*innen** haben.

Der dritte Ansatzpunkt liegt darin, dass Einrichtungsleitungen mit ihren Teams darauf hinarbeiten, ein **von allen geteiltes und getragenes pädagogisches Profil, einen „pädagogischen Wertekern"** (vgl. Viernickel u.a., 2013), **zu entwickeln,** der die Vorgaben aus Bildungsplänen oder Qualitätshandbüchern berücksichtigt, ohne sie als einzige Richtschnur zu betrachten. Hiervon ausgehend können und müssen begründete Entscheidungen getroffen werden, welche Anforderungen und Aufgaben unter den gegebenen Rahmenbedingungen verbindlich umgesetzt werden, welche aber auch in den Hintergrund treten müssen, weil sie im Kontext des eigenen Profils keine Priorität haben und/oder aus Zeit- und Personalmangel nicht realisierbar sind. Eine solche Herangehensweise, die Rahmenbedingungen, Anforderungen und konzeptionelle bzw. pädagogische Ziele in eine Balance zu bringen sucht, führt zu einer **Rückeroberung von „Zeitsouveränität"** und damit zu einer **Entlastung von allzu hohen fremden und eigenen Leistungsansprüchen.**

Für pädagogische Fachkräfte wirken insbesondere die wahrgenommene Anerkennung ihrer Leistungen und ihres Engagements und das erlebte Teamklima als gesundheitliche, die Arbeitsfähigkeit erhaltende Ressourcen. Hier liegen wichtige Gestaltungsaufgaben für die Einrichtungsleitungen. Ansatzpunkte sind u.a. die Klärung des eigenen Führungsstils und -verhaltens und die Etablierung einer **Führungs- und Teamkultur, die von Anerkennung und Wertschätzung geprägt ist.** Trotz verdichteter Arbeitsanforderungen sollten Leitungskräfte darauf hinarbeiten, allen Mitarbeiter*innen gemäß ihrer Kompetenzen möglichst **hohe Autonomie und Handlungsspielräume** zu gewähren und **Entscheidungen ebenso wie Veränderungsprozesse partizipativ zu gestalten.**

Parallel dazu sind **gezielte Personalentwicklungsmaßnahmen** ein notwendiges Element eines betrieblichen Gesundheitsmanagements, da hierdurch die beruflichen Kompetenzen der Mitarbeiter*innen gestärkt und vorhandene Kompetenzen und Zusatzqualifikationen systematisch zur Weiterentwicklung der pädagogischen Arbeit nutzbar gemacht werden können. Dazu gehören u.a. **regelmäßige Gespräche mit Zielvereinbarungen**, die Sicherstellung einer **systematischen Einarbeitung** neuer Mitarbeiter*innen, regelmäßige **Rückmeldungen und Personalbeurteilungen**, die auf festgelegten und transparenten Zielen der Qualitätsentwicklung beruhen, die übergreifende Erfassung von **Fortbildungsbedarfen** und das Verfügbarmachen geeigneter Angebote. Beratungsformate wie **In-House-Fortbildungen, externe Supervision oder Kollegiale Intervision** sollten bei Bedarf temporär oder dauerhaft installiert werden.

Konkrete präventive und gesundheitsfördernde Maßnahmen, deren Initiierung und Umsetzung von Leitung und Team verantwortet werden, sind z.B. **Projekttage für das Team zu gesundheitsbezogenen Themen**, die Organisation von Sportzirkeln (Betriebssport), die Analyse und Reorganisation von Räumen und ihrer Nutzung u.a.m. Welche Maßnahmen in einzelnen Einrichtungen zielführend und umsetzbar sind, kann dabei nicht allgemein, sondern nur individuell beantwortet werden (vgl. hierzu auch Kap. 6.3 und 6.4).

6.1.4 Vierte Ebene: Pädagogische Fachkraft und Leitungskraft als Personen

Gesundheit und Wohlbefinden der pädagogischen Fach- und Leitungskräfte ergeben sich aus einem Zusammenspiel struktureller, organisationaler und persönlicher Faktoren. Neben den aufgeführten strukturell-organisationalen Interventionen sollen auf dieser Ebene persönliche Faktoren und das gesundheitsfördernde Verhalten der pädagogischen Mitarbeiter*innen fokussiert werden.

Pädagogische Fach- und Leitungskräfte tragen in Kindertageseinrichtungen die Verantwortung für Erziehungs-, Bildungs- und Betreuungsprozesse der Kinder ebenso wie für die fachliche Profilierung und Weiterentwicklung der Einrichtung. Ihnen obliegt die fachliche und organisatorische Planung und Gestaltung der Arbeit und sie arbeiten verantwortlich mit Träger, Eltern und Team zusammen. Wichtige Voraussetzung für eine gesundheitsfördernde Bewältigung dieser Arbeitsaufgaben ist eine **qualifizierte Ausbildung**: Fach- und Leitungskräfte, die sich als gut ausgebildet erleben, verfügen häufiger über eine gute oder hohe Arbeitsfähigkeit. Die Ausbildung sollte auch die **Qualifizierung für neue Aufgaben im Bereich der mittelbaren pädagogischen Arbeit** sowie für Aspekte des **Zeitmanagements** beinhalten.

Konkrete Maßnahmen eines betrieblichen Gesundheitsmanagements sollten an zwei Punkten ansetzen: erstens sollte das Gesundheitsverhalten der pädagogischen Fachkräfte nicht mehr auf die Vorbildfunktion für die

Kinder reduziert werden, sondern die Beschäftigten sollten zu **Expert*innen ihrer eigenen Gesundheit** avancieren und diese aktiv und eigenverantwortlich in die Hand nehmen. Der zweite Anknüpfungspunkt beinhaltet die für den Beruf identifizierten **Schutzfaktoren.**

Ersteres setzt an der Frage „Was kann ich selbst (am Arbeitsplatz und in der Freizeit) für meine Gesundheit tun?" an. Im Mittelpunkt steht hier in Anlehnung an eine der WHO-Handlungsstrategien für Gesundheitsförderung ein auf **Empowerment** basierendes Verhalten, wonach Gesundheit u. a. dadurch entsteht, dass Menschen in der Lage sind, für sich selbst und andere zu sorgen. Für die pädagogischen Fachkräfte hieße dies, eine **eigenverantwortliche und aktive Gestaltung ihrer Handlungsspielräume** auf- und auszubauen. Diese kann **ergonomisches** Verhalten (z.B. dynamisches Sitzen, rückenfreundliches Heben und Tragen) gleichermaßen beinhalten wie ein **Zeitmanagement** z.B. zum Einhalten von Pausenzeiten oder die **Entwicklung von Stressbewältigungsstrategien**; im Mittelpunkt steht immer das Eintreten für die eigenen Belange.

Der Einsatz für berufliche Interessen muss seitens der pädagogischen Fach- und Leitungskräfte auch sehr viel offensiver als bisher in **politisch wirksame Vernetzungsaktivitäten** münden. Diese stecken in einigen Bundesländern noch in den Kinderschuhen. Mögliche Wege könnten hier die Bildung einer "Volksinitiative" als Mittel der direktiven Demokratie sein, wodurch der Landtag im Rahmen einer verfassungsmäßigen Zuständigkeit verpflichtet ist, sich mit den Forderungen (z.B. nach einem besseren Personalschlüssel) auseinanderzusetzen. Eine weitere Möglichkeit liegt in der **Gründung von Mitarbeiter*innen-Vertretungs-Verbänden**, wie es sie in einigen Bundesländern (z.B. Niedersachsen) bereits gibt.

Der zweite Punkt setzt an den Schutzfaktoren der pädagogischen Fach- und Leitungskräfte an: Dazu gehören z.B. **personale und körperliche Ressourcen**. So konnten **Bewegung am Arbeitsplatz sowie ein hohes Ausmaß an sportlicher Betätigung in der Freizeit, Nicht-Rauchen und Normalgewicht** als Ressourcen für die Gesundheit und das Wohlbefinden der Mitarbeiter*innen identifiziert werden. Diese Faktoren gilt es zu unterstützen und auszubauen. Als weitere Schutzfaktoren wurden insbesondere **Kommunikation, Teamklima und Handlungsspielraum** am Arbeitsplatz ermittelt. Kommunikationsstrukturen wie z.B. **regelmäßige Teamsitzungen,** ein **von Anerkennung und Vertrauen geprägtes Einrichtungsklima** oder ein **konstruktiver Umgang mit Unterschiedlichkeiten** sind Faktoren, die von den pädagogischen Fach- und Leitungskräften mitgestaltet werden können. Ein betriebliches Gesundheitsmanagement sollte an den **partizipatorischen Möglichkeiten** der pädagogischen Fach- und Leitungskräfte mit Blick auf mögliche Handlungsspielräume, Verantwortlichkeiten aber auch Interessen und Fähigkeiten ansetzen.

6.2 Zwölf Eckpunkte eines betrieblichen Gesundheitsmanagements in Kindertageseinrichtungen

Im Folgenden werden 12 Eckpunkte für ein betriebliches Gesundheitsmanagement in Kindertageseinrichtungen vorgestellt, die aus den Untersuchungsergebnissen entwickelt wurden. Die Eckpunkte werden jeweils skizziert und anschließend in tabellarischer Kurzform mit konkreten Maßnahmen gefüllt, die an den Interventionsebenen Politik und Gesellschaft, Träger, Leitung und pädagogische Fachkraft ansetzen (vgl. Kap. 6.1). Die Eckpunkte- und Maßnahmensammlung versteht sich als generelle Orientierung für Kindertageseinrichtungen auf dem Weg zur gesundheitsfördernden Organisation. Für die konkrete Umsetzung bedarf es einer individuellen Analyse der Bedingungen und Zielgruppen vor Ort (vgl. Kap. 6.3 und 6.4).

6.2.1 Personalschlüssel und Fachkraft-Kind-Relation

Trotz zahlreicher Umstrukturierungen in Kindertageseinrichtungen erfolgt eine angemessene Anpassung der strukturellen Rahmenbedingungen schleppend. Als besonders bedeutsame Stellschrauben erweisen sich hierbei der Personalschlüssel und, davon abhängig, die Fachkraft-Kind-Relation. Sie beeinflussen nicht nur die Qualität der pädagogischen Prozesse in den Kindertageseinrichtungen, sondern stehen auch in substantiellem Zusammenhang mit dem Belastungserleben, der Gesundheit und der Arbeitsfähigkeit der Fach- und Leitungskräfte. Selbst bei einem (rechnerisch) guten Personalschlüssel steht häufig nicht genug Zeit für die zu leistenden Aufgaben zur Verfügung, weil täglich Kolleg*innen aufgrund von Urlaub, Krankheit sowie Fort- und Weiterbildungen fehlen und weil sehr viele Aufgaben im Bereich der mittelbaren pädagogischen Arbeit anfallen, die die Zeit des direkten Kontakts mit den Kindern substantiell und regelmäßig verringern.

Daher sind Interventionen bzw. Maßnahmen, die auf die Verbesserung des Personalschlüssels und auf eine Verbesserung und Stabilisierung der Fachkraft-Kind-Relation zielen, von großer Bedeutung. Der Personalschlüssel sollte an wissenschaftliche Standards angepasst werden. Zu berücksichtigen ist hierbei sowohl die Altersstruktur der Kindergruppe als auch der Einbezug von Zeitkontingenten für die mittelbare pädagogische Arbeit und für Ausfallzeiten durch Krankheit, Urlaub, Fortbildung u.a. Die Personaleinsatzplanung sollte sich an dem Anwesenheitsmuster der Kinder orientieren. Nicht planbare personelle Engpässe sollten durch flexibel einsetzbare Vertretungs- oder Springerkräfte abgefedert werden können.

Ziel: Anpassung der Fachkraft-Kind-Relation in der pädagogischen Praxis an wissenschaftlich empfohlene Standards

Zielgruppen:	Pädagogische Fachkräfte
Interventionsebene Politik und Gesellschaft	• Gesetzliche Neuregelung des Personalschlüssels unter Berücksichtigung der Zeiten für mittelbare pädagogische Arbeit und Ausfallzeiten.
Interventionsebene Träger	• Monitoring von Personaleinsatz und Fachkraft-Kind-Relation, • Beschäftigung von Springerkräften, • Verankerung von mittelbaren pädagogischen Arbeitszeiten im Arbeitsvertrag.
Interventionsebene Einrichtungsleitung als Funktion	• Koordination der Springerkräfte, • Vernetzung mit anderen Einrichtungen vor Ort, • Abstimmung von Personaleinsatz und Dienstplänen mit Anwesenheitsmuster der Kinder, • Gezielte Steuerung von Aufgaben, die mittelbare pädagogische Arbeitszeit erfordern.
Interventionsebene Fachkräfte und Leitungskräfte als Personen	• Häufige und gezielte Ansprache von wenigen Kindern.

6.2.2 Gruppengröße und Gruppenorganisation

Die Gruppengröße und – damit verbunden – die Gruppenorganisationsform kann ein belastender Faktor oder eine Ressource sein. Fachkräfte, die in offener Arbeit tätig sind, haben ein ca. doppelt so hohes Risiko, über keine gute Arbeitsfähigkeit zu verfügen, als Fachkräfte, die in geschlossener Gruppenarbeit oder in teiloffenen Organisationsformen arbeiten. Entscheidet sich ein Team oder ein Träger dafür, sich konzeptionell in Richtung „offene Arbeit" weiter zu entwickeln, beinhaltet dies eine umfassende Restrukturierung der pädagogischen Arbeit, verbunden mit einer (erneuten) Klärung von pädagogischen Orientierungen und Zielen. Wird der Prozess der Öffnung initiiert und/oder forciert, ohne dass Teams und Fachkräfte auf ausreichende fachliche Begleitung und Beratung zurückgreifen können, erhöht dies das Risiko, dass pädagogische Fachkräfte überfordert sind und mit Verunsicherung, Widerstand und gesundheitlichen Problemen reagieren.

Die Arbeit in großen Gruppen bzw. offenen Gruppenformen erfordert generell einen weitaus höheren Koordinationsaufwand als in kleineren bzw. festen Gruppen, mehr Kooperationsbereitschaft und einen funktionierenden Kommunikationsfluss. Entsprechende Teamentwicklungsprozesse müssen antizipiert, geleitet bzw. begleitet werden. Auch hierfür können externe Unterstützungsmaßnahmen wie z. B. Supervision entlastend wirken.

Ziel: Einrichtung und Monitoring fachlich begründeter Gruppengrößen und -organisationsformen

Zielgruppen:	Träger, pädagogische Fach- und Leitungskräfte
Interventionsebene Politik und Gesellschaft	• Mehr Forschung zu den Effekten verschiedener Organisationsformen.
Interventionsebene Träger	• Konzeptionelle Implementierung von Beratung, Supervision und/oder Fortbildung zur offenen Arbeit
Interventionsebene Einrichtungsleitung als Funktion	• Überprüfung der bisherigen Organisations- und Gruppenstrukturen (Erfahrungsaustausch zu pädagogischen, Chancen und Risiken für verschiedene Altersgruppen); ggf. Entscheidung für Veränderungen, • Analyse und ggf. Installierung von Besprechungs- und Kooperationsstrukturen, • Initiierung und Steuerung von Teamentwicklungsprozessen.
Interventionsebene Fachkräfte und Leitungskräfte als Personen	• Abstimmung von Zuständigkeiten.

6.2.3 Qualifikation und Gratifikation

Die Qualifikation von Fach- und Leitungskräften bzw. das Vorhandensein und die Nutzung von Qualifikationsangeboten erweisen sich als komplex mit dem Erleben von Ressourcen und Belastungen, dem gesundheitlichen Zustand der Fach- und Leitungskräfte und ihrer Arbeitsfähigkeit verwoben. Neun von zehn Fachkräften und acht von zehn Leitungskräften fühlen sich für ihre Arbeit gut ausgebildet; ein pädagogischer Hochschulabschluss befördert eine entsprechend positive Selbsteinschätzung der pädagogischen Fachkräfte. Die hohe Weiterbildungsbereitschaft, die bei Leitungskräften noch deutlicher ausgeprägt ist als bei Fachkräften, wird bereits von den meisten Trägern durch Freistellungen und/oder Kostenübernahmen unterstützt. Allerdings wird Bildungsurlaub erst von einem Teil der Fach- und Leitungskräfte in Anspruch genommen, obwohl ein rechtlicher Anspruch besteht.

Ausbildungsgänge sollten durchlässig gestaltet werden und Fort- und Weiterbildungsmöglichkeiten in breitem Umfang und für jedes Qualifikations- und Anspruchsniveau bereitgestellt und unterstützt werden. Dennoch findet sich bei vielen Fach- und, besonders ausgeprägt, bei Leitungskräften eine Gratifikationskrise: Die Anstrengungen, die sie unternehmen, um sich zu qualifizieren und täglich gute Arbeit zu leisten, befinden sich in einem Ungleichgewicht mit den subjektiv empfundenen „Belohnungen" wie Bezahlung, Wertschätzung oder Aufstiegschancen. So haben Fachkräfte mit pädagogischem Hochschulabschluss ebenso wie solche, die sich aktuell berufsbegleitend weiterbilden und solche, die keine Unterstützung der beruflichen Weiterbildung erleben, ein signifikant erhöhtes Risiko verminderter Arbeitsfähigkeit als andere Fachkräfte. Gratifikationen in Form von allgemeinen wie trägerinternen Aufstiegsmöglichkeiten, besserer Bezahlung und stärkerer Wertschätzung des Geleisteten müssen ebenso wie effektive Unterstützungsmaßnahmen systematisch verstärkt werden, um die positiven Effekte von Qualifikations- und Kompetenzzuwächsen nicht zu konterkarieren.

Ziel: Angemessene Gratifikation für hoch qualifiziertes und sich weiterbildendes Personal

Zielgruppen:	Leitungskräfte Pädagogische Fachkräfte
Interventionsebene Politik und Gesellschaft	• Schaffung landesrechtlicher Regelungen zu Fortbildungspflichten und -rechten, • Zugänge zu qualitativ hochwertigen Ausbildungsgängen und Weiterbildungsangeboten (Durchlässigkeit zwischen Qualifikationsstufen erhöhen, Informationsportale o.ä. einrichten), • Gesetzliche Verankerung adäquater Gehaltseinstufung für pädagogische Fachkräfte mit Langzeitweiterbildungen und Hochschulabschluss, • Zertifizierung von Weiterbildungsangeboten, damit sie aufstiegs- und gehaltswirksam werden können, • Aufnahme von Weiterbildungskosten (Freistellungen, Kostenübernahmen, Ersatzpersonal) in Höhe von mindestens 5 Tagen/Jahr/Fachkraft in die Berechnung der Grundfinanzierung von Kindertageseinrichtungen.
Interventionsebene Träger	• Besetzung von Leitungspositionen nur mit qualifiziertem Personal, • Informationen über Fort- und Weiterbildungsmöglichkeiten, • Offensive Information über den gesetzlichen Anspruch auf Bildungsurlaub (Arbeitnehmerweiterbildungsgesetz AWbG). Unterstützung von Fort- und Weiterbildung auf verschiedenen Ebenen: • Angebot entsprechender Maßnahmen, • Bezahlte Freistellung von der Arbeit und Übernahme der Kosten für Leitungsfortbildung und/oder Leitungscoaching,

	• Verankerung interner Aufstiegsmöglichkeiten und finanzielle Gratifikation für absolvierte Weiterbildungen (z. B. Punktesystem),
• Einbeziehung von Fort-/Weiterbildung in die Personalressourcenplanung (fehlendes Personal wird kompensiert).
Interventionsebene Einrichtungsleitung als Funktion	• Orientierung übergreifender Fort- und Weiterbildungsplanung an den Kompetenzprofilen und Weiterbildungsbedarfen der Kolleg*innen unter Bezugnahme auf die spezifischen fachlichen Anforderungen,
• Erhebung individueller Qualifikationswünsche und -bedarfe in regelmäßigen Personalentwicklungsgesprächen,
• Flexible Dienstplangestaltung für Kolleg*innen, die sich berufsbegleitend weiterbilden,
• Installation von Strukturen, damit erworbenes Wissen und Kompetenzen der Fachkräfte für das gesamte Team und die pädagogische Arbeit nutzbar gemacht werden können.
Interventionsebene Fachkräfte und Leitungskräfte als Personen	• Wertschätzung der Zusatzqualifikation der Kolleg*innen und direkter Einsatz bzw. Nutzung der neu erlernten Fähigkeiten und Fertigkeiten.

6.2.4 Räumliche und finanzielle Ausstattung

In der räumlichen sowie finanziellen Ausstattung besteht in einigen Kindertageseinrichtungen deutlicher Handlungsbedarf, denn die Zusammenhänge zwischen schlechten Rahmenbedingungen und der Gesundheits- und Arbeitsfähigkeit von Fach- und Leitungskräften sind auch auf räumliche und finanzielle Ausstattungsgegebenheiten zurückzuführen. Nur etwas über die Hälfte der Befragten beurteilt die Anzahl und Größe ihrer Räume als gut, ein Viertel der Fach- und Leitungskräfte berichtet über bestehenden Modernisierungs- und Renovierungsbedarf sowie eine unflexible Raumnutzung. Gerade in kleineren Einrichtungen mangelt es an einem Pausen- bzw. Rückzugsraum für die Fachkräfte. Da die zusätzliche Schaffung von Räumen häufig aus Platz- und Kostengründen gar nicht möglich ist, sollte der Fokus im Kontext von BGM-Maßnahmen eindeutig auf der optimalen (Aus-)Nutzung der Räumlichkeiten und deren eventueller Sanierung liegen.

Die finanzielle Ausstattung sowie zur Verfügung stehende finanzielle Ressourcen werden von Fachkräften der freien Jugendhilfe mit ca. 70 % häufiger als gut beurteilt als von solchen in Einrichtungen der öffentlichen Jugendhilfe mit ca. 60 %. Dies dürfte sich u. a. in Entscheidungen über Möblierung, Ausstattung und Materialanschaffungen, mit Kosten verbundene Aktivitäten, der Umsetzung von Lärm- und Arbeitsschutzmaßnahmen, aber auch in der Gewährung oder Ablehnung finanzieller Unterstützung von Fort- und Weiterbildungsmaßnahmen oder Supervision manifestieren. Transparenz über das zur Verfügung stehende Budget sowie eine möglichst freie Verwaltung und eine flexible Einsetzbarkeit der Mittel erhöhen die Handlungsspielräume der einzelnen Einrichtungen und Teams und können zu einer effektiveren und effizienteren Mittelverwendung beitragen.

Ziel: Auf- und Ausbau einer guten räumlichen und finanziellen Ausstattung der Einrichtung	
Zielgruppen:	Träger Leitung
Interventionsebene Politik und Gesellschaft	• Präzise Definition von Vorgaben für Innen- und Außenflächen, • Verbesserung der gesetzlichen Regelungen für Raumvorgaben, • Anpassung der Finanzierung von Kita-Plätzen gemäß der verbesserten Vorgaben.
Interventionsebene Träger	• Planung/ Einrichtung eines Pausen- und Rückzugsraums für die Mitarbeiter*innen, • Monitoring des Raumangebots und des Erhaltungszustands in den Einrichtungen (systematische Möglichkeit der Mängelanzeige), • Investitionen in Räume und Ausstattung in angemessenem Umfang, • Angebot gezielter Beratung zu Raumnutzungskonzepten, • Bereitstellung aktuell erforderlicher Arbeitsmittel (z. B. Computer, Videokamera), • Delegation von Budgetverantwortung für Ausstattung und Material auf die Einrichtungen, • Entwicklung von Sponsoring- und Fundraising-Konzepten.
Interventionsebene Einrichtungsleitung als Funktion	• Optimierung der Raumnutzung, Erschließung ungenutzter Raumressourcen (Flure, Nischen) für die pädagogische Arbeit, • Realisierung teiloffener Arbeit und der Einrichtung von Funktionsräumen, • Entwicklung eines „flexiblen Raumkonzeptes", z. B. mit transportablen Möbeln sowie einer Ruhe-Ecke, Spielecke etc., • Schaffung eines angenehmen Pausen- und Rückzugsraums mit klaren Nutzungsregeln (bequeme Bestuhlung, kein Zutritt für Kinder, kein Computer/Telefon), • Einführung transparenter Entscheidungswege und ggf. gemeinschaftliche Entscheidungen mit Blick auf die Mittelverwendung für Ausstattung und Materialanschaffungen, • Etablierung einer Kultur der gemeinschaftlichen Nutzung und des Austauschs von materiellen Ressourcen, • Erschließung von Sponsoring-/Fundraisingmöglichkeiten.

Interventionsebene *Fachkräfte und Leitungs-* *kräfte als Personen*	• Sorgfältiger und erhaltender Umgang mit materiellen Ressourcen, • Reduktion/Vermeidung von Anschaffungskosten durch den Einbezug von Alltags- und „wertlosen" Materialien in die pädagogische Arbeit.

6.2.5 Zeit am Arbeitsplatz

Die direkte Arbeit mit den Kindern ist sowohl ausschlaggebendes Motiv für die Berufswahl „Erzieher*in" als auch eine wesentliche und zentrale Ressource der Arbeit. Die Bestätigung durch die Kinder ist meistens ein starker Schutzfaktor, was zum einen durch die enge und über Jahre wachsende Bindung zwischen Erzieher*in und Kind aber auch durch die körperliche, emotionale und kognitive Entwicklungsbegleitung der Kinder begründet wird. Die Realität im pädagogischen Arbeitsalltag stellt sich jedoch häufig anders dar: Es mangelt an Zeit für die Kinder, an Zeit für mittelbare Arbeit und an Erholungspausen. Stattdessen gibt es zu wenig Zeit für die Anforderungen, die aus den Arbeitsaufgaben resultieren und es wird häufig unter hohem Zeitdruck gearbeitet. Ungefähr die Hälfte der befragten pädagogischen Fachkräfte und etwas mehr als 60% der Leitungskräfte haben keine vertraglich festgelegte Zeit für mittelbare Arbeit. Der Zeitmangel wird außerdem durch unzureichende Personalressourcen verstärkt, da durch Krankheit, Urlaub sowie Fort- und Weiterbildung ausfallende Kolleg*innen kompensiert werden müssen.

BGM-Maßnahmen müssen zum einen an den strukturellen Bedingungen ansetzen. Neben dem Einsatz flexibler Vertretungs- oder Springerkräfte können z.B. vorgeschriebene Pausen- und Überstundenregelungen sowie Zeiten für Leitungstätigkeiten und mittelbare pädagogische Arbeit vertraglich festgelegt werden. Zum anderen sollten Fachkräfte und Teams darin unterstützt werden, die verfügbare Zeit für die Gestaltung einer gemäß ihrem jeweiligen Profil „besten Fachpraxis" einzusetzen. Hierzu müssen externe Ansprüche und Anforderungen auf der Basis eines Abgleichs mit den Schwerpunkten des eigenen pädagogischen Profils priorisiert werden. Weitere für die Gesundheitsförderung des pädagogischen Personals wichtige Faktoren liegen in der Qualifizierung der Fach- und Leitungskräfte für neue Aufgaben im Bereich der mittelbaren pädagogischen Arbeit (z.B. Beobachtungsverfahren, Gesprächsführung mit Eltern) sowie in Fortbildungen zum Zeitmanagement.

Ziel: Auf- und Ausbau von Zeitpuffern im Arbeitsalltag sowie Reduktion von Zeitdruck und Überstunden

Zielgruppen: *Leitungspersonen und pädagogische Fachkräfte in allen Gruppenfunktionen*

Interventionsebene Politik und Gesellschaft
- Passungsverhältnis von Anforderungen der Bildungsprogramme/ -pläne und gesetzlichen Rahmenbedingungen (v.a. Erzieher-Kind-Schlüssel) analysieren,
- Ausreichende Mittel für eine Anpassung des Erzieher-Kind-Schlüssels und mittelbar der Fachkraft-Kind-Relation,
- Ausweisung von Anteilen mittelbarer pädagogischer Arbeitszeit in den gesetzlichen Regelungen,
- Arbeitsschutzmaßnahmen: vorgeschriebene Pausenregelung in Kitas,
- Adäquate Entlohnung der Fachkräfte, damit finanziell die Möglichkeit zu einer Stellenreduktion gegeben ist.

Interventionsebene Träger
- Formulierung von Eckpunkten eines trägerspezifischen pädagogischen Profils, aus dem sich Schwerpunktbereiche der Alltagsgestaltung und des Aufgabenzuschnitts der Fachkräfte ableiten lassen,
- Gestaltung von Personaleinsatz, so dass die erwarteten Aufgaben gut geleistet und die angestrebte pädagogische Qualität erreicht werden können,
- Einstellung von Springerkräften, Entwicklung eines handhabbaren Vertretungskonzepts,
- Arbeitsvertrag: ausreichende Freistellung für die Leitung und ausreichendes Kontingent für mittelbare Arbeit,
- Vertraglich festgelegte Überstundenregelungen,
- Verpflichtende Installierung von Pausen- und Rückzugsraum,
- Regelmäßige Abstimmung mit dem Personal über ihre Wochenarbeitszeit unter Bezugnahme auf Wünsche und Erfordernisse der Beschäftigten (z. B. zeitliche Reduzierung bei hoher privater Belastung oder in zunehmendem Alter – der hohe Regenerationsbedarf des Berufs sollte einbezogen werden),
- Fortbildungen zum Zeitmanagement anbieten.

Interventionsebene Einrichtungsleitung als Funktion
- Kalkulation von Zeitpuffern bei Organisation von Dienstplänen und Arbeitsaufgaben,
- Integration fester Pausenzeiten (z. B. durch getrenntes Essen von Kindern und Erzieher*innen),
- Schulung der Erzieher*innen zu Zeitmanagement und Entspannungstechniken,
- Festlegen von Wochenplänen auch für die mittelbare Arbeit, in denen die Fachkräfte von der Gruppenarbeit freigestellt und von Springerkräften/ Praktikant*innen im Anerkennungsjahr ersetzt werden,

	• Regelmäßige gemeinsame Analyse des Arbeitsalltags in Abgleich mit den Aussagen und Zielsetzungen der Träger- und Einrichtungskonzeption,
	• Bewusste Schwerpunktsetzung (bei der Auswahl und Anzahl an Projekten, besonderen Angeboten, Beobachtung und Dokumentation),
	• Einsatz von Gefährdungsbeurteilungen im Hinblick auf die Arbeitszeit (Hänecke & Grzech-Sukalo, 2008).
Interventionsebene Fachkräfte und Leitungskräfte als Personen	• Einhaltung von Pausenzeiten,
	• Nutzung von Alltagspausen, Integration kleiner Entspannungsfrequenzen in die eigene Pausengestaltung sowie in die Arbeit mit den Kindern,
	• Erwerb von Zeitmanagement-Techniken,
	• Reduktion eigener Ansprüche und Perfektionsstreben,
	• Regelmäßiger Abgleich und Veränderung des pädagogischen Alltags auf Passung mit den eigenen Zielen und Überzeugungen,
	• Empowerment: Einsatz für eigene Belange, Abgrenzung gegenüber Anforderungen von Kindern, Eltern oder dem Träger.

6.2.6 Profilbildung und Entwicklung eines pädagogischen Wertekerns

Ein wesentlicher, bisher nicht in den Fokus von Maßnahmen des betrieblichen Gesundheitsmanagements gerückter Einflussfaktor auf die Gesundheit und das Wohlbefinden des Personals scheint – so legen es die Ergebnisse dieser Studie nahe – die konzeptionelle Fundierung und pädagogische Profilbildung der Einrichtung zu sein. In den Einrichtungen wurden in den letzten Jahren starke Veränderungen durchlebt; die Funktionen von Kindertageseinrichtungen und die Aufgaben der pädagogischen Fachkräfte bzw. ihr Berufsprofil haben sich deutlich gewandelt. Angesichts der mit diesen Veränderungen einhergehenden Umorientierungs- und z.T. Qualifizierungsnotwendigkeiten erleben Fach- und Leitungskräfte eine klare konzeptionelle Ausrichtung als Ressource; fehlt diese, wird dies vor allem von Leitungskräften als belastend erlebt. Hier deutet sich an, dass die Arbeit an einem pädagogischen Profil und die Entwicklung eines pädagogischen Wertekerns eine Grundlage bilden kann, an der sich die tägliche pädagogische Arbeit orientiert und ihre Sinnhaftigkeit gewinnt. Es bietet den Fachkräften also sowohl einen Handlungs- und Orientierungsrahmen als auch Zielvorstellungen – und damit auch Abgrenzungsoptionen gegenüber ausufernder Ansprüche und Forderungen (z.B. von Seiten der Eltern oder in den Bildungsprogrammen). Gleichzeitig bewahrt die Orientierung an einem klaren Profil und an pädagogischen Grundüberzeugungen Fach- und Leitungskräfte davor, die starken Ressourcen, die sie der pädagogischen Arbeit zuschreiben – wie Abwechslungsreichtum, Flexibilität und Kreativität, das Erlernen und Erproben von etwas Neuem – durch die unreflektierte Übernahme externer Ansprüche und durch ein „Abarbeiten" dieser Anforderungen aufzugeben oder einzuschränken.

Die große Mehrzahl der Fachkräfte gibt an, bestimmte Schwerpunkte in der pädagogischen Arbeit zu setzen und sich ein- bis zweimal jährlich mit pädagogischer Konzeptarbeit zu befassen. Diese Ressourcen sollten genutzt und ausgebaut werden. Zu beachten ist allerdings, dass Leitungskräfte ein (eventuell vom Träger vorgegebenes) pädagogisches Konzept auch als Belastung erleben können, wenn z.B. dessen Einführung und Umsetzung nicht prozesshaft entwickelt und durch Fachberatung oder Supervision begleitet wird.

Die Daten zeigen deutlich auf, dass die verstärkte Bildungs- und Familienorientierung und die damit verbundenen neuen und anspruchsvoller gewordenen Arbeitsaufgaben (Entwicklungsgespräche und -beobachtungen, Bildungsdokumentationen) Herausforderungen sind, die von einem Teil der Fach- und Leitungskräfte gut bewältigt, als Zugewinn im Sinne einer Professionalisierung und als Ressource, von anderen jedoch als zusätzliche Arbeit, Überforderung und Belastung erlebt werden. Als Warnsignal zu werten ist, dass in Nordrhein-Westfalen knapp die Hälfte der betroffenen Leitungskräfte die Entwicklung ihrer Einrichtung zu einem Familienzentrum als Belastung bezeichnet. Die Befunde verweisen auf die Notwendigkeit passgenauer Unterstützungs- und Qualifikationsangebote und angemessener zeitlicher und personeller Ressourcen, aber auch darauf, dass die neuen Anforderungen in einen fachlich-konzeptionellen Kontext gestellt werden müssen, damit sie als sinnvoll und bereichernd erlebt werden können.

Ziel: Konsequente Orientierung der pädagogischen Arbeit am Profil und „Wertekern" des Trägers und der Einrichtung	
Zielgruppen:	Einrichtungsleitungen, Fachkräfte
Interventionsebene Politik und Gesellschaft	
Interventionsebene Träger	• Formulierung von Eckpunkten eines trägerspezifischen pädagogischen Profils, • Planung und Bereitstellung flankierender Maßnahmen (Beratung, Supervision, Prozessbegleitung, Fort- und Weiterbildung) bei Umstrukturierungen und konzeptionellen Weiterentwicklungen,

	• Balance von Trägervorgaben und individuellen einrichtungsspezifischen Schwerpunktsetzungen.
Interventionsebene Einrichtungsleitung als Funktion	• Nutzung der Teamsitzungen für konzeptionelle Entwicklung und die Bearbeitung fachlicher Fragestellungen, • Forcierung einer kontinuierlichen Auseinandersetzung mit pädagogischen Orientierungen und einer vom gesamten Team getragenen Entwicklung eines pädagogischen Wertekerns, • Adaption neuer Anforderungen auf ressourcenorientierte Passung mit dem Einrichtungsprofil, • Berücksichtigung der Stärken der Mitarbeiter*innen für Profilentwicklung, • Thematisierung der Identifikation mit dem Einrichtungsprofil und pädagogischem Wertekern in regelmäßigen Personalentwicklungsgesprächen.
Interventionsebene Fachkräfte und Leitungskräfte als Personen	• Selbstreflexive Auseinandersetzung mit eigenen pädagogischen Orientierungen, Werten und Zielen, • Artikulation von Fortbildungswünschen und -bedarfen.

6.2.7 Kommunikation, Teamklima, Handlungsspielraum am Arbeitsplatz

Die Kommunikation und die Atmosphäre im Team sowie der Handlungsspielraum stellen bedeutende Ressourcen am Arbeitsplatz Kita dar. Vorhandene Kommunikationsstrukturen, wie z.B. regelmäßiger Austausch in Teamsitzungen o.ä. werden von Erzieher*innen als sehr bedeutsam für die Planung und Organisation von Arbeitsabläufen aber auch für eine funktionierende Zusammenarbeit mit Kolleg*innen benannt. Ein Einrichtungsklima, das von Vertrauen, Kooperation und einem konstruktiven Umgang mit Unterschiedlichkeiten geprägt ist, steigert die Motivation, Lust und Freude an der Arbeit, umgekehrt werden mangelnde Kollegialität, Konflikte in der Zusammenarbeit und Kommunikation als belastend beschrieben.

Weiterhin werden intransparente Auflagen und Anforderungen von Leitungs- oder Trägerseite als Belastung empfunden und erhöhen den Arbeitsdruck. Als ursächlich wird mangelnde Partizipation der beteiligten Erzieher*innen genannt, den Entscheidungsträgern werden mangelnde Nähe zum Arbeitsplatz Kita und damit unzureichende Kenntnisse der Arbeitsabläufe unterstellt – so beispielsweise die Einführung der Bildungsdokumentation. Hier geht ein hohes Anforderungspensum mit einem niedrigen Handlungsspielraum einher, was zu Unzufriedenheit am Arbeitsplatz und psychischer Belastung beitragen kann.

Ein BGM muss an den partizipatorischen Möglichkeiten von pädagogischen Fach- und Leitungskräften ansetzen und nach Handlungsspielräumen, Verantwortlichkeiten aber auch Interessen und Fähigkeiten fragen. Sowohl Träger als auch Einrichtungen sollten ein Verständnis von sich als „lernender Organisation" entwickeln, die Gesundheitsförderung aller Beteiligten als wesentlichen Bestandteil der Organisationsentwicklung festschreibt.

Ziel: Festigung und Ausbau der sozialen Ressourcen am Arbeitsplatz Kindertageseinrichtung

Zielgruppen:	Pädagogische Fach- und Leitungskräfte
Besondere Zielgruppen:	Träger Leitungskräfte
Interventionsebene Politik und Gesellschaft	• Förderung mitarbeiter*innenorientierter Arbeitsbedingungen.
Interventionsebene Träger	• Organisationsentwicklung in Richtung einer selbstbestimmten Organisation, • Hoher Entscheidungsspielraum in die Einrichtungsteams, • Überprüfung und Verbesserung von Informationsfluss und Transparenz; Installierung von Rückmeldemöglichkeit für Leitungs- und Fachkräfte, • Wertschätzung und Anerkennung von Engagement und Erfolgen, • Gezielte Weiterbildungsangebote für Leitungskräfte zu den Bereichen Kommunikation, Konfliktmanagement, Teamentwicklung, • Teamkompatibilität bei Einstellung neuer Fachkräfte, • Supervision.
Interventionsebene Einrichtungsleitung als Funktion	• Klärung des eigenen Führungsstils und -verhaltens, • Aushandlung gemeinsamer, transparenter Überzeugungen, Werte und Ziele, • Etablierung einer Anerkennungskultur, • Klare und verbindliche Gestaltung der Kommunikationswege, • Partizipation aller Akteure*innen bei Entscheidungen und der Gestaltung von Veränderungsprozessen, • Hohe Autonomie und Handlungsspielräume der Mitarbeiter*innen bei Wahrung der konzeptionellen Ausrichtung und der übergreifenden pädagogischen Orientierungen und Ziele, • Regelmäßige Teamsitzungen, die neben organisatorische Absprachen auch fachliche Diskussionen beinhalten, • Installierung externer Supervision,

	• Einführung kollegialer Intervision, • Aufbau einer Feedbackkultur, • Handlungskonzept bei Teamkonflikten und Mobbingvorfällen, • Begleitung von Berufsanfänger*innen und neuen Kolleg*innen im Team, • Arbeitsorganisation mit Möglichkeiten für soziale Interaktion und kollegiale Zusammenarbeit, z. B. über Orte und Gelegenheiten für Austausch und Kommunikation, • Förderung gemeinsamer Aktivitäten außerhalb der Arbeitszeit.
Interventionsebene Fachkräfte und Leitungskräfte als Personen	• Aktive Beteiligung an Gestaltungs- und Entscheidungsprozessen, • Persönliche Rolle im Team reflektieren.

6.2.8 Lärm am Arbeitsplatz mindern

Lärm stellt in der vorliegenden Studie, wie in einer Vielzahl anderer Studien (Buch & Frieling, 2001; Khan, 2007; Rudow, 2004b; Thinschmidt, 2010a), für neun von zehn Fach- und Leitungskräften eine starke Belastung an ihrem Arbeitsplatz dar. In den vertiefenden Interviews fällt auf, dass die physische Belastung verursacht durch eine erhöhte Lautstärke bzw. durch einen sehr hohen Geräuschpegel nahezu nicht konkret benannt bzw. als immanenter Bestandteil des Berufs akzeptiert wird. Zudem zeigt sich, dass die Empfindlichkeit gegenüber Lärm altersabhängig ist: So fühlen sich ältere Arbeitnehmer*innen stärker durch Lärm belastet sind als jüngere Kolleg*innen. Außerdem weisen pädagogische Fachkräfte in der halboffenen Gruppenarbeit eine stärkere Lärmbelastung auf als solche, die in offenen oder geschlossenen Gruppen arbeiten.

Eine „Lärmdiagnostik" sowie die (bauliche und pädagogische) Reduktion von Lärm sollten gleichermaßen Bestandteile gesundheitsfördernder Kitas sein wie verhaltensbezogene Maßnahmen der pädagogischen Mitarbeiter*innen (z. B. Lärmpausen).[118]

---

[118] Weiterführende Hinweise zur Identifizierung von Lärmquellen im Setting Kindertageseinrichtung bietet die Broschüre „Lärmprävention in Kindertagesstätten" (Landesunfallkasse Nordrhein-Westfalen u. a., 2007).

Ziel: Lärmreduktion und möglichst geringe Lärmbelastung	
Zielgruppen:	Pädagogische Mitarbeiter*innen
Besondere Zielgruppen:	Pädagogische Fachkräfte in der halboffenen Gruppenarbeit Ältere Mitarbeiter*innen
Interventionsebene Politik und Gesellschaft	• Gesetzliche Arbeitsschutzbestimmungen und Finanzierung der entsprechenden Ausstattung in den Kindertageseinrichtungen.
Interventionsebene Träger	• Lärmdiagnostik am Arbeitsplatz (Schallmessungen etc.), • Beratung durch die Unfallkassen oder die BGW, • Ausbau von Lärmschutzmaßnahmen.
Interventionsebene Einrichtungsleitung als Funktion	• Beratung durch die Unfallkassen oder die BGW, • Veranlassung kleinerer baulicher Lärmschutzmaßnahmen (wie den Einbau von Schallabsorbern, Decken abhängen, Filzgleiter, lärmgedämpftes Spielzeug etc.), • Einführung organisatorischer Lärmschutzmaßnahmen.
Interventionsebene Fachkräfte und Leitungskräfte als Personen	• Pädagogische Interventionen.

6.2.9 Bewegungsfreundlicher und -förderlicher Arbeitsplatz

Viel Bewegung am Arbeitsplatz sowie ein hohes Ausmaß sportlicher Betätigung in der Freizeit sind starke Ressourcen für die Gesundheit und das Wohlbefinden der Fach- und Leitungskräfte mit direktem Zusammenhang zu deren Arbeitsfähigkeit. Gleichzeitig wird die Arbeit in den Kitas als körperlich anstrengend bewertet, fast die Hälfte der Fachkräfte und ein gutes Drittel der Leitungskräfte sind aufgrund körperlich anstrengender Arbeit belastet, was mit Rücken- und Nackenschmerzen und einer schlechteren Arbeitsfähigkeit einher geht. Vor dem Hintergrund sollten Bewegungsmöglichkeiten in der Kita ausgebaut, die Beschäftigten für das Thema sensibilisiert und motiviert werden und das Gesundheitsverhalten aller Mitarbeiter*innen im Setting Kita unterstützt werden. Bewegungsbezogene Interventionen müssten sowohl auf der Verhältnis- als auch der Verhaltensebene ansetzen. Auf der Verhältnisebene müssten die Arbeitsbedingungen aus ergonomischen Gesichtspunkten, aber auch auf vielfältige Bewegungsmöglichkeiten hin analysiert werden. Daran anschließend können spezifische Bewegungskonzepte und -programme, die sich an den aktuellen Bedarfen der Mitarbeiter*innen orientieren, implementiert werden. Eine nachhaltige Bewegungsförderung kann nur auf der Basis langfristig angelegter Konzepte und Angebote stattfinden, deren Finanzierung z. B. durch Kooperationen mit Fitness-Studios oder Sportvereinen erfolgen kann und die durch Anreizsysteme des Trägers unterstützt werden können.

Des Weiteren muss auch die Verhaltensebene der Fach- und Leitungskräfte angesprochen werden. Hier müssen unter Umständen zunächst emotionale und kognitive Barrieren durchbrochen werden, so dass sich eine Zusammenarbeit z. B. mit einer Psychologin oder einem Psychologen anbietet. Als probate Mittel gelten niedrigschwellige Bewegungsangebote, die in den Räumlichkeiten der Einrichtungen durchgeführt werden, mit geringem organisatorischen Aufwand für die pädagogischen Fach- und Leitungskräfte verbunden sind, keine großen Vorkenntnisse voraussetzen und sich an den Arbeitsbedingungen und -zeiten der Zielgruppe orientieren.

Ziel: Bewegungsfreundlicher und -förderlicher Arbeitsplatz Kindertageseinrichtung	
Zielgruppen:	Leitungspersonen Alle pädagogischen Fachkräfte (als präventive Maßnahme)
Besondere Zielgruppen:	Leitungskräfte mit Freistellung von der Gruppenarbeit und wenig Bewegung Ältere Arbeitnehmer*innen Pädagogische Fachkräfte in der U3-Betreuung
Interventionsebene Politik und Gesellschaft	• Bereitstellung von finanziellen Mitteln, • Verankerung von Bewegung als integraler Bestandteil der Ausbildung pädagogischer Fachkräfte.
Interventionsebene Träger	• Installierung eines einrichtungsübergreifenden Bewegungskonzeptes, das für die einzelnen Einrichtungen nur noch spezifiziert werden muss, • Bewegungsanalyse am Arbeitsplatz, • Finanzierung von Bewegungsangeboten, die insbesondere das Muskel-Skelettsystem (Rücken, Schulter, Nacken) stärken (z. B. arbeitsplatzbezogene Rückenschule, Entspannungskurse), • Organisation von Bewegungsangeboten und Schulungen, • Zuschüsse für Mitgliedschaften in Fitness-Studios, • Kooperation mit Krankenkassen für Bewegungsangebote in den Einrichtungen.
Interventionsebene Einrichtungsleitung als Funktion	• Kooperation mit lokalen Sportvereinen, Physiotherapeut*innen und Fitnessstudios, • Organisation von Bewegungs- und Entspannungsangeboten durch externe Experten, • Koordination der Maßnahmen, • Berücksichtigung von Vertretungskräften während der Bewegungseinheiten in Dienstplangestaltung.

Interventionsebene Fachkräfte und Leitungskräfte als Personen	• Schulung und Weiterbildung zum Thema Bewegung, • Schulung: Bewegung gemeinsam mit den Kindern, • Installieren von „Bewegungspausen" für die Leitungskräfte, z. B. als Software, die alle zwei Stunden zu kurzen Bewegungseinheiten motiviert, • Implementierung gemeinsamer Bewegungsaktivitäten mit Kindern und ggf. Eltern (z. B. gemeinsamer Lauftreff), • Änderung auf der Verhaltensebene: Treppen gehen statt Fahrstuhl fahren, Spaziergänge in den Pausen machen, in der Freizeit Sport machen ...

6.2.10 Ergonomische Kindertageseinrichtung

Rücken- und Nackenschmerzen sowie andere Erkrankungen des Muskel-Skelett-Apparates gehören zu den häufigsten Beschwerden von Fach- und Leitungskräften und stehen mit 12 % an dritter Stelle der Arbeitsunfähigkeit verursachenden Erkrankungen. Diese Studienergebnisse entsprechen anderen Erhebungen zur Gesundheit von pädagogischen Fachkräften (Thinschmidt, 2010b; Krause-Girth, 2011). Die Bundesagentur für Arbeit stuft die Tätigkeit von Erzieher*innen als leichte bis mittelschwere, die Behindertenpädagogik teilweise sogar als schwere körperliche Arbeit ein, insgesamt ist die Datenlage zum Bedingungsverhältnis zwischen Muskel-Skelett-Erkrankungen und (un)ergonomischen Arbeitsbedingungen in Kitas jedoch relativ dünn, ebenso wie die Evaluation „ergonomischer" Produkte (z.B. Wickeltische, Erzieher*innenstühle).

Die von den pädagogischen Fachkräften genannten physischen Anforderungen resultieren in großen Teilen aus den ungünstigen ergonomischen Arbeitsbedingungen, wozu z.B. fehlende erwachsenengerechte Arbeitsmittel bzw. Möbel zählen: So sind beispielsweise in 40 % der befragten Einrichtungen keine erwachsenengerechten Sitzmöglichkeiten für das Personal in den Gruppenräumen vorhanden. Zu den ergonomischen Arbeitsbedingungen zählen außerdem ungünstige Körperhaltungen während der Arbeit, wie z.B. häufiges Heben und Tragen von Kindern oder Mobiliar oder das Arbeiten auf dem Fußboden (insbesondere in der Arbeit mit Kindern unter drei Jahren). Der Wechsel der Arbeitspositionen kann zwar einerseits bewegungsförderlich sein, andererseits finden zahlreiche für den Kita-Alltag typische Bewegungsabläufe in einer Arbeitsumgebung statt, die auf Größe und Alltagsverhalten von Kindern ausgerichtet ist und den ergonomischen Arbeitsbedingungen von Erzieher*innen nicht gerecht wird (vgl. auch Thinschmidt, 2010a, S. 21f.).

Da mit zunehmendem Alter sowohl Fach- als auch Leitungskräfte häufiger von Muskel-Skelett-Erkrankungen betroffen sind, sollten ältere Mitarbeiter*innen in Maßnahmen und Programmen besondere Berücksichtigung finden. Dies gilt auch vor dem Hintergrund, dass es unter ergonomischen Gesichtspunkten – außer über eine Leitungsposition – keine alternativen Einsatzmöglichkeiten gibt.

Konkrete Maßnahmen sollten auf der Verhältnisebene ansetzen und mögliche Veränderungen des Arbeitsplatzes in den Mittelpunkt rücken, wozu neben ergonomischen Aspekten auch die Möglichkeit zur Analyse der Tätigkeits- und Bewegungsmuster der pädagogischen Fach- und Leitungskräfte zählen. Zusätzlich bietet sich die Implementierung niedrigschwelliger Bewegungsangebote zur Förderung des bewegungsbezogenen Gesundheitsverhaltens in den Kita-Alltag an.

Ziel: Ergonomische Ausgestaltung der Kindertageseinrichtung	
Zielgruppen:	Leitungspersonen Alle pädagogischen Fachkräfte in allen Gruppenfunktionen (als präventive Maßnahme)
Besondere Zielgruppen:	Leitungskräfte mit Freistellung von der Gruppenarbeit, die viel sitzen Ältere Arbeitnehmer*innen Pädagogische Fachkräfte, die mit Kindern in den ersten drei Lebensjahren arbeiten
Interventionsebene Politik und Gesellschaft	• Gesetzliche Arbeitsschutzbestimmungen: in jedem Gruppenraum müssen erwachsenengerechte Sitzmöglichkeiten sein, • Umsetzung von wissenschaftlich entwickelten Lösungsansätzen (z. B. Interventionsstudie ErgoKiTa, die physische Belastungssituationen in Kitas erfasst und Präventionsmaßnahmen entwickelt), • Verankerung von Bewegung als integraler Bestandteil der Ausbildung pädagogischer Fachkräfte.
Interventionsebene Träger	• Bewegungsanalyse am Arbeitsplatz • Finanzierung und Organisation von Bewegungsangeboten, die insbesondere das Muskel-Skelettsystem stärken (z. B. arbeitsplatzbezogene Rückenschule, Entspannungskurse), • Zuschüsse für Mitgliedschaften in Fitness-Studios, • Kooperation mit Krankenkassen für Bewegungsangebote in den Einrichtungen, • Ausstattung der Einrichtungen mit rückenfreundlichem Mobiliar.
Interventionsebene Einrichtungsleitung als Funktion	• Kooperation mit lokalen Sportvereinen, Physiotherapeut*innen und Fitnessstudios, • Organisation und Durchführung von arbeitsplatzbezogenen Rückenschulen mit den Fach- und Leitungskräften,

	• Berücksichtigung von Vertretungskräften während der Rückenschulen in Dienstplangestaltung, • Änderungen in der Arbeitsorganisation, so dass die Zeit für Bewegungsübungen und Entspannung vorhanden ist (Pausenzeiten), • Investition in rückengerechtes Mobiliar.
Interventionsebene Fachkräfte und Leitungskräfte als Personen	• Schulung und Weiterbildung zum Thema Bewegung, • Installierung von „Bewegungspausen" für die Leitungskräfte, • Änderung auf der Verhaltensebene: Treppen gehen statt Fahrstuhl fahren, Spaziergänge in den Pausen machen, in der Freizeit Sport machen … • Installierung rückenstärkender Bewegungsangebote und Entspannungsübungen (auch gemeinsam mit den Kindern) in den pädagogischen Alltag.

6.2.11 Infektionsschutzmaßnahmen in Kindertageseinrichtungen

In Kindertageseinrichtungen besteht eine erhöhte Infektionsgefahr aufgrund des gehäuften Auftretens von Infektionskrankheiten bei Kindern, des engen Körperkontaktes mit den Kindern sowie den anfallenden Tätigkeiten, bei denen die Erzieher*innen in Kontakt mit Körperflüssigkeiten kommen (Körperpflege, Füttern etc.). Kinderkrankheiten verlaufen in der Regel bei Erwachsenen deutlich schlimmer als bei Kindern. Besonders gefährdet sind Personen ohne Immunität (bereits durchlebte Erkrankung oder Impfung) oder schwangere Fachkräfte, für die eine Vielzahl von Krankheiten eine erhöhte Gefährdung bedeutet.

Ein betriebliches Gesundheitsmanagement sollte deshalb den Infektionsschutz der Mitarbeiter*innen durch medizinische Präventionsmaßnahmen (z.B. Impfungen) und verhaltensbezogene Sicherheitsmaßnahmen (z.B. Hygienevorschriften) auf ein Minimum reduzieren. Weitere Maßnahmen sollten sich an die Zielgruppe der Eltern richten, die ihre Kinder zum Teil mit Infektionskrankheiten wie Erkältungen oder Magen-Darm-Infekten o.ä. in die Kindertageseinrichtung bringen. Die Konsequenzen liegen sowohl in einem Ansteckungsrisiko für andere Kinder, aber auch für die Erzieher*innen und führen zu vermehrten Fehlzeiten und Ausfällen.

Ziel: Reduktion von Infektionskrankheiten bei pädagogischen Fach- und Leitungskräften	
Zielgruppen:	Alle pädagogischen Fach- und Leitungskräfte Eltern
Interventionsebene Politik und Gesellschaft	• Verbesserung der häuslichen Betreuungsmöglichkeiten für erkrankte Kinder (erkranktes Kind genauso behandeln wie erkrankte Erwachsene – komplette 80 %ige Lohnfortzahlung durch die Krankenkassen unabhängig von Erkrankungsdauer und -häufigkeit).
Interventionsebene Träger	• Überwachen der Durchführung einer Gefährdungsbeurteilung, • Betriebsanweisung (arbeitsbereichs- und stoffbezogen), • Durchführung von Vorsorgeuntersuchungen, Impfungen der Beschäftigten, • Regelungen für erkrankte Kinder treffen, Arbeitsanweisungen.
Interventionsebene Einrichtungsleitung als Funktion	• Gefährdungsbeurteilung, • Erstellung von Hygieneplänen, • Unterweisung der Beschäftigten, • Ermittlung und Durchsetzung von Präventionsmaßnahmen im Rahmen des Hygieneplans (z. B. Tragen von Schutzhandschuhen).
Interventionsebene Fachkräfte und Leitungskräfte als Personen	• Einhalten von Hygienemaßnahmen, • Kein Präsentismus, • Aufklärung der Eltern über Ansteckungsgefahren von Infektionserkrankungen und Risiken für die Mitarbeiter*innen.

6.2.12 Alternsgerechtes Arbeiten am Arbeitsplatz

Pädagogische Fach- und Leitungskräfte bleiben heutzutage z. T. aus wirtschaftlichen Gründen und anders als frühere Generationen häufig bis zum Rentenalter in ihrem Beruf tätig. Nicht zuletzt auch durch den Fachkräftemangel in den Kitas steigt das Durchschnittsalter der pädagogischen Mitarbeiter*innen stetig an, im Jahr 2014 waren bundesweit 41,0% älter als 45 Jahre, in den östlichen Ländern sogar mehr als jede zweite Fachkraft (Autorengruppe Fachkräftebarometer, 2014, S. 27). Das zunehmende Alter scheint für Erzieher*innen eine erhebliche Belastung darzustellen, mit den arbeitsbedingten Anforderungen umzugehen und ältere pädagogische Fach- und Leitungskräfte tragen ein höheres gesundheitliches Risiko. Im Alter erweisen sich besonders die technisch-physischen Faktoren der Kita-Arbeit als eine Belastung: Unergonomische Alltagsbewegungen wie das lange Sitzen auf dem Boden und das Heben und Tragen stellen mit zunehmendem Alter eine noch größere Herausforderung als in jungen Jahren dar und führen vermehrt zu Rücken-, Gelenk- und Knieproblemen. Bei den Muskel-Skelett-Erkrankungen zeigt sich in der Fragebogenerhebung ein Altersgradient, wonach mit zunehmendem Alter sowohl Fach- als auch Leitungskräfte häufiger von Muskel-Skelett-Erkrankungen betroffen sind.

Ein betriebliches Gesundheitsmanagement müsste dem demographischen Wandel Rechnung tragen und sich der Gesunderhaltung älterer Mitarbeiter*innen verschreiben. Gleichzeitig sollte eine alters- und alternsgerechte Arbeitsplatzgestaltung nicht nur die Älteren, sondern alle Beteiligten in den Blick nehmen, gesundheitsfördernde Maßnahmen müssten weit über den Arbeitsschutz hinausgehen und sowohl frühzeitig (präventiv) angeboten als auch langfristig angelegt werden. Für die kindheitspädagogische Arbeit in Kitas bieten sich allerdings nur geringe Spielräume für andere Beschäftigungen an. Neben flexiblen Arbeitszeitmodellen müssten sowohl alternative Einsatzfelder entwickelt werden als auch Belastungsfaktoren, insbesondere physische Belastungen, minimiert werden. Potenziale der älteren Mitarbeiter*innen müssen in der Einrichtung bekannt und die pädagogischen Fach- und Leitungskräfte entsprechend einsetzbar sein, konkrete Maßnahmen sollten einrichtungsspezifisch und partizipativ entwickelt werden.

Ziel: Erhalt der Arbeitsfähigkeit älterer pädagogischer Fachkräfte und Nutzung ihrer Erfahrungspotenziale	
Zielgruppen:	Alle pädagogischen Fach- und Leitungskräfte
Besondere Zielgruppen:	Ältere pädagogische Fach- und Leitungskräfte
Interventionsebene Politik und Gesellschaft	Flexible Arbeitszeitmodelle
Interventionsebene Träger	• Transparenz: Beschäftigungsfähigkeit als gemeinsames Thema von Träger, Leitung und pädagogischen Fachkräften, • Partizipative Organisationsentwicklung, • Hoher Entscheidungsspielraum in die Einrichtungsteams, • Berücksichtigung der Altersstruktur der Einrichtung bei der Einstellung neuer Fachkräfte, • Installierung präventiver Maßnahmen zur langfristigen physischen Gesundheitsförderung.
Interventionsebene Einrichtungsleitung als Funktion	• Förderung des Teamklimas als unterstützende Komponente für ältere Mitarbeiter*innen, • Installierung externer Supervision und kollegialer Intervision (d. h. die organisierte Fallbesprechung unter den Kolleg*innen), • Entwicklung von Einsatzfeldern für ältere Mitarbeiter*innen.

Interventionsebene Fachkräfte und Leitungskräfte als Personen	• Bildung altersgemischter Teams, • Bewegung und ergonomische Arbeitsplatzgestaltung.

6.3 Systematische Umsetzung und Qualitätssicherung von BGM in der Kita-Praxis

Betriebliches Gesundheitsmanagement variiert in der Umsetzung in Kindertageseinrichtungen stark im Anspruch der Beteiligten, dem Fokus, der Themenbreite und der Komplexität. Ein allgemeingültiges und auf alle Einrichtungen gleichermaßen übertragbares Konzept gibt es nicht, wohl aber ein Modell, das einen Idealtypus von Interventionen aufzeigt und damit die Planung, Durchführung und Auswertung gesundheitsbezogenen Handelns erleichtert: der Public-Health-Action-Cycle (Rosenbrock, 1996) (siehe Abbildung 50).

Abbildung 50. Gesundheitspolitischer Aktionszyklus (Rosenbrock, 1995, S. 140)

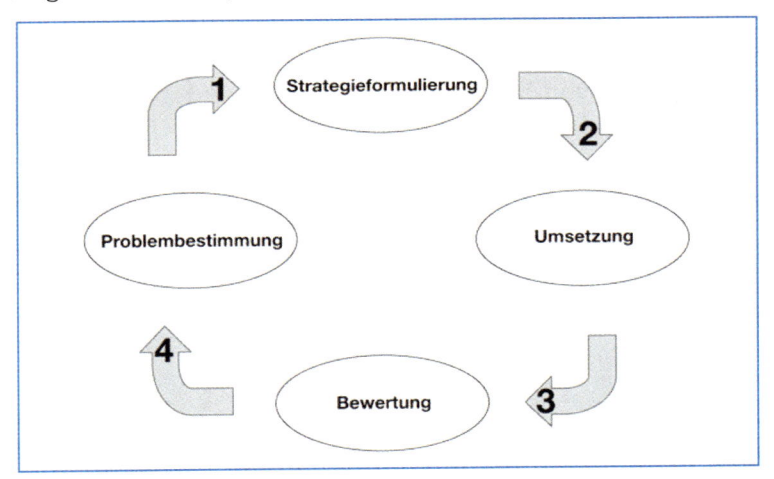

Dieser ist ein Regelkreis, bei dem vier Schritte Berücksichtigung finden sollten. Zunächst sollte jede Maßnahme, jede Aktion oder jedes Projekt mit einer Problemdefinition bzw. -abschätzung und Prioritätensetzung beginnen (assessment). Basierend auf diesem ersten Schritt werden anschließend eine Strategie und erreichbare Ziele zwischen den Akteuren ausgehandelt und formuliert (policy formulation). Daraufhin folgt im dritten Schritt des Prozesses die Organisation der Umsetzung, die Umsetzung selbst und ihre Steuerung (assurance). Schließlich gilt es zu bestimmen, welche Wirkungen die Maßnahme hat oder haben soll und wie man sie messen kann. Mit den Ergebnissen dieser Evaluation kann geprüft werden, inwiefern die Maßnahme positive Veränderungen hervorgebracht hat, ob sie weiterlaufen soll, ob sie verändert oder abgebrochen werden muss (evaluation) (Rosenbrock, 1996). Die Einhaltung dieser Systematik ist nach Rosenbrock (1996) zwar noch keine Garantie für den Erfolg einer Maßnahme im Betrieb, wird aber als notwendige Bedingung verstanden. Viel bedeutender ist, was auf den vier Stufen des Regelkreises erfolgt, wie letztendlich Entscheidungen getroffen und umgesetzt werden. Ein wesentlicher Garant für eine erfolgreiche Umsetzung liegt in der Motivation und Bereitschaft der Beteiligten, das Instrument den gegebenen Bedingungen anzupassen sowie in den Ressourcen, die in den Einrichtungen dafür zur Verfügung gestellt werden.

Erster Schritt: Bedarfsanalyse (assessment)

Im ersten Schritt muss zunächst festgestellt werden wo die Bedarfe und die Bedürfnisse der Erzieher*innen liegen, sodass diese bei der Konzeption des BGM berücksichtigt werden können. Wie sieht das bei uns aus? Wo liegen unsere Schwerpunkte? Was wird bei uns als Ressource und was wird als Belastung empfunden?

Dafür gibt es neben dem in Kap. 6.4 vorgestellten Instrument zur Analyse von Ressourcen und Belastungen am Arbeitsplatz Kita (REBE) weitere Materialien von verschiedenen Institutionen, u.a.:

Abbildung 51. Materialien für die Bedarfsanalyse

> Handlungshilfe der Unfallkasse Baden-Württemberg „Gesundheit von pädagogischen Fachkräften". Umfassende Gefährdungsbeurteilung (auch: psychische Belastungen), auf deren Grundlage sich Fach- und Leitungskräfte konkret mit dem Arbeitsschutzniveau in der eigenen Einrichtung auseinandersetzen können.
>
> http://www.uk-bw.de/praevention/betriebsart/kindertageseinrichtungen.html
>
> Leitfaden zur Gefährdungsbeurteilung bei Erzieher*innen des Projekts „Arbeitsschutz, Belastungen und Belastungsbewältigungen bei Erzieherinnen (ABBE)" von Rudow (2007). Auch hier finden insbesondere die psychischen Belastungen und ihre Auswirkungen auf Gesundheit und Leistungsfähigkeit Berücksichtigung.

Zweiter Schritt: Zielformulierung (policy formulation)

Konnten die Ressourcen und Belastungen identifiziert werden, so geht es im zweiten Schritt um die strategische Planung des BGM: Es sollten klare, umsetzbare und inhaltlich überprüfbare (Teil-)Ziele aufgestellt werden sowie eine operative Planung erfolgen, wie beispielsweise die Verteilung von Verantwortlichkeiten für einzelne Maßnahmen sowie die dispositive Planung, wozu die Zeit- und Budgetplanung gehören (Slesina & Bohley, 2011). So könnte beispielsweise zwischen kurz-, mittel- und langfristigen Zielen differenziert werden, die es innerhalb definierter Zeitrahmen unter festgelegter Verantwortlichkeiten zu erreichen gilt. Hier bietet es sich an, auf das Instrument der Gesundheitszirkel zurückzugreifen, welches sich bereits als sehr wirksam bei der *policy formulation* erwiesen hat. Gesundheitszirkel sind Arbeitsgruppen, in denen sich für einen begrenzten Zeitraum Mitarbeiter*innen und/oder Führungskräfte und/oder betriebliche Gesundheitsexpert*innen treffen, um gemeinsam über Arbeitsbelastungen und daraus resultierende gesundheitliche Beschwerden zu sprechen und Verbesserungsvorschläge zu entwickeln (Schröer & Reinhold, 2012). Sie sind eine Form der betrieblichen Kleingruppenarbeit in der gesundheitliche Beeinträchtigungen nicht „top-down" bearbeitet werden, sondern durch die Mitarbeiter*innen selbst, angeleitet von einer Moderatorin bzw. einem Moderator. Im Voraus sollte festgelegt werden, wer an dem Gesundheitszirkel teilnimmt, wie oft er stattfinden wird, welche Themen angesprochen bzw. bearbeitet werden sollen und wie mit möglichen Lösungsvorschlägen umgegangen wird (Vogt, 2010, S. 247ff.). Da der Gesundheitszirkel während der Arbeitszeit stattfindet, sollte der Träger nach Khan (2005) in den Prozess einbezogen werden. Zudem müssen weitreichendere Veränderungen mit dem Träger abgestimmt werden. Am Institut für Arbeits- und Sozialmedizin der Technischen Universität Dresden wurde ein Manual für die Durchführung von Gesundheitszirkeln entwickelt, bei denen die Besonderheiten von Kindertageseinrichtungen berücksichtigt werden, und ein spezifisches Seminar für die Qualifizierung der Moderator*innen konzipiert (Seibt u.a., 2005a).

Dritter Schritt: Umsetzung (assurance)

In der dritten Phase werden die aufgestellten Ziele umgesetzt, indem die dafür geplanten Aktivitäten (z.B. die Einführung einer bewegten Pause zur Bewegungsförderung am Arbeitsplatz) durchgeführt werden. Währenddessen sollten personelle Zuständigkeiten und Verantwortlichkeiten für das BGM geklärt sein und möglichst nicht mehr verändert werden. Elementar für eine erfolgreiche Durchführung des BGM sind eine inhaltlich überprüfbare Zielsetzung und die Wahrnehmung des BGM als dauerhafte Führungsaufgabe. Unterstützend wirken regelmäßige Fort- und Weiterbildung von Führungskräften und Erzieher*innen und als Grundvoraussetzung gilt die Bereitstellung ausreichender Ressourcen (finanziell, personell, zeitlich, räumlich etc.) (Badura u.a., 2010).

Vierter Schritt: Bewertung (evaluation)

Der Zweck der letzten Phase der Evaluation ist die Beurteilung des Erfolges der Maßnahmen, wodurch das Vorgehen des BGM und dessen Zielerreichung begleitend (formativ) oder nach Abschluss (summativ) der Maßnahme überprüft wird (Ulich & Wülser, 2010).

6.4 Ressourcen und Belastungen am Arbeitsplatz (REBE) – ein Evaluationsinstrument für den Einsatz in Kindertageseinrichtungen

Im Kontext der STEGE-Studie wurden arbeitsplatzbezogene Ressourcen und Belastungen von pädagogischen Fachkräften in Kindertageseinrichtungen umfassend und systematisch erhoben (vgl. Kapitel 4.4). Anhand der Gesundheitsdaten des STEGE-Projekts konnte gezeigt werden, dass ein höheres Maß an Belastungen mit z.T. deutlich schlechteren Einschätzungen physischer und vor allem psychischer Gesundheit einhergeht. Ein höheres Maß an Ressourcen hingegen verbessert das persönliche Wohlbefinden, die psychische Gesundheitswahrnehmung und mindert die Häufigkeit konkreter Erkrankungen. Auch wenn damit eine kompensatorische Wirkung von Ressourcen auf (potentiell) krank machende Bedingungen nicht unterstellt werden kann und darf ergibt sich aus diesen Ergebnissen auch empirische Evidenz dafür, mit einer gezielten Stärkung bzw. Verbesserung aktueller oder potentieller Ressourcen und dem Abbau bzw. der Minderung aktueller oder potentieller Belastungen im Rahmen eines betrieblichen Gesundheitsmanagements in den Einrichtungen zur Verbesserung des gesundheitlichen Wohlbefindens von pädagogischen Fach- und Leitungskräften in Kindertageseinrichtungen beizutragen.

Aus dem in der STEGE-Studie eingesetzten Fragebogen wurde in mehreren Schritten ein ‚alltagstaugliches' Instrument zur Erhebung von Belastungen und Ressourcen am Arbeitsplatz entwickelt, das von Trägern und Teams von Kindertageseinrichtungen im Rahmen des betrieblichen Gesundheitsmanagement genutzt werden kann. Dabei wurde der ursprünglich 60 Fragen umfassende Merkmalskatalog auf insgesamt 36 Merkmale reduziert, die wiederum in sechs Themenbereiche gegliedert wurden. REBE kann von Kita-Leitungskräften, von Fachberater*innen oder von extern beauftragten Expert*innen, z.B. von den Unfallkassen, der BGW oder anderen Akteuren im Feld betrieblichen Gesundheitsmanagements zielführend genutzt werden.

Die Beschreibung der methodischen Entwicklung des Instruments sowie eine Version des Gesamtfragebogens für den praktischen Einsatz (inklusive

Auswertungsbögen und Vergleichsergebnissen aus der STEGE-Studie) sind abrufbar unter www.beltz.de.

Das Instrument

REBE – Ressourcen und Belastungen am Arbeitsplatz ist ein Instrument, mit dem in sechs Teilbereichen des Arbeitsumfelds und der Arbeitsbedingungen der Umfang und die Stärke möglicher Belastungen und Ressourcen im Kita-Alltag mit jeweils sechs Fragen erfasst werden. Es soll damit eine systematische, gut verständliche und leicht anwendbare Grundlage für ein umfassendes Teamgespräch und weitere Maßnahmen zur Prävention und Gesundheitsförderung bieten und einen Beitrag zur Weiterentwicklung des professionellen Umfelds in Kindertageseinrichtungen leisten.

Die ausgewählten Merkmale umfassen Bedingungen, wie sie ein Großteil der Fach- und Leitungskräfte in ihrem Arbeitsalltag erlebt und welche sich in der STEGE-Studie für viele Fach- und Leitungskräfte entweder als deutliche Ressource oder deutliche Belastung erwiesen haben. Durch die Abfrage von insgesamt 36 Einzelfaktoren soll das Belastungs- bzw. Wohlbefindenserleben am Arbeitsplatz differenziert abgebildet werden, damit die Ergebnisse Gültigkeit für das breite Spektrum von pädagogischen Fach- und Leitungskräften beanspruchen können und Ansatzpunkte für konkrete Maßnahmen der betrieblichen Gesundheitsförderung ableitbar sind.

Die 36 auf Basis von umfangreichen Analysen ausgewählten Merkmale sind folgenden sechs Bereichen zugeordnet:

Finanzielle und räumliche Bedingungen

Finanzielle und räumliche Bedingungen umfassen den Lärm am Arbeitsplatz, den Zustand und die Anzahl von Räumlichkeiten für die Arbeit mit den Kindern und für das Personal, die finanziellen Ressourcen und die Ausstattung an Arbeitsmitteln sowie den Personalschlüssel.

Arbeitsrhythmus und -dichte

In diesem Bereich sind vor allem Fragen zum Arbeitsdruck und den zeitlichen Ressourcen zusammengefasst. Im Einzelnen werden Fragen nach den zeitlichen Ressourcen für die direkte Arbeit mit den Kindern, für kleine Erholungspausen und für die Vor- und Nachbereitung der pädagogischen Arbeit gestellt. Außerdem werden Unterbrechungen und Störungen im Arbeitsrhythmus, parallele Arbeitsanforderungen und Überstunden thematisiert.

Zusammenarbeit im Team

Die Zusammenarbeit im Team ist für viele Fach- und Leitungskräfte bedeutsam und kann eine erhebliche Kraftquelle sein. In diesem Bereich werden Kommunikations- und Informationsflüsse ebenso thematisiert wie Verlässlichkeit, Zusammenhalt und die Möglichkeit zum Einbringen eigener Ideen und Vorschläge.

Anerkennung

Fehlen Anerkennung und Wertschätzung für die geleistete Arbeit und das Engagement, kann es zu einem Ungleichgewicht zwischen Einsatz und „Belohnung" kommen, das auch gesundheitliche Konsequenzen, vor allem im psychischen Bereich, nach sich ziehen kann. Die erhaltene Anerkennung soll unter Bezugnahme auf unterschiedliche Akteursgruppen (Eltern, Vorgesetzte, Kolleg*innen) und in Relation zu den erbrachten Leistungen und Anstrengungen eingeschätzt werden.

Fachliche und persönliche Anforderungen

Hier werden gesunderhaltende oder potenziell gesundheitsgefährdende Aspekte der Arbeit in Kindertageseinrichtungen gebündelt, die sich auf den Einsatz persönlicher körperlicher und geistiger Ressourcen beziehen, u. a. inwiefern Wissen, Können, Selbständigkeit sowie Kreativität gefragt sind und wie stark körperliche Bewegung abgefordert wird.

Arbeitssituation allgemein

Die generelle Bewertung der Arbeitssituation umfasst Aspekte wie Bezahlung, Aufstiegschancen, Dienstplan- und Urlaubsgestaltung, Unterstützung bei der beruflichen Weiterbildung und die Erwartung einer Verschlechterung oder Gefährdung der Arbeitsplatzsituation.
Die Besonderheit des Instruments besteht darin, dass die Fachkräfte zusätzlich zu der Angabe, ob ein Merkmal an ihrem Arbeitsplatz bzw. in ihrer Einrichtung überhaupt vorhanden ist, im Anschluss gefragt werden, ob dies für sie eine Belastung oder eine Ressource darstellt. Das Ausmaß, in dem das Merkmal Ressource oder Belastung ist, kann durch jeweils drei Abstufungen ausgedrückt werden: so kann ein Merkmal eine mäßige (-1), starke (-2) oder sehr starke (-3) Belastung sein, oder eine mäßige (1), starke (2) oder sehr starke (3) Ressource. Es ist auch möglich, eine neutrale (0) Bewertung vorzunehmen.

Praktischer Einsatz in Kindertageseinrichtungen

Der Einsatz eines solch standardisierten Instruments ist nur dann sinnvoll, wenn er in ein Gesamtkonzept zur Prävention und Gesundheitsförderung eingebettet ist, z. B. in einen Gesundheitszirkel. REBE eignet sich für den Einsatz im ersten Schritt des in Kap. 6.3 beschriebenen Public-Health-Action-Cycle, also zur Unterstützung der Problemabschätzung und Prioritätensetzung. Die Gründe für den Einsatz des Fragebogens sollten mit Bezug auf die Zielstellung in einer Teamsitzung dargelegt werden, ebenso muss erläutert und diskutiert werden, wie mit den Ergebnissen gearbeitet werden kann oder soll. Bedenken oder gar Ängste, die Angaben könnten zu Nachteilen für die Mitarbeiter*innen führen, müssen ernst genommen werden und – z. B. durch die Möglichkeit der Anonymisierung der Einzelfragebögen – entkräftet werden.

Jedes Mitglied des pädagogischen Teams einer Kindertageseinrichtung erhält ein persönliches Exemplar des Fragebogens. Die Bögen können mit Namen gekennzeichnet oder anonymisiert ausgefüllt werden. Die Beantwortung der Fragen kann im Rahmen einer Teambesprechung erfolgen oder individuell. Im letzteren Fall werden die Fragebögen mit einem Umschlag verteilt und innerhalb eines festzulegenden Zeitraums (ca. eine Woche) ausgefüllt zurück erbeten.

In der mittleren Spalte des Fragebogens, zwischen dem Fragetext und den Beurteilungskategorien, soll zunächst vermerkt werden, ob die jeweilige Frage überhaupt für den Befragten/die Befragte zutrifft. Anschließend wird angegeben, ob das für sie neutral ist oder aber eine Belastung oder eine Ressource darstellt. Belastungen und Ressourcen können dabei jeweils auf drei Stufen angegeben werden: mäßig, stark und sehr stark.

Auswertung des Instruments

Als Vorbereitung für die Auswertung ist unterhalb jedes Frageblocks jeweils eine Zeile für die ANZAHL und eine zweite Zeile für die INTENSITÄT der Belastungen und Ressourcen vorgesehen. In der Zeile ANZAHL können die Teilnehmer*innen ganz einfach die Anzahl der Kreuze im vorhergehenden Block notieren und unterhalb der Belastungen bzw. Ressourcen eintragen. In der Zeile darunter kann zudem die INTENSITÄT der Belastungen und Ressourcen ausgewertet werden: Hierzu wird die Anzahl der Kreuze in der „sehr stark" Spalte mit 3, die Anzahl der Kreuz in der „stark" Spalte mit 2 multipliziert und die Anzahl der Kreuze in der „mäßig" Spalte ausgezählt. Anschließend werden alle drei Werte aufaddiert. Alternativ können auch einfach alle Punktwerte (bei Belastungen und Ressourcen jeweils von 1 – mäßig bis 3 – stark) addiert werden. Das Gesamtergebnis wird dann, getrennt für Belastungen und Ressourcen, in der zweiten Ergebnisspalte verzeichnet. Neutrale Beurteilungen sind von keinem besonderen Interesse, sie fallen einfach weg.

Im letzten Schritt der Auswertung werden die Teilergebnisse der einzelnen Fragebögen in die beiden Auswertungsblätter[119] übertragen. Für jeden Fragebogen wird eine Zeile verwendet. In das Auswertungsblatt ANZAHL werden die Angaben zu den einfachen Häufigkeiten von Belastungen und Ressourcen übertragen. In das Auswertungsblatt INTENSITÄT werden die für die Ausprägungen ‚mäßig', ‚stark' und ‚sehr stark' mit 1, 2 oder 3 gewichteten Produktsummenwerte eingetragen. Für Belastungen und Ressourcen werden hier zudem jeweils die Gesamtsummen über die sechs Frageblöcke gebildet. In der letzten Zeile werden außerdem die Summen über alle erhaltenen Fragebögen gebildet. Diese müssen wiederum durch die Anzahl der in die Berechnung eingegangenen Fragebögen geteilt werden, um wieder einen Mittelwert zu erhalten. Dieser bildet die Ergebnisse für die Gesamteinrichtung ab.

---

119 Abrufbar unter www.beltz.de.

Ressourcen und Belastungen am Arbeitsplatz Kita – Der Fragebogen

	NEGATIV Stress				POSITIV Ressource Kraftquelle		
	sehr stark	Belastung stark	mäßig	neutral	mäßig	Ressource stark	sehr stark
	-3	-2	-1	0	1	2	3
Finanzielle und räumliche Bedingungen							
Mein Arbeitsplatz ist laut. o ja o nein und das ist für mich →	0	0	0	0	0	0	0
Die Räume sind in einem guten Zustand. o ja o nein und das ist für mich →	3	2	1	0	1	2	3
Wir haben ausreichend Räumlichkeiten für die Arbeit mit den Kindern. o ja o nein und das ist für mich →	0	2	0	0	0	0	0
	3	2	1	0	1	2	3
Wir haben einen Pausen- und Rückzugsraum für das Personal in der Einrichtung. o ja o nein und das ist für mich →	0	0	0	0	0	0	0
	3	2	1	0	1	2	3
Die finanziellen Ressourcen und die Ausstattung an Arbeitsmitteln in unserer Einrichtung sind gut. o ja o nein und das ist für mich →	0	0	0	0	0	0	0
	3	2	1	0	1	2	3
Wir haben einen guten Personalschlüssel in unserer Einrichtung. o ja o nein und das ist für mich →	0	0	0	0	0	0	0
	3	2	1	0	1	2	3
ANZAHL Belastungen / Ressourcen (0-6)							
INTENSITÄT Belastungen / Ressourcen (0-18)							

Arbeitsrhythmus und -dichte

Aussage				3	2	1	0	1	2	3
Wir haben ausreichend Zeit für die Kinder.	o ja	o nein	und das ist für mich ↑	0	0	0	0	0	0	0
				3	2	1	0	1	2	3
Wir haben ausreichend Zeit für Vor- und Nachbereitungen.	o ja	o nein	und das ist für mich ↑	0	0	0	0	0	0	0
				3	2	1	0	1	2	3
Es besteht immer wieder Zeit für kleine Erholungspausen (z. B. Essen, Trinken).	o ja	o nein	und das ist für mich ↑	0	0	0	0	0	0	0
				3	2	1	0	1	2	3
Ich mache häufig Überstunden.	o ja	o nein	und das ist für mich ↑	0	0	0	0	0	0	0
				3	2	1	0	1	2	3
Bei meiner Arbeit werde ich häufig unterbrochen und gestört.	o ja	o nein	und das ist für mich ↑	0	0	0	0	0	0	0
				3	2	1	0	1	2	3
Bei meiner Arbeit sind viele Anforderungen gleichzeitig.	o ja	o nein	und das ist für mich ↑	0	0	0	0	0	0	0
				3	2	1	0	1	2	3

ANZAHL Belastungen / Ressourcen (0-6)

INTENSITÄT Belastungen/Ressourcen (0-18)

Zusammenarbeit im Team

Aussage				3	2	1	0	1	2	3
Wir tauschen uns im Team regelmäßig über die Arbeit aus.	o ja	o nein	und das ist für mich ↑	0	0	0	0	0	0	0
				3	2	1	0	1	2	3
Wir nutzen die Stärken aller im Team und suchen nach gemeinsamen Lösungswegen.	o ja	o nein	und das ist für mich ↑	0	0	0	0	0	0	0
				3	2	1	0	1	2	3
Ich kann mich auf meine Kolleginnen und Kollegen verlassen, wenn es bei der Arbeit schwierig wird.	o ja	o nein	und das ist für mich ↑	0	0	0	0	0	0	0
				3	2	1	0	1	2	3
Ich kann mich auf unsere/n Leiter/in verlassen, wenn es lassen, wenn es bei der Arbeit schwierig wird.	o ja	o nein	und das ist für mich ↑	0	0	0	0	0	0	0
				3	2	1	0	1	2	3
Die Leitung ist bereit, Ideen und Vorschläge der Mitarbeiter*innen zu berücksichtigen.	o ja	o nein	und das ist für mich ↑	0	0	0	0	0	0	0
				3	2	1	0	1	2	3

Aussage	Antwort	3	2	1	0	0	1	2	3
Über wichtige Dinge und Vorgänge in unserer Einrichtung werden wir ausreichend informiert.	o ja o nein und das ist für mich →	3	2	1	0	0	1	2	3
ANZAHL Belastungen / Ressourcen (0-6)									
INTENSITÄT Belastungen/Ressourcen (0-18)									
Anerkennung									
Ich erhalte Bestätigung durch die Kinder.	o ja o nein und das ist für mich →	3	2	1	0	0	1	2	3
Meine Arbeit wird von den Eltern in meiner Gruppe anerkannt und wertgeschätzt.	o ja o nein und das ist für mich →	3	2	0	0	0	1	2	3
Meine Arbeit wird von meinen Kolleginnen und Kollegen anerkannt und wertgeschätzt.	o ja o nein und das ist für mich →	3	2	1	0	0	1	2	3
Ich fühle mich in unserer Einrichtung fair und gerecht behandelt.	o ja o nein und das ist für mich →	3	2	0	0	0	1	2	3
Ich erhalte von meinen Vorgesetzten bzw. einer entsprechenden wichtigen Person die Anerkennung, die ich verdiene.	o ja o nein und das ist für mich →	3	2	1	0	0	1	2	3
Wenn ich an all die erbrachten Leistungen und Anstrengungen denke, halte ich die erfahrene Anerkennung für angemessen.	o ja o nein und das ist für mich →	3	2	0	0	0	1	2	3
ANZAHL Belastungen / Ressourcen (0-6)									
INTENSITÄT Belastungen/Ressourcen (0-18)									
Fachliche und persönliche Anforderungen									
Ich kann meine Arbeit selbständig planen und einteilen.	o ja o nein und das ist für mich →	3	2	0	0	0	1	2	3
Bei meiner Arbeit kann ich mein Wissen und Können einsetzen.	o ja o nein und das ist für mich →	3	2	1	0	0	1	2	3
Bei meiner Arbeit habe ich viel Bewegung.	o ja o nein und das ist für mich →	3	2	0	0	0	1	2	3

	Belastung				Ressource			
	3	2	1	0	0	1	2	3
Meine Arbeit ist körperlich anstrengend. ○ ja ○ nein und das ist für mich →	○	○	○	○	○	○	○	○
Meine Tätigkeit ist abwechslungsreich. ○ ja ○ nein und das ist für mich →	○	○	○	○	○	○	○	○
Mein Erfindungsreichtum und meine Kreativität sind häufig gefordert. ○ ja ○ nein und das ist für mich →	○	○	○	○	○	○	○	○

ANZAHL Belastungen / Ressourcen (0–6)

INTENSITÄT Belastungen/Ressourcen (0–18)

Arbeitssituation allgemein

	3	2	1	0	0	1	2	3
Meine Wünsche bei der Dienstplangestaltung und der Urlaubsplanung werden berücksichtigt. ○ ja ○ nein und das ist für mich →	○	○	○	○	○	○	○	○
In unserer Einrichtung erhalten wir Unterstützung bei der beruflichen Weiterbildung ○ ja ○ nein und das ist für mich →	○	○	○	○	○	○	○	○
Die Aufstiegschancen in meinem Bereich sind schlecht. ○ ja ○ nein und das ist für mich →	○	○	○	○	○	○	○	○
Ich erfahre – oder erwarte – eine Verschlechterung meiner Arbeitssituation. ○ ja ○ nein und das ist für mich →	○	○	○	○	○	○	○	○
Mein eigener Arbeitsplatz ist gefährdet. ○ ja ○ nein und das ist für mich →	○	○	○	○	○	○	○	○
Wenn ich an all die erbrachten Leistungen denke, halte ich mein Gehalt /meinen Lohn für angemessen. ○ ja ○ nein und das ist für mich →	○	○	○	○	○	○	○	○

ANZAHL Belastungen / Ressourcen (0–6)

INTENSITÄT Belastungen/Ressourcen (0–18)

Fazit und Ausblick

Die Studie „Strukturqualität und ErzieherInnengesundheit in Kindertageseinrichtungen (STEGE)" hat Zusammenhänge zwischen den Rahmenbedingungen in Kindertageseinrichtungen und der Gesundheit und Arbeitsfähigkeit des pädagogischen Fach- und Leitungspersonals zu ihrem zentralen Gegenstand gemacht. Sie integriert Fragestellungen der Qualitäts- und Gesundheitsforschung zur institutionellen Erziehung, Bildung und Betreuung von Kindern und schließt damit eine Lücke in der Beschreibung und Analyse dieses Settings.

Die pädagogische Qualitätsforschung belegt, dass strukturelle Rahmenbedingungen einen messbaren und stabilen Einfluss auf die Qualität der pädagogischen Prozesse in Kindertageseinrichtungen haben (vgl. u.a. Viernickel & Fuchs-Rechlin, 2015). Die These, dass strukturelle Rahmenbedingungen auch die Gesundheit und Arbeitsfähigkeit von Fach- und Leitungskräften beeinflussen, wird durch die Befunde der STEGE-Studie erstmalig empirisch belegt. Auf der Grundlage differenzierter Daten aus einer für Nordrhein-Westfalen repräsentativen Befragung pädagogischer Fach- und Leitungskräfte und vertiefenden Interviews zeichnet sich aber auch ab, dass wir es mit einem komplexen Bedingungsgefüge zu tun haben, in dem nicht nur strukturelle, sondern auch organisatorische, teambezogene und individuelle Faktoren eine Rolle spielen.

Eine besonders wichtige Erkenntnis liegt darin, dass die selben Faktoren, die in der Diskussion um die pädagogische Qualität von Kindertageseinrichtungen als Schlüssel oder Hemmnisse für gute Erziehung, Bildung und Betreuung identifiziert wurden, auch für die Gesundheit und Arbeitsfähigkeit der pädagogischen Fach- und Leitungskräfte von hoher Relevanz sind. Als höchst problematisch erweist sich das Missverhältnis von verfügbarem Personal, zu betreuenden Kindern, zu leistenden fachlichen Aufgaben, die über die direkte Arbeit mit den Kindern hinaus erbracht werden müssen und der hierfür verbindlich zur Verfügung stehenden Zeit. Unzureichende und in schlechtem Zustand befindliche Räumlichkeiten kommen in manchen Fällen als zusätzliche Belastung hinzu. Das Arbeiten unter diesen Bedingungen erzeugt bei vielen Fachkräften Stress, permanenten zeitlichen Druck und das Gefühl, den vielfältigen Anforderungen nicht gerecht werden zu können. Damit einher gehen – in dieser Studie empirisch belegt – erhöhte Risiken für körperliche und psychische Beschwerden, berufliche Gratifikationskrisen und die Ausbildung gesundheitsgefährdender arbeitsbezogener Verhaltens- und Erlebensmuster.

Zentrale Ressourcen scheinen demgegenüber in der Qualität der Personal- und Teamführung, der Fachlichkeit des Teams und der Profilbildung der Einrichtung zu liegen. Ein partizipatives Organisations- und Teamklima, das Vorhandensein von Gestaltungsspielräumen, gutes Zeitmanagement, transparente Kommunikations- und Entscheidungsstrukturen, die als befriedigend erlebte Zusammenarbeit mit Kolleg*innen oder das Arbeiten nach einem ausgewiesenen pädagogischen Konzept werden als positiv und gesundheitsstärkend beschrieben. Pädagogische Professionalisierung verbessert demnach nicht nur die Qualität des pädagogischen Angebots und der pädagogischen Prozesse einer Kindertageseinrichtung, sondern ist integraler Bestandteil eines betrieblichen Gesundheitsmanagements, das sich dem Ziel der Entwicklung einer guten gesunden Kindertageseinrichtung verschreibt.

Die Ergebnisse der vorliegenden Studie verweisen weiter darauf, dass auch die „klassischen" Maßnahmen des Arbeits- und Gesundheitsschutzes wie die Verbesserung der ergonomischen Arbeitsbedingungen, die Verringerung körperlicher Fehlbelastungen, Lärm- und Infektionsschutzmaßnehmen u.a.m. wichtige Bestandteile eines betrieblichen Gesundheitsmanagementkonzepts sind.

Von hoher, vielleicht überragender Bedeutung vor allem für die psychische Gesundheit von Erzieher*innen, ob im Gruppendienst oder in der Leitungstätigkeit, ist die Balance zwischen dem, was sie an zeitlichem, emotionalen und ideellem Einsatz und Engagement in die Ausgestaltung ihrer Arbeit investieren, und dem, was sie hierfür an Anerkennung und Belohnung zurück erhalten. Die diesbezüglichen Studienergebnisse sind alarmierend. Zu viele Fach- und Leitungskräfte befinden sich in einer, teils deutlich ausgeprägten, Gratifikationskrise: Sie leiden unter der fehlenden Anerkennung ihres Berufsstandes, der geringen Wertschätzung ihrer beruflichen Leistungen und der unangemessen niedrigen Bezahlung. Kann hier eine Balance (wieder)hergestellt werden, hat dies einen deutlichen protektiven Einfluss auf die Gesundheit und Arbeitsfähigkeit. Hier geht es vor allem um eine gesellschaftliche Aufwertung des Berufs der Erzieher*in bzw. der Kindheitspädagog*in, die einhergehen muss mit einer Bezahlung, die der hohen Verantwortung und Fachlichkeit entspricht, mit der pädagogische Fachkräfte in Kindertageseinrichtungen die gesunde Entwicklung der ihnen anvertrauten Kinder gewährleisten und den Rahmen zur bestmöglichen Entfaltung ihrer individuellen Bildungspotenziale schaffen. Die Studie bietet hier empirisch fundierte Erkenntnisse, die zum einen die hohen gesellschaftspolitischen Erwartungen an Erziehung, Bildung und Betreuung in Kindertageseinrichtungen zum Ausdruck bringen, zum anderen die Notwendigkeit politischen Handelns und von Unterstützung aus der Politik deutlich machen.

Betriebliches Gesundheitsmanagement (BGM) findet nach den Befunden der STEGE-Studie bislang nur punktuell und ohne systematischen Bezug auf die gesamte Organisation statt. Um eine nachhaltige Wirkung auf die Gesundheit und Leistungsfähigkeit von pädagogischen Fach- und Leitungskräften zu erzielen, sollte BGM als ein integraler Bestandteil einer guten Personalpolitik verstanden werden und sowohl den Mitarbeiter*innen als auch den Trägern von Kindertageseinrichtungen nutzen. Es führt dann zum Erfolg, wenn es als Teil der Einrichtungskultur entwickelt wird und im Sinne einer Partizipation der Zielgruppen Beteiligungsmöglichkeiten in allen Phasen von der Planung bis zur Evaluation ermöglicht. Zur Entwicklung eines effektiven und nachhaltigen Konzepts für ein betriebliches Gesundheitsmanagement gehört zuallererst die einrichtungs- und zielgruppenspezifische Analyse der Ausgangslage, Rahmenbedingungen, Merkmale des Arbeitsumfeldes sowie der Belastungs- und Ressourcenmuster. Hierfür legt die Studie wichtige Grundlagen, indem sie für eine Vielzahl von Faktoren deren Einfluss auf die Gesundheit und Arbeitsfähigkeit der Fachkräfte in Kindertageseinrichtungen nachweist. Auch zeigt sie auf, dass bestimmte Konstellationen von Funktion, Person und Rahmenbedingungen ein besonders hohes Belastungserleben und in Folge ein erhöhtes gesundheitliches Risiko für diese spezifischen Zielgruppen hervorrufen: so erscheinen u.a. ältere Fachkräfte im Gruppendienst, das Leitungspersonal sowie Erzieher*innen bzw. Leitungskräfte, die parallel zu ihrer Arbeit Weiterbildungen absolvieren oder zusätzlich auch privaten Belastungen ausgesetzt sind, potenziell eher gefährdet als andere Gruppen. Alle diese Aussagen beruhen jedoch – wie bei statistischen Analysen üblich – auf der Abschätzung von Wahrscheinlichkeiten bzw. der Identifikation von wiederkehrenden, typischen Inhalten, Erzählfolgen und Erklärungsmustern in den vertiefenden Interviews. Eine einfache und direkte Überführung der Ergebnisse in ein betriebliches Gesundheitsmanagement eines spezifischen Trägers oder einer spezifischen Einrichtung ist nicht möglich.

Die hier berichteten Ergebnisse zeigen somit ein breites Spektrum an Ansatzpunkten auf, können aber die individuelle IST- und Bedarfsanalyse und die hierauf zugeschnittene Maßnahmenplanung nicht ersetzen. Obgleich es inzwischen zahlreiche best-practice-Modelle gibt, mangelt es vielfach an einem fachlichen Orientierungsrahmen für die Planung und Umsetzung von konkreten Maßnahmen sowie an der Operationalisierung relevanter Kriterien im Sinne eines „Handwerkzeugs". Mit dem Instrument REBE – Belastungen und Ressourcen am Arbeitsplatz Kita können wir Trägern und Teams ein empirisch fundiertes, in der Praxis einfach zu handhabendes Verfahren der individuellen IST- und Bedarfsanalyse an die Hand geben.

Maßnahmen der Prävention und Gesundheitsförderung sind auf allen Systemebenen und für alle Akteure gewinnbringend. Aus dieser Perspektive sollten sie nicht als zusätzlicher Kostenfaktor, sondern als sinnvolle und unverzichtbare Investitionen verstanden und ihre Umsetzung mit hoher Priorität vorangebracht werden:

Auf der *gesellschaftlichen bzw. politischen* Ebene sind über Investitionen in die Verbesserung der strukturellen Rahmenbedingungen (Personalschlüssel, mittelbare pädagogische Arbeitszeit, räumliche Ausstattung), die Aufwertung des Erzieher*innenberufes (bessere Entlohnung, Imagekampagnen) und durch die Unterstützung betrieblichen Gesundheitsmanagements (Anreizsysteme für BGM, Kassenzuschüsse oder kostenfreie Angebote für gesundheitserhaltende Kursangebote) eine bessere Gesundheit und Arbeitsfähigkeit des pädagogischen Personals und damit eine Verringerung von Frühberentungen, langen Krankheitszeiten und akuten wie chronischen Krankheiten erreichbar. Dies hat positive volkswirtschaftliche Effekte und entlastet das Gesundheitssystem. In Anschluss an die eindeutigen Ergebnisse der vorliegenden Studie sollten die volkswirtschaftlichen und gesundheitssystemischen Effekte unterbleibender wie erfolgender Investitionen analysiert und differenzierter abgeschätzt werden. Mittelbar trägt die Erhaltung und Verbesserung gesundheitlicher Ressourcen von pädagogischen Fachkräften auch zur Verbesserung der pädagogischen Qualität von Kindertageseinrichtungen bei.

Für *Träger* von Kindertageseinrichtungen hat ein proaktives betriebliches Gesundheitsmanagement positive Auswirkungen sowohl unter einer betriebswirtschaftlichen als auch unter einer fachlich-pädagogischen Perspektive. Dabei sollten Träger nicht nur strukturelle, arbeitsorganisatorische, ausstattungsbezogene und verhaltensorientierte Einzelmaßnahmen ergreifen, sondern auch und vor allem die konzeptionelle Fundierung und pädagogische Profilbildung ihrer Einrichtungen unterstützen. Eine verbesserte Gesundheit und Arbeitsfähigkeit ihres Personals geht zum einen einher mit weniger Personalausfall und einer Verringerung der damit verbundenen Kosten. Zum anderen lässt sich durch Maßnahmen des betrieblichen Gesundheitsmanagements und Prozesse der pädagogischen Profilierung und Professionalisierung die Mitarbeiter*innenzufriedenheit positiv beeinflussen, was sich mittel- und langfristig in geringeren Fluktuationsraten und einer verbesserten Arbeitsmotivation und -fähigkeit niederschlägt. Eine niedrigere Krankheitsrate, verbesserte Gesundheit und Arbeitsfähigkeit gehen mit einer Stabilisierung der Fachkraft-Kind-Relation einher. All diese Faktoren wirken wiederum positiv auf die professionelle Gestaltung der pädagogischen Prozesse und Beziehungen zu Eltern und externen Kooperationspartnern und erhöhen so die Qualität des Angebots und die Reputation des Trägers und seiner Einrichtungen insgesamt.

*Mitarbeiter*innen auf Fach- und Leitungsebene* können durch ein gezieltes betriebliches Gesundheitsmanagement ihre gesundheitlichen Ressourcen und ihre Arbeitsfähigkeit erhalten und stärken. Aus Anpassungen im strukturellen und organisatorischen Bereich, dem Ausbau ihrer Mitgestaltungs- und Entscheidungsspielräume und der vom pädagogischen Konzept bzw. Profil hervorgehenden Professionalisierung ihrer Arbeit resultieren ein gestiegenes Kompetenz- und Selbstwirksamkeitserleben, ein geringeres Stressempfinden, eine verminderte Krankheitsanfälligkeit und letztlich eine erhöhte Arbeitsmotivation und verbesserte Arbeitsfähigkeit.

Literatur

Altgeld, T. & Kickbusch, I. (2012). Gesundheitsförderung und Prävention. In Schwartz, F.W., Walter, U., Siegrist, J., Kolip, P., Leidl, R., Dierks, M. L., Busse, R. & Schneider, N. (Hrsg.) Public Health: Gesundheit und Gesundheitswesen. München: Urban & Fischer. S. 188-196.

Antonovsky, A. (1997). Salutogenese: Zur Entmystifizierung der Gesundheit. Tübingen: dgvt-Verlag.

Arbeitsschutzgesetzes (1996). https://www.gesetze-im-internet.de/arbschg/BJNR12461 0996.html (Zugriff: 12.05.2016)

Autorengruppe Fachkräftebarometer (2014). Fachkräftebarometer Frühe Bildung 2014. München: Weiterbildungsinitiative Frühpädagogische Fachkräfte.

Badura, B. (2000). Von der Gesundheitsförderung zur betrieblichen Gesundheitspolitik: Das Bielefelder Modell. Betriebliches Gesundheitsmanagement. In BKK BV & Schröer, A. (Hrsg.) Betriebliches Gesundheitsmanagement. Essen, Wirtschaftsverlag NW. S. 13-26.

Badura, B., Walter, U. & Hehlmann, Th. (2010). Betriebliche Gesundheitspolitik: Der Weg zur gesunden Organisation. Berlin, Springer.

Badura, B., Ducki, A., Schröder, H., Klose J. & Meyer M. (2012). Fehlzeiten-Report 2012: Gesundheit in der flexiblen Arbeitswelt: Chancen nutzen – Risiken minimieren. Berlin, Heidelberg: Springer.

Badura, B., Schellschmidt H. & Vetter C. (Hrsg.) (2004). Fehlzeiten-Report 2003: Wettbewerbsfaktor WorkLife-Balance. Betriebliche Strategien zur Vereinbarkeit von Familie, Beruf und Privatleben. Zahlen, Daten, Analysen aus allen Branchen der Wirtschaft. Berlin: Springer.

Bals, T., Hanses, A. & Melzer, W. (2008). Gesundheitsförderung in pädagogischen Settings: Ein Überblick über Präventionsansätze in zielgruppenorientierten Lebenswelten: Beltz Juventa.

Bellach, B.-M. (1999). Der Bundes-Gesundheitssurvey 1998 – Erfahrungen, Ergebnisse, Perspektiven. Das Gesundheitswesen 61(Sonderheft).

Berger, J., Niemann, D., Nolting, H.-D., Schiffhorst, G., Genz, H.O. & Kordt, M. (2001). BGW-DAK Stress-Monitoring 2001. Überblick über die Ergebnisse einer BGW-DAK-Studie zum Zusammenhang von Arbeitsbedingungen und Stressbelastung in ausgewählten Berufen. Hamburg: BGW & DAK.

Bertelsmann-Stiftung (2012). Länderreport Frühkindliche Bildungssysteme 2011 – Profile der Bundesländer – Nordrhein-Westfalen. Länderreport Frühkindliche Bildungssysteme.

Bertelsmann Stiftung, o.Jg. Ländermonitor Frühkindliche Bildungssysteme. http://www.laendermonitor.de/uebersicht-grafiken/indikator-2-betreuungsplaetze-fuer-unter-dreijaehrige-ausbauentwicklung/indikator/2/indcat/2/indsubcat/38/index.nc.html (Zugriff 15.03.2016).

Bertelsmann Stiftung o.Jg. Ländermonitor Frühkindliche Bildungssysteme. http://www. laendermonitor.de/uebersicht-grafiken/indikator-11d-altersstruktur-und-beschaeftigtenzahlen/indikator/12/indcat/11/indsubcat/8/index.nc.html (Zugriff 15.03.2016).

Bigras, N., Bouchard, C., Cantin, G., Brunson, L., Coutu, S., Lemay, L., Tremblay, M., Japel, C. & Charron, A. (2010). A Comparative Study of Structural and Process Quality in Center-Based and Family-Based Child Care Services. Child & Youth Care Forum, 39(3), 129-150.

Bock-Famulla, K. & Stein, A. (2012). Ländermonitor frühkindliche Bildungssysteme 2011. Transparenz schaffen – Gouvernance stärken. Gütersloh: Bertelsmann-Stiftung.

Bock-Famulla, K., Lange, J. & Strunz, E. (2015). Länderreport Frühkindliche Bildungs-systeme 2015. Transparenz schaffen – Governance stärken. Gütersloh: Bertelsmann Stiftung.

Boeing, H., Bechthold, A., Bub, A., Ellinger, S., Haller, D., Kroke, A., Leschik-Bonnet, E., Müller, M. J.,Oberritter, H., Schulze, M., Stehle, P. & Watzl, B. (2012). Gemüse und Obst in der Prävention ausgewählter chronischer Krankheiten. https://www.research gate.net/profile/Dirk_Haller2/publication/266012863_Gemse_und_Obst_in_der_Prvention_ausgewhlter_chronischer_Krankheiten/ links/ 54bf7 3280cf28ce68e6 b51e4.pdf (Zugriff: 07.12.2015).

Brodbeck, F.C., Anderson, N. & West, M. (2000). Teamklima-Inventar. Göttingen: Hogrefe.

Buch, M. & Frieling, E. (2001). Belastungs-und Beanspruchungsoptimierung in Kindertagesstätten. Bericht des Instituts für Arbeitswissenschaft der Universität Kassel.

Buch, M. & Frieling, E. (2002). Ableitung und Evaluation von Arbeitsgestaltungsmaßnahmen bei Erzieherinnen in Kindertagesstätten. In Badura, B., Litsch, M. & Vetter, C. (Hrsg.) Fehlzeiten-Report 2001. Berlin, Springer: S. 103-118.

Bundesanstalt für Arbeitsschutz und Arbeitsmedizin (2008). Why WAI? – Der Work Ability Index im Einsatz für Arbeitsfähigkeit und Prävention – Erfahrungsberichte aus der Praxis. Dortmund.

Bundesverband der Unfallkassen (Hrsg.) (2005). Psychische Belastungen am Arbeits- und Ausbildungsplatz – ein Handbuch. München: Eigenverlag.

Busch, M., Hapke, U., Mensink, G.B.M. (2011). Psychische Gesundheit und gesunde Lebensweise. GBE kompakt, 7.

Buttery, A. K., Mensink, G.B.M. & Busch, M.A. (2014). Healthy behaviours and mental health: findings from the German Health Update (GEDA). The European Journal of Public Health.

Dalgard, O. S. & Tambs, K. (1995). Social support, negative life events and mental health. The British Journal of Psychiatry, 166(1), 29-34.

De Palma, E. & Crialesi, R. (2003). Comparative Analysis of Minimum European Health Module and Questions Used in Europe. Rom, Italian National Institute of Statistics.

DeSalvo, K. B., Bloser, N., Reynolds, K., He, J., & Muntner, P. (2006). Mortality Prediction with a Single General Self-Rated Health Question. Journal of General Internal Medicine, 21(3), 267-275.

Dowsett, C. J., Huston, A. C., Imes, A. E. & Gennetian, L. (2008). Structural and process features in three types of child care for children from high and low income families. Early Childhood Research Quarterly, 23, 69-93.

Eis, D., Helm, D., Laußmann, D., Mühlinghaus, T., Dietel, A., Jordan, L., Birkner, N., Thierfelder, W., Traencker-Probst, I. & Worm, M. (2005). Berliner Studie zu umweltbezogenen Erkrankungen. Berlin: Robert Koch-Institut.

Erhart, M., Wille, N. & Ravens-Sieberer, U. (2009). Die Messung der subjektiven Gesundheit: Stand der Forschung und Herausforderungen. In Richter, M. & Hurrelmann, K. (Hrsg.) Gesundheitliche Ungleichheit. Wiesbaden: VS Verlag für Sozialwissenschaften. S. 335-352.

Faltermaier, T. (2005). Gesundheitspsychologie. Grundriss der Psychologie, Band 21. Stuttgart: Kohlhammer.

Felfe, J. (2006). Transformationale Führung und charismatische Führung – Stand der Forschung und aktuelle Entwicklungen. Zeitschrift für Personalpsychologie, 5(4), 163-176.

Ford, E. S., Bergmann, M.M., Kröger, J., Schienkiewitz, A., Weikert, C. & Boeing, H. (2009). Healthy living is the best revenge: findings from the European Prospective Investigation Into Cancer and Nutrition-Potsdam study. Archives of internal medicine 169(15), 1355.

Franke, A. (2010). Salutogenetische Perspektive. In Bundeszentrale für gesundheitliche Aufklärung (Hrsg.) Leitbegriffe der Gesundheitsförderung. Köln: BZgA.

Fröhlich-Gildhoff, K. & Viernickel, S. (2010). Die Arbeit mit Kindern unter drei Jahren in akademischen und fachschulischen Ausbildungsgängen. In Kalicki, B., Berkic, J. & Becker-Stoll, F. (Hrsg.) Bildungsqualität für Kinder in den ersten drei Jahren. Mannheim & Berlin: Cornelsen Scriptor. S. 106-127.

Fuchs, T. & Trischler, F. (2009). Arbeitsqualität aus Sicht von Erzieherinnen und Erziehern. Ergebnisse aus der Erhebung zum DGB-Index Gute Arbeit. Stadtbergen: INIFES – Internationales Institut für Empirische Sozialforschung.

Fuchs-Rechlin, K. (2007). Wie gehts im Job? KiTa-Studie der GEW. Frankfurt am Main: Forschungsverbund Deutsches Jugendinstitut/Universität Dortmund.

Hänecke, K. & Grzech-Šukalo; H. Entwicklung einer Gefährdungsbeurteilung im Hinblick auf Arbeitszeit. In: Gesellschaft für Arbeitswissenschaft e.V. (GfA) (Hrsg.) Jahresdokumentation 2008 der Gesellschaft für Arbeitswissenschaft: Bericht zum 54. Kongress der Gesellschaft für Arbeitswissenschaft in München, 09.-11.04.2008. Dortmund: GfA-Press, 2008, S. 367-370.

Halkow, A. & Engelmann, F. (2008). Der Setting-Ansatz der Gesundheitsförderung. Ergebnisse einer Literaturanalyse. 14. bundesweiter Kongress Armut und Gesundheit. Berlin: Gesundheit Berlin.

Hapke, U., von der Lippe, E. & Gartner, B. (2013). Riskanter Alkoholkonsum und Rauschtrinken unter Berücksichtigung von Verletzungen und der Inanspruchnahme alkoholspezifischer medizinischer Beratung. Bundesgesundheitsblatt – Gesundheitsforschung – Gesundheitsschutz, 56(5-6), 809-813.

Hasselhorn, H. M. & Freude, G. (2007). Der Work Ability Index: ein Leitfaden. Bremerhaven: Wirtschaftsverlag NW. Verlag für Neue Wissenschaften.

Hepting, S. & Hüfner G. (2004). Mitarbeiterinnen in Kindertagesstätten. Berufszufriedenheit und Änderungswünsche. Bayerischer Lehrer- und Lehrerinnenverband e.V.

Hillert, A. (2007). Psychische und Psychosomatische Erkrankungen von Lehrerinnen und Lehrern. In Rothland, M. (Hrsg.) Belastung und Beanspruchung im Lehrerberuf. Wiesbaden: VS Verlag für Sozialwissenschaften. S. 140-159.

Hoffmann-Steuernagel, S. & Gigout, F. (2002). Leben und Arbeiten im Kindergarten – Bedarfe von Erzieherinnen und Erziehern. "Früh übt sich". Gesundheitsförderung im Kindergarten. Impulse, Aspekte und Praxismodelle. Dokumentation einer Expertentagung der BZgA vom 14. bis 15. Juni 2000 in Bad Honnef. Köln, Bundeszentrale für gesundheitliche Aufklärung, 16.

Honig, M.-S., Schreiber, N. & Netzer, K. (2006). Begleitstudie zur Umsetzung des „Orientierungsplans für Bildung und Erziehung im Elementarbereich niedersächsischer Tageseinrichtungen für Kinder" im Auftrag des niedersächsischen Kultusministeriums. In: Niedersächsisches Kultusministerium (Hrsg.) Präsentation der Begleitstudie zum Orientierungsplan für Bildung und Erziehung am 21. Februar 2007 in Hannover.

Hurrelmann, K. (2006). Gesundheitssoziologie. Eine Einführung in sozialwissenschaftliche Theorien von Krankheitsprävention und Gesundheitsförderung. Weinheim und München: Juventa.

Hurrelmann, K. & Richter, M. (2013). Gesundheits- und Medizinsoziologie. Eine Einführung in sozialwissenschaftliche Gesundheitsförderung. Weinheim und Basel: Beltz Juventa.

Huure, T., Eerola, M., Rahkonen, O. & Aro, H. (2007). Does social support affect the relationship between socioeconomic status and depression? A longitudinal study from adolescent to adulthood. Journal of Affective Disorders, 100(1-3), 55-64.

IKK-Bundesverband (2006). IKKimpuls-Berufsreport Erzieherinnen und Erzieher. IKK impuls. Bergisch Gladbach, IKK Bundesverband.

Jorde-Bloom, P. & Sheerer, M. (1992). Changing organizations by changing individuals: a model of leadership training. The Urban Review, 24(4), 263-268.

Jugendministerkonferenz & Kultusministerkonferenz (2004). Gemeinsamer Rahmen der Länder für die frühe Bildung in Kindertageseinrichtungen. http://www.kmk.org/fileadmin/veroeffentlichungen_beschluesse/2004/2004_06_04-Fruehe-Bildung-Kitas.pdf (Zugriff: 25.01.2015).

Khan, A. (2000). Gesundheitszirkel in einer Kindertagesstätte, Freie Universität Berlin.

Khan, A. (2005). Betriebliche Gesundheitsförderung in Kindertagesstätten – Überprüfung der Eignung von Gesundheitszirkeln in einem Pilotprojekt. Dissertation, Technische Universität Dresden.

Khan, A. (2007). Berufliche Belastungsfaktoren in Kitas – Aktueller Erkenntnisstand zur Gesundheit der Erzieherinnen. http://www.rpi-loccum.de/download/khan.pdf (Zugriff: 20.05.2016).

Kilpeläinen, K. (2008). European health indicators: development and initial implementation: final report of the ECHIM project, Kansanterveyslaitos.

Kliche, T. (2010). Determinanten der Arbeitszufriedenheit und die Breitenwirksamkeit Betrieblicher Gesundheitsförderung in Kitas. Lengerich: Pabst Science Publishers.

Krause-Girth, C. (2011). Geschlechtsspezifische Prävention psychosozialer Probleme in städtischen Kindertagesstätten und ihre Auswirkungen auf die Arbeitsbelastung und Gesundheit des pädagogischen Personals 2008 – 2010. Hans-Böckler-Stiftung. Darmstadt, Hochschule.

Kurth, B.-M. (2012). Das RKI-Gesundheitsmonitoring – was es enthält und wie es genutzt werden kann. Public Health Forum, 20 (3), pp. 4.e1-4.e3. Elsevier.

Landesunfallkasse Nordrhein-Westfalen, Rheinischer Gemeindeunfallversicherungsverband Westfalen-Lippe & Berufsgenossenschaft für Gesundheitsdienst und Wohlfahrtspflege (BGW) (Hrsg.) (2007). Lärmprävention in Kindertagesstätten. Köln.

Mayring, P. (2002). Einführung in die qualitative Sozialforschung: Eine Anleitung zu qualitativem Denken. Weinheim, Basel: Beltz.

Mayring, P. (2008). Qualitative Inhaltsanalyse: Grundlagen und Techniken. Weinheim, Basel: Beltz.

McGee, D. L. (2005). Body mass index and mortality: a meta-analysis based on person-level data from twenty-six observational studies. Annals of Epidemiology, 15(2), 87-97.

Meltzer, H. (2003). Development of a common instrument for mental health. In Nosikov, A & Gudex, C. (Eds.) EUROHIS: Developing common instruments for health surveys. Biomedical and Health Research, 57. Amsterdam, Berlin, Oxford, Tokyo, Washington D.C: IOS Press, 35-60.

Mey, G. (2000). Erzählungen in qualitativen Interviews: Konzepte, Probleme, soziale Konstruktionen. Sozialer Sinn. Zeitschrift für hermeneutische Sozialforschung, 1, S. 135-151.

Nagel-Prinz, S. M. & Paulus, P. (2012). Wie geht es Kita-Leitungen? Gesundheitliche Belastungen von Führungskräften in Kindertageseinrichtungen. Prävention und Gesundheitsförderung, 7(2), S. 127-134.

Nentwig-Gesemann, I., Fröhlich-Gildhoff, K., Harms, H. & Richter, S. (2011). Professionelle Haltung – Identität der Fachkraft für die Arbeit mit Kindern in den ersten drei Lebensjahren. WIFF-Expertise Nr. 24. München: Deutsches Jugendinstitut.

NICHD Early Child Care Research Network (2002). Child-care structure --> process --> outcome: Direct and indirect effects of child-care quality on young children´s development. Psychological Science, 13, 199-206.

NICHD ECCRN (2003). The NICHD Study of Early Child Care: Contexts of development and developmental outcomes over the first seven years of life. In Brooks-Gunn, J., Fuligni, A. S. & Berlin, L. J. (Eds) Early child development in the 21st century. New York: Teachers College Press, 181-201.

Nosikov, A. & Gudex, C. (2003). Eurohis. Developing Common Instruments für Health Surveys. Amsterdam, Berlin, Oxford, Tokyo, Washington DC: IOS Press.

Organisation for Economic Cooperation and Development (OECD) (2004). Die Politik der frühkindlichen Betreuung, Bildung und Erziehung in der Bundesrepublik Deutschland. Ein Länderbericht der Organisation für wirtschaftliche Zusammenarbeit und Entwicklung (OECD). http://www.bmfsfj.de/RedaktionBMFSFJ/Pressestelle/Pdf-Anlagen/oecd-studie-kinderbetreuung,property=pdf.pdf (Zugriff: 25.01.2015).

Peter, R. (2002). Berufliche Gratifikationskrisen und Gesundheit. Psychotherapeut, 47(6), S. 386-398.

Przyborski, A. & Wohlrab-Sahr, M. (2009). Qualitative Sozialforschung: Ein Arbeitsbuch. München: Oldenbourg.

Richter, M., Rosenbrock, R. (2012). Verhältnisprävention. In Egger, M., Razum, O. (Hrsg.) Public Health: Sozial- und Präventivmedizin kompakt. Berlin: De Gruyter. S. 124-127.

Reinert, D. F. & Allen, J.P. (2007). The alcohol use disorders identification test: an update of research findings. Alcoholism: Clinical and Experimental Research, 31(2), 185-199.

Reiss, K., Schunck, R. & Razum, O. (2015). Effect of Length of Stay on Smoking among Turkish and Eastern European Immigrants in Germany – Interpretation in the Light of the Smoking Epidemic Model and the Acculturation Theory. International journal of environmental research and public health, 12(12), 15925-15936.

Robert Koch-Institut (2012). Daten und Fakten: Ergebnisse der Studie »Gesundheit in Deutschland aktuell 2009«. Beiträge zur Gesundheitsberichterstattung des Bundes. Berlin, Robert Koch-Institut.

Rosenbrock, R. (1995). Public Health als Soziale Innovation. Das Gesundheitswesen, 57(3), S. 140-144.

Rosenbrock, R. (1996). Arbeit und Gesundheit: Elemente und Perspektiven betrieblicher Gesundheitsförderung: Veröffentlichungsreihe der Forschungsgruppe Public Health, Wissenschaftszentrum Berlin für Sozialforschung (WZB).

Rosenbrock, R. & Kümpers, S. (2006). Zur Entwicklung von Konzepten und Methoden der Prävention. Psychotherapeuth, 51 (6), S. 412-420.

Rudow, B. (2001). Die Entwicklung einer Prüfliste zur Erfassung vorwiegend psychischer Belastungen bei Erzieherinnen (PBE). Forschungsbericht im Auftrag der GEW Baden-Württemberg und der Johannes Löchner Stiftung. Stuttgart/ Heddesheim.

Rudow, B. (2004a). Arbeitsbedingungen für Erzieher/innen: Hohe psychische Belastungen. Bildung und Wissenschaft, Juni 2004, S. 6-13.

Rudow, B. (2004b). Belastungen und der Arbeits- und Gesundheitsschutz bei Erzieherinnen. Forschungsbericht im Auftrag der GEW Baden-Württemberg. Mannheim/ Mühlhausen, Institut für Gesundheit und Organisation.

Rudow B. (2005). Arbeits- und Gesundheitsschutz bei Erzieherinnen in Sachsen-Anhalt. Forschungsbericht im Auftrag der Unfallkasse Sachsen-Anhalt. Merseburg & Viernheim.

Rudow B. (2007). Arbeitsschutz, Belastungen und Belastungsbewältigung bei Erzieherinnen (ABBE-Projekt). Forschungsbericht im Auftrag des Bundesverbands der Betriebskrankenkassen, der Max-Traeger-Stiftung und der Hans-Böckler-Stiftung. Merseburg & Viernheim.

Schaarschmidt, U. (2006). AVEM – ein persönlichkeitsdiagnostisches Instrument für die berufsbezogene Rehabilitation. Psychologische Diagnostik – Weichenstellung für den Reha-Verlauf. In Arbeitskreis Klinische Psychologie in der Rehabilitation BDP (Hrsg.) Psychologische Diagnostik – Weichenstellung für den Reha-Verlauf. Deutscher Psychologen Verlag GmbH, Bonn, S. 59-82.

Schaarschmidt, U., & Fischer, A. (1996). AVEM: arbeitsbezogene Verhaltens-und Erlebnismuster. Swets Test Services.

Schaarschmidt, U. & Fischer, A. (2008). Arbeitsbezogene Verhaltens- und Erlebensmuster (AVEM). Manual. London: Pearson PLC.

Schad, M. (2002). Erziehung (k) ein Kinderspiel Gefährdung und Belastungen des pädagogischen Personals in Kindertagesstätten. Schriftenreihe der Unfallkasse Hessen 7.

Scheidt-Nave, C. (2010). Chronische Erkrankungen – Epidemiologische Entwicklung und die Bedeutung für die Öffentliche Gesundheit. Public Health Forum, 18(1), 2.e1-2.e4.

Schneewind J., Böhmer N., Granzow M. & Lattner K. (2012). Abschlussbericht des Forschungsprojektes „Studie zur Kompetenz und Zufriedenheit von Erzieherinnen in Niedersachsen". Hochschule Osnabrück, Forschungsstelle: Professionalisierung frühpädagogischer Fachkräfte. Osnabrück. www.nifbe.de/pdf_show_projects.php?id=118 (Zugriff am 19.05.2016)

Schreyer, I., Krause, M., Brandl, M. & Nicko, O. (2014). AQUA. Arbeitsplatz und Qualität in Kitas. München: Staatsinstitut für Frühpädagogik.

Schröer, A. & Reinhold, S. (2012). Gesundheitszirkel im Betrieb. In Meyn, C., Peter, G., Dechmann, U., Georg, A. & Katenkamp, O. (Hrsg.) Arbeitssituationsanalyse. Wiesbaden: VS Verlag für Sozialwissenschaften. S. 290-308.

Seibt, R., Khan, A. & Thinschmidt, M. (2005a). Netzwerk für gesunde Beschäftigte in Kindertagesstätten. Abschlussbericht Forschungsprojekt F44/03. Dresden: Technische Universität.

Seibt R., Khan A., Thinschmidt M., Dutschke, D. & Weidhaas J. (2005b). Gesundheitsförderung und Arbeitsfähigkeit in Kindertagesstätten. Einfluss gesundheitsförderlicher Maßnahmen auf die Arbeitsfähigkeit von Beschäftigten in Kindertagesstätten und Beiträge zur Netzwerkbildung. Bremerhaven: Wirtschaftsverlag NW.

Siegrist, J., Starke, D., Chandola, T., Godin, I., Marmot, M., Niedhammer, I. & Peter, R. (2004). The measurement of effort-reward imbalance at work: European comparisons. Social Science and Medicine, 58 (8), 1483-1499.

Slesina, W. & Bohley, S. (2011). Gesundheitsförderung und Prävention in Settings: Betriebliches Gesundheitsmanagement. In Schott, T. & Hornberg, C. (Hrsg.) Die Gesellschaft und ihre Gesundheit. 20 Jahre Public Health in Deutschland; Bilanz und Ausblick einer Wissenschaft. Wiesbaden: VS Verlag für Sozialwissenschaften. S. 619-633.

Statistisches Bundesamt (2016). Statistiken der Kinder- und Jugendhilfe. Kinder und tätige Personen in Tageseinrichtungen und in öffentlich geförderter Kindertagespflege am 01.03.2015. Wiesbaden: Statistisches Bundesamt.

Sylva, K., Melhuish, E., Sammons, P., Siraj-Blatchford, I., Taggart, B. & Elliot, K. (2004). The effective provision of pre-school education project. Zu den Auswirkungen vorschulischer Einrichtungen in England. In Faust, G., Götz, M., Hacker, H. & Roßbach, H.-G. (Hrsg.) Anschlussfähige Bildungsprozesse im Elementar- und Primarbereich. Bad Heilbrunn: Klinkhardt. S. 154-167.

Techniker Krankenkasse (2009). TK-Gesundheitsreport 2009. Veröffentlichungen zum betrieblichen Gesundheitsmanagement der TK, 21. Hamburg: Techniker Krankenkasse.

Techniker Krankenkasse (2012). Gesundheitsreport 2012. Mobilität, Flexibilität, Gesundheit. Veröffentlichungen zum betrieblichen Gesundheitsmanagement der TK, 27. Hamburg: Techniker Krankenkasse.

Techniker Krankenkasse (2015). Gesundheitsreport 2015. Veröffentlichungen zum betrieblichen Gesundheitsmanagement der TK.

Thinschmidt, M. (2010a). Belastungen am Arbeitsplatz Kindertagesstätte – Übersicht zu zentralen Ergebnissen aus vorliegenden Studien. In Gewerkschaft Erziehung und Wissenschaft (Hrsg.) Betriebliche Gesundheitsförderung im Sozial- und Erziehungsdienst. Frankfurt am Main. S. 17-26.

Thinschmidt, M. (2010b). Stand, Ergebnisse, Probleme und Perspektiven der Belastungs- und Gesundheitsforschung bei Gesundheitsforschung bei Erzieherinnen und Erziehern. Fachtagung „Gesunde Erzieherinnen und Erzieher. Starke Kinder. Oder: Wie Gesundheitsförderung am Arbeitsplatz Kita gelingen kann. Potsdam: Ministerium für Arbeit, Soziales, Frauen und Familie. Brandenburg.

Thinschmidt M., Gruhne, B. & Hoesl, S. (2008). Forschungsbericht zur beruflichen und gesundheitlichen Situation von Kita-Personal in Sachsen. Ein Vergleich des Landkreises Torgau-Oschatz mit der Stadt Zwickau. Dresden: Technische Universität.

Thinschmidt, M., Jenschke, D. & Ziesch M. (Hrsg.) (2009). Erzieherinnengesundheit. Handbuch für Kita-Träger und Kita-Leitungen. Dresden: Sächsisches Staatsministerium für Soziales und Verbraucherschutz.

Tietze, W., Becker-Stoll, F., Bensel, J., Eckhardt, A. G., Haug-Schnabel, G., Kalicki, B., Keller, H. & Leyendecker, B. (Hrsg.) (2013). NUBBEK. Nationale Untersuchung zur Bildung, Betreuung und Erziehung in der frühen Kindheit. Weimar, Berlin: das netz.

Ulich, E. & Wülser, M. (2010). Gesundheitsmanagement in Unternehmen: Arbeitspsychologische Perspektiven. Wiesbaden: Gabler.

van Dick, R. & Wagner, U. (2001). Vorzeitige Pensionierung im Lehrberuf – Identifikation als Schutzfaktor gegen Stress und Beansprung. Vorbereitende Texte für das Symposion: Lehrerbelastung – Lehrergesundheit. Bestandsaufnahme – Diagnose – Prävention – Intervention. Deutscher Psychologentag und 21. Kongress für angewandte Psychologie. Bonn: H. Heyse. S. 25-27.

Viernickel, S. (2010). Anforderungen an die pädagogische Arbeit von Erzieherinnen in Tageseinrichtungen für Kinder. Ratgeber Betriebliche Gesundheitsförderung im Sozial- und Erziehungsdienst. Frankfurt am Main: Gewerkschaft Erziehung und Wissenschaft. S. 7-17.

Viernickel, S. & Fuchs-Rechlin, K. (2015). Fachkraft-Kind-Relationen und Gruppengrößen in Kindertageseinrichtungen. Grundlagen, Analysen, Berechnungsmodell. In Viernickel, S., Fuchs-Rechlin, K., Strehmel, P., Preissing, C., Bensel, J. & Haug-Schnabel, G. (Hrsg.) Qualität für alle. Wissenschaftlich begründete Standards für die Kindertagesbetreuung. Freiburg: Herder. S. 11-130.

Viernickel, S., Nentwig-Gesemann, I., Harms, H., Richter, S. & Schwarz, S. (2011). Profis für Krippen. Curriculare Bausteine für die pädagogische Arbeit mit Kindern in den ersten drei Lebensjahren. Freiburg: FEL.

Viernickel, S., Nentwig-Gesemann, I., Nicolai, K., Schwarz, S. & Zenker, L. (2013). Schlüssel zu guter Bildung, Erziehung und Betreuung. Bildungsaufgaben, Zeitkontingente und strukturelle Rahmenbedingungen in Kindertageseinrichtungen. Berlin: Paritätischer Wohlfahrtsverband.

Viernickel, S. & Schwarz, S. (2009). Expertise Schlüssel zu guter Bildung, Erziehung und Betreuung – Wissenschaftliche Parameter zur Bestimmung der pädagogischen Fachkraft-Kind-Relation. Berlin: GEW. dr-neuss.de/app/download/5791246423/gew_expertise_betreuung_09 %5B1 %5D.pdf (Zugriff am 20.05.2016).

Vogt, U. (2010). Gesundheitszirkel, Workshops und Arbeitssituationsanalysen. In Badura, B., Walter, U., Hehlmann, Th., (Hrsg.) Betriebliche Gesundheitspolitik. Der Weg zur gesunden Organisation. Berlin Heidelberg: Springer. S. 247-252.

Vohra, J., Marmot, M.G., Bauld, L. & Hiatt, R.A. (2015). Socioeconomic position in childhood and cancer in adulthood: a rapid-review. Journal of Epidemiology and Community Health. doi:10.1136/jech-2015-206274

Voss, A. & Viernickel, S. (2016). Gute gesunde Kita. Bildung und Gesundheit in Kindertageseinrichtungen. Unfallkasse Nordrhein-Westfalen (Hrsg.) Prävention in NRW, Heft 65.

WAI-Netzwerk (2012). Der Work-Ability-Index. http://www.arbeitsfaehigkeit.uni-wuppertal. de/index.php?der-wai (Zugriff: 20.05.2016).

Weinert, A. B. (1998). Organisationspsychologie: Ein Lehrbuch. Weinheim: Beltz Psychologie Verlags Union.

Weltzien, D., Fröhlich-Gildhoff, K., Strohmer, J., Reutter, A. & Tinius, C. (2016). Multiprofessionelle Teams in Kindertageseinrichtungen. Weinheim: Beltz Juventa.

WHO, Weltgesundheitsorganisation (1986). Ottawa-Charta zur Gesundheitsförderung. Erste Internationale Konferenz zur Gesundheitsförderung. Ottawa.

Wissing, K. (2005). Gesundheitliche Belastung von Lehrkräften eines Freiburger Gymnasiums. Evaluation und Inhaltsanalyse einer Supervisionsgruppe. Dissertation. Freiburg: Albert-Ludwigs-Universität.

Witzel, A. (1985). Das Problemzentrierte Interview. In Jüttemann, G. (Hrsg.) Qualitative Forschung in der Psychologie: Grundfragen, Verfahrensweisen, Anwendungsfelder. Weinheim: Beltz. S. 227-255.

Wolters, J., Bellwinkel, M., Standke, W. & Zoike, E. (2002). Branchenbericht für den öffentlichen Dienst. Gesundheitsrisiken und Präventionspotentiale bei Erzieher/innen. Bremerhaven: Wirtschaftsverlag NW.

World Health Organization (2005). Preventing chronic diseases: a vital investment: WHO global report. Genf, WHO Department of Chronic Diseases and Health Promotion.

World Health Organization (2010). Global recommendations on physical activity for health. Geneve: WHO.

Yusuf, S., Hawken, S., Ounpuu, S., Dans, T., Avezum, A., Lanas, F., McQueen, M., Budaj, A., Pais, P., Varigos, J. & Lisheng, L. (2004). Effect of potentially modifiable risk factors associated with myocardial infarction in 52 countries (the INTERHEART study): case-control study. The Lancet, 364, 937-952.

Zerssen, D. v. (1976). Die Beschwerden-Liste – Manual. Weinheim: Beltz Test GmbH.